Thomas Druyen

Olymp des Lebens
Das neue Bild des Alters

Für meine geliebte Frau Jenny,
die mein Leben krönt.

Thomas Druyen

Olymp des Lebens

Das neue Bild des Alters

Bibliografische Information Der Deutschen Bibliothek

Die Deutsche Bibliothek verzeichnet diese Publikation in der Deutschen Nationalbibliografie; detaillierte bibliografische Daten sind im Internet über http://dnb.ddb.de abrufbar.

ISBN 3-472-05671-1

Redaktion: Ludwig Janssen
Verlagsmanagement: Rainer Jöde

Alle Rechte vorbehalten

© 2003 Wolters Kluwer Deutschland GmbH, München/Unterschleißheim.
Luchterhand – eine Marke von Wolters Kluwer Deutschland.

Das Werk einschließlich aller seiner Teile ist urheberrechtlich geschützt.
Jede Verwertung außerhalb der engen Grenzen des Urheberrechtsgesetzes ist ohne Zustimmung des Verlags unzulässig und strafbar. Dies gilt insbesondere für Vervielfältigungen, Übersetzungen, Mikroverfilmungen und die Einspeicherung und Verarbeitung in elektronischen Systemen.

Umschlaggestaltung: Atelier Weiß & Haenitsch, Obernbreit
Abbildung nach der Skulptur „Man walking to the sky" von Jonathan Borofsky
Bildnachweis: Michael Zepter, Köln
Satz: TGK Wienpahl, Köln
Druck, Binden: Wilhelm & Adam, Heusenstamm

Printed in Germany, September 2003

Inhalt

Persönliche Note 7

Anmerkung von Sir Peter Ustinov 9

Vorwort 11

1. Das Alter und die Paradoxie 15

2. Ausgangssituation und Motivation 19

3. Die alternde Gesellschaft – Problem oder Chance? 27

4. Altersbilder im Wandel der Geschichte 39
   4.1 Die Unschärfe historischer Quellen 40
   4.2 Von der unsicheren zur sicheren Lebenszeit 42
   4.3 Die Stellung der Alten 44
   4.4 Zwischen Ideal und Verachtung 47
   4.5 Der gespaltene Ruhestand 56

5. Die wissenschaftliche Erforschung des Alters 61
   5.1 Die gerontologischen Grundlagen 63
   5.2 Über Medizin und Biologie 66
   5.3 Über Geist und Intelligenz 72
   5.4 Über Gesundheit und Lebensstil 75

6. Alltag und Entwicklungstendenzen 81
   6.1 Die Überwindung der Hindernisse 82
   6.2 Die ignorierte Demographie 87
   6.3 Das Alter im Ost-West-Vergleich 91
   6.4 Das kommunikative Netz 94
   6.5 Bildung und lebenslanges Lernen 97

7. Aufbruch und Pionierleistungen 101
   7.1 Die neue Lebenspraxis 102
   7.2 Die technologischen Herausforderungen 106
   7.3 Von der Erwerbsarbeit zur Lebensarbeit 110
   7.4 Die Transformation der Lebensqualität 116
   7.5 Der Aufstand der Frauen 120

Inhalt

8. Dialog der Generationen 127

    8.1 Zum Begriff von Generation und Identität 128

    8.2 Wechselseitige Abhängigkeiten 132

    8.3 Herausforderungen der Dienstleistungsgesellschaft 135

    8.4 Eine neue Generationenperspektive 139

9. Doppeldeutigkeit des Jugendsyndroms 145

    9.1 Über Abschied ohne Ankunft 146

    9.2 Über Todesfurcht und Jugendtraum 150

    9.3 Über Ästhetik und Sexualität 155

10. Werte und Chancen des Alters 163

    10.1 Über Lebenszeit und Zeiterleben 165

    10.2 Über Zeitschöpfung und Zeitgewinn 169

    10.3 Vom Sinn des langen Lebens 173

    10.4 Die Generativität oder das Erbe des Alters 180

11. Neues Alter – Neues Leben 187

    11.1 Die Pioniere des Zweiten Reifungsprozesses 189

    11.2 Die Überwindung des Widerspruchs 193

    11.3 Die Prinzipien der Zweiten Reifung 195

    11.4 Der Angriff auf den Lebenszyklus 200

12. Alter – Krönung des Lebens 209

    12.1 Das Dritte Alter 211

    12.2 Die Kultur des Eigenalters 218

    12.3 Die Versöhnung 227

    12.4 Der Anonyme Realismus 232

13. Nachwort 245

Danksagung 249

Literatur 251

Persönliche Note

Ich bin sechsundvierzig Jahre alt. Von gut meinenden Eltern am linken Niederrhein ins Leben gesetzt und von einer überschäumenden rechten Gehirnhälfte an den Rand desselben gedrängt worden. Ich habe dem Tod beigewohnt und den Halbtod erlebt. Ich habe aus Verzweiflung Horizonte verrückt und mir aus Vorsicht eine ehrliche Haut zugelegt. Ich habe Hochmut mit Demut und Fantasie mit Angst bezahlt.

Ich bin ein Bürger dieser Welt, der die stärker werdenden Schwächen nicht mit schwächer werdenden Stärken ausgleichen will. Ich liebe die kulturelle Vielfalt und die Wunder der Natur. Ich hasse ichbezogene Einfalt und durch Unrecht erworbenes Geld.

Unsere Welt scheint mir in ernster Gefahr. Überall, wo wir hinblicken, sehen wir dringend zu lösende Konflikte. Leider wirken die meisten derjenigen, die auserkoren sind, unsere Geschichte zu lenken, weder integer noch kompetent genug, sie fürsorglich und vertrauensvoll zu meistern. Technik und Humanität, Geschäft und Ethik, Herz und Verstand, Alt und Jung leben in unterschiedlichen Umlaufbahnen und drohen einander außer Sichtweite zu geraten.

Weil ich weiß, dass das vermeintlich Gegensätzliche für den Einzelnen und für die Gesellschaft zueinander gehört, springe ich ins Meer der Widersprüche und tauche, um den Schlüssel der Versöhnung zu finden. Denn auf dem Grund des Seins, wo Anfang und Ende noch Liebende sind, dämmert immer Hoffnung.

Anmerkung von Sir Peter Ustinov

Zum Glück hat Thomas Druyen, ein hervorragender junger Gelehrter, über »Die Zukunft des Alters« geforscht. Mit diesem Buch liefert er ein wissenschaftliches Werk ab und erweist auch mir damit einen Dienst – schlicht und einfach, weil es eine faszinierende Lektüre für jemanden ist, der – aus Altersgründen – nicht den Mut aufbringt, es selbst zu schreiben.

Eine der von ihm ausgegrabenen verblüffenden Informationen besagt, dass eine Frau im Jahr 1900 eine durchschnittliche Lebenserwartung von 48 Jahren hatte, die nur hundert Jahre später auf 83 Jahre angewachsen ist. Weil Männer statistisch gesehen nicht so alt werden, versetzt mich das als 82-Jähriger nicht unbedingt in Hochstimmung. Und dass eine Fortschreibung dieses Trends für das Jahr 2100 eine durchschnittliche Lebenserwartung von 116 ergibt, ist bei meinen gegenwärtigen Ängsten auch kein großer Trost.

Dabei ist das Altern ein faszinierender Prozess und in ständigem Umbruch begriffen, was an den enormen Fortschritten auf dem Gebiet der Medizin, der Beliebtheit von Fitnessstudios sowie am Geschick der Kosmetikindustrie liegt. Was die durchschnittliche Lebenserwartung wieder auf 100 Jahre senken könnte, ist die Beharrlichkeit, mit der Berufsjugendliche jeglichen Alters joggen. Doch davon abgesehen, steht dem großen äthiopischen Wunschtraum, einen Marathonlauf in zehn Minuten zu absolvieren, genauso wenig im Wege wie der heimlichen afroamerikanischen Sehnsucht, die hundert Meter in einer Sekunde zu schaffen.

Doch um dieses ernste Thema ein wenig aufzulockern: Weder die Strecke von der Geburt zum Tod um 1900 in 48 Jahren noch der längere Weg in 83 im Jahr 2000 sind frei von Überraschungen, die jede Altersgruppe treffen können, aber häufiger unter so genannten Senioren vorkommen – seien es die äußerst rüstigen Hundertjährigen von morgen oder die senilen Tattergreise des zwölften Jahrhunderts, die mit 25 ihren Lebensabend erreicht hatten.

Anmerkung von Sir Peter Ustinov

Nehmen wir meinen Fall; nicht weil es keinen interessanteren gäbe, sondern weil ich nur darüber kompetent berichten kann. Weil ich kein Pferd bin, kam nie jemand auf die Idee, einen Blick unter meinen Fuß zu werfen. Hätte jemand nachgesehen, beispielsweise um ein Hufeisen zu ersetzen, wäre ihm ein großes Loch aufgefallen. Es ist völlig gefühllos und schmerzunempfindlich und ich verdanke es einem Diabetes. Es gelang, den Fuß zu retten, allerdings auf Kosten von fast drei Jahre dauernden Unannehmlichkeiten sowie der Fähigkeit, im Meer zu schwimmen – eine meiner harmloseren Leidenschaften. Außerdem wurde ich wegen eines grauen Stars an einem Auge operiert und am anderen mit Laserstrahlen beschossen; beides nicht sonderlich erfolgreich, was hieß, dass ich das Autofahren aufgeben musste – eine andere Freude im Leben. Es ist erstaunlich, wie rasch ich mich an ein neues Dasein mit größeren Einschränkungen gewöhnt habe, auf die ich mich problemloser einstellen konnte, als ich für möglich gehalten hätte.

So weit, so gut. Anstatt Thomas Druyens Buch ängstlich und mit einem Auge auf die Uhr schielend zu lesen, während ich auf meinen 83. Geburtstag warte und darauf, dass meine Zeit abläuft, las ich es aufmerksam, voller Interesse und mit all der Hingabe, die ein moderner Greis aufbringen kann. Schließlich ist hier ein neugieriger Geist am Werk. Der Mann ist halb so alt wie ich. Vor 500 Jahren wäre er vermutlich etwa zwölf gewesen. All das spricht für ihn, folglich muss er weit mehr wissen als ich.

Sir Peter Ustinov

Deutsch von *Hans M. Herzog*

Vorwort

Wenn ich über das Alter schreibe, muss ich über mich selbst nachdenken. Wo bin ich bei der Architektur meines Lebens gelandet? Wie weit ist die Sonne gesunken, dass ich noch über meinen Schatten springen kann? Wie lange halten die Dämme meines Bewusstseins dem Ansturm von Tragödien, Machtspielen und Unvorhersehbarkeiten stand? Wo liegt das Land Alter, von dem alle gehört haben, wohin jeder und jede ziehen muss, aber wo kaum jemand leben will?

Wenn wir über das Alter nachdenken, müssen wir über uns selbst hinauswachsen. Die Welt hat uns links und rechts überholt, und wir trauern der alten Ordnung nach. Vor lauter Angst haben wir unsere Emotionen vergraben und lassen sie nur ausbrechen, wenn uns das Schicksal selber trifft. Die Felder des Mitleids sind überschwemmt. Kulturkriege, Terrorviren, Börsenchaos und Jahrhundertfluten verkleben unseren Geist mit Teilnahmslosigkeit und am Ende glauben wir, dass das Schicksal der Welt in der Hand der anderen liegt. Aber weder bleierne Politiker, größenwahnsinnige Konzernlenker noch sensationslüsterne Wissenschaftler werden uns eine Absolution von unserer persönlichen Verantwortung erteilen können. Alles hat sich verändert, nur wir nicht. Staunend schauen wir der Dummheit zu und verdrängen die Tatsache, dass Schweigen Mitmachen heißt.

In diesem schlechten Theaterspiel erscheint das Alter gebetsmühlenhaft vergreist, verworren und verstoßen. Falschere Behauptungen, größere Entwürdigungen, paradoxere Fehleinschätzungen kann es kaum geben. Denn auf dem Humus des Alters werden wir unsere Zukunft bauen müssen. Und wenn wir seine Entwicklung und dramatische Bedeutung nicht verstehen, wird jener uns schneller treffen, den wir mit der Leugnung des Alters verdrängen wollen – der Tod. Die bisherige Vorstellung vom Alter ist überlebt und am Ende. Das neue Alter wächst aber nicht auf Bäumen, sondern in unserer Seele. Dieses neue Alter ist schon da, aber wir sind es noch nicht! Ein paradoxer Wettlauf zwischen alten Hasen und neuen Igeln hat begonnen.

Vorwort

Überraschenderweise herrscht Sturmesruh bei den Alten. Die hervorragendsten Vertreter des späten Alters erfreuen sich ihrer guten Befindlichkeit und vergeuden das gewonnene Los. Und die weißen Fahnen der Jugendlichkeit wehen über allen Generationen auf Halbmast. Dabei ist die Entdeckung neuer Altersbilder eine globale Verpflichtung. Wenn vordergründig auch der Schuh der Demographie die westlichen Nationen drückt, so wird das Altersphänomen am Ende alle Länder betreffen. Insofern ist die Frage, wie wir mit dem Alter umgehen, von weltweitem Interesse und Überlegungen zu einer Philosophie des Alters sind von universaler Dringlichkeit. Eine zukunftsweisende Antwort ist in Deutschland wie zu vielen anderen Problemen nicht in Sicht und ich zitiere den Herausgeber der »*Die Zeit*« Michael Naumann, weil ich mit ihm darin übereinstimme, »dass eine der reichsten Demokratien der Welt sich wohlzufühlen scheint in ihrer Rolle als europäisches ›Schlusslicht‹ (wenngleich das hellste aller Zeiten) und dass die klügsten Ökonomen des Landes eine korrekte Diagnose nebst Therapie nach der anderen anbieten, ohne dass sich etwas ändert – das charakterisiert die Lage der Nation.«[1]

Wenn ich mich in diesem Buch mit sozialen Umwälzungen, Alterslügen und Strukturkrisen beschäftige, so bitte ich die Leser nicht zu vergessen, dass am Anfang und am Schluss eine hoffnungsfrohe Einsicht steht, die das neue Alter in seiner Würde, seinen Chancen und seiner Zukunftsfähigkeit lauthals besingt. In diesem Sinne entspringt manchmal der düstere Ton einer heiteren Grundstimmung und mit zwei weit blickenden Journalisten rufe ich Ihnen zu: »Raus aus dem Altersgefängnis! Die Deutschen werden grau. Junge Menschen sind bald eine kleine Minderheit. Deshalb braucht das Land eine neue Sicht dessen, was Altsein bedeutet und was Alte leisten können. Der Staat muss seinen Bürgern eine neue Freiheit geben: So lange zu arbeiten, wie sie wollen, Altersgrenzen gehören abgeschafft.«[2] Ein Aufstand der

---

1   Michael Naumann: »Das Scheingefecht. Nur keinen Streit: Deutschland unter der Konsensglocke«, in: *Die Zeit* 33/2002.

2   Christian Tenbrock und Wolfgang Uchatius: Raus aus dem Altersgefängnis!, in: *Die Zeit* 27/2002.

Alten wäre wünschenswert. Und weil alle alt werden, ist es die Aufgabe einer konzertierten Aktion der ganzen Gesellschaft, endlich die Lethargien bedrückender Altersbilder aufzugeben und sich engagiert einem positiven zu widmen.

Fällt uns eigentlich noch auf, wie schlecht gelaunt die Menschen in diesem Land sind? Im Supermarkt, im Straßenverkehr oder an der Theaterkasse – überall lauern schlechte Laune, Misstrauen und Missgunst. Das ist eine Folge ungelöster Probleme. Weil sie von unaufrichtigen Politikern, aufgeblasenen Prominenten, einem defätistischen Kulturbewusstsein und oberflächlichen Medien nicht gelöst werden, kann sich die Laune im Land nicht bessern und können kreative Ideen nicht gedeihen. Eine latente Altersdiskriminierung ist in einer solchen Atmosphäre zwangsläufig allgegenwärtig. Wenn es exemplarisch gelingen würde, eine andere Haltung zum Altern zu entwickeln, könnten damit auch Verunglimpfungen menschlicher Vielfalt in anderen gesellschaftlichen Bereichen sichtbar gemacht werden. Die Zugehörigkeit zu einer Minderheit ist häufig zufällig und kann – wie wir alle wissen – schicksalhafte Folgen haben. Zur Minderheit des Alters gehören wir alle irgendwann – jetzt und in Ewigkeit.

Im Jahre 2030 werden über 41 Prozent der Wahlberechtigten über 60 Jahre alt sein. Im letzten Bundestag waren nur 1,6 Prozent aller 666 Abgeordneten älter als 65 Jahre. Von einer fairen Proportionalität sind wir weit entfernt und ich frage mich, ob diese Unterrepräsentanz der älteren Bevölkerung nicht auch einen Mangel an Lebenserfahrung und Krisenbewusstsein bei den politisch Verantwortlichen nach sich zieht. In unserer Gesellschaft wird das Alter eine zukunftstragende Rolle spielen, so dass sich die Arroganz, dem Alter Perspektiven abzusprechen, auf ganz dünnem Eis bewegt. Ich möchte dieses Vorwort mit dem Zitat von Robert Redford beenden, der das neue Alter selbstbewusst symbolisiert und der exemplarisch formuliert, was wir in Zukunft von den so genannten Alten erwarten dürfen: »Ich bin vom Alter nicht so besessen wie die Medien. In Amerika gilt das Altern fast als etwas Illegales. Dabei kann es wunderbar sein. Der Jugendwahn bringt

viele Leute dazu, sich unters Messer zu legen. Ich kann das nicht nachvollziehen: Warum ist es so schlimm, wenn man die Jugend hinter sich lässt?«[3]

Erlauben Sie mir noch einen kurzen Hinweis zur Lesbarkeit des Buches:
Auch wenn der Autor auf die Lektüre von der ersten bis zur letzten Zeile
hofft, können die Kapitel nach persönlichen Interessenlagen kreuz und quer
gelesen werden. Die Komposition ist so gehalten, dass auch Sprünge und
Umwege zum Ziel führen. Ich möchte lediglich darauf hinweisen, dass die
Kapitel 1 bis 3 meine Ausgangsgedanken wiedergeben und die Kapitel 11
und 12 mein persönliches Resümee sind.

---

3   Robert Redford: Wir mussten wachgerüttelt werden. Robert Redford über den US-
    Patriotismus, Umweltschutz und das Altern., in: *Der Spiegel* 48/2001.

Es kommt schließlich nicht nur darauf an, wie alt man wird, sondern wie man alt wird.[4]

Hans Schaefer

1. Das Alter und die Paradoxie

Selbstverständlich zeigt sich das Alter mit ganz unterschiedlichen Gesichtern und gibt es ganz unterschiedliche Altersgruppen. Meine Aufmerksamkeit richtet sich vor allem auf jene Altersbilder in der Mitte des Lebens. Ihre Verwendung folgt häufig strategischen Überlegungen, die bewusst oder unbewusst eingesetzt werden, um soziale, kulturelle und psychologische Absichten zu verfolgen. Es gibt eine Tendenz, diese Älteren einzuschüchtern und zu verunsichern, um die in ihnen ruhenden Kräfte nicht zu stark werden zu lassen. Im Zentrum meiner Überlegungen steht also die Lebensmitte.

Was dokumentieren heute Gedanken über die Zeit nach fünfzig? Zweite Lebenshälfte, Ruhestand, Rentennähe, Midlifecrisis, Menopause, Senioren, Florida, Erotikdämmerung oder Abstieg. Es gibt viele solcher Bilder, aber nur wenige, die vom Eintritt in eine viel versprechende Phase des Lebens erzählen würden. Eines ist klar: Fünfzig Jahre im Leben eines Menschen sind nach unserem Lebensgefühl viel; selbstverständlich nicht genug – bei weitem nicht genug, vielleicht die Hälfte der Lebenszeit? Nach einem halben Jahrhundert überschreiten wir eine mythische Schwelle in eine andere Zeit, wie immer sich dies auch individuell gestalten mag. Während fünfzig Jahre in der Evolution geradezu unauffindbar sind, wirken sie angesichts der technologischen Entwicklung unserer globalen Zivilisation – von der Mondlandung über das Internet bis zur Gen- und Nanotechnologie – geradezu spektakulär. Bedenken wir, dass noch vor hundert Jahren die durchschnittliche Lebenserwartung bei 48 Jahren lag, lässt sich der Altersbegriffs schnell relativieren. Ich

---

4   Hans Schaefer: »Plädoyer für eine neue Medizin« (München, Zürich: B. Piper u. Co. Verlag, 1979), Seite 147.

1 Das Alter und die Paradoxie

werde versuchen, hinter die ungewöhnlich vielschichtigen Denunziationen des Alters zu blicken. Dabei habe ich es zwischen Alterswahrheit und Alterswirklichkeit mit vordergründigen Widersprüchen zu tun, die sich wie ein roter Faden durch die gesamte Alters- und Lebensthematik ziehen.

Wir wissen, dass wir Sport treiben sollen und wie wir uns gesund ernähren können. Aber wir tun es nicht. Wir wissen, dass es um Freundschaft und Liebe geht, dass wir Kompromisse eingehen müssen, dass wir Mitgefühl und Rücksicht walten lassen sollten. Aber wir tun es nicht. Wir wissen, dass das Alter Wertschätzung verdient, es uns alle angeht, es sich radikal verändert hat und zum Umdenken zwingt. Aber wir handeln nicht danach. Warum? Schauen wir uns einige Beispiele für den Umgang mit paradoxen Altersvorstellungen an. Ist es nicht paradox, wenn Junge und Erwachsene jene Lebenssphäre ignorieren oder ablehnen, die sie mit hoher Wahrscheinlichkeit selbst erreichen werden? Ist es nicht paradox jene zu diffamieren, die uns einst das Leben geschenkt haben? Trägt es nicht seltsame Züge, dass die Spanne des klassischen Alters länger geworden ist, die Alten sich über ihren Gewinn an Lebensalter jedoch schämen? Ist es nicht paradox, dass wir länger leben und immer früher aufhören wollen zu arbeiten? Ist es nicht unerträglich und paradox, dass Reiche länger leben und Arme früher sterben? Diese Liste könnte mit Beispielen aus allen Lebensbereichen endlos erweitert werden.

Wesentlich ist, dass in diesen Beispielen eine Widersprüchlichkeit steckt, die auf eine Denk- und Emotionskrise hindeutet, die unser aller Leben durchzieht. Wir befinden uns im Zeitalter grassierender Paradoxien.

Ich kann keine allgemein gültige Begriffsbestimmung des Paradoxen anbieten, denn dieses Phänomen wird schon seit dem Altertum mit den unterschiedlichsten Erklärungen versehen. Hier verwende ich ihn eher alltagssprachlich. Selbst im Duden wird der Begriff lediglich mit Widerspruch erklärt. Zweifellos sind Widersprüche die Grundelemente des Paradoxen, aber letztere widersprechen einer vorherrschenden Auffassung, während der Widerspruch sich selbst widerspricht. Das Paradox ist ästhetischer Natur, denn es ist ein Ausdruck sich verändernder menschlicher Subjektivität. Der Widerspruch ist hingegen logischer Natur, denn er erhebt den Anspruch auf Wahrheitsfindung.

»Der Widerspruch ist im Erkenntnisprozess die Aufhebung einer Erkenntnis, die man zunächst zu haben glaubte: Was zunächst als möglich, das heißt immer auch: als widerspruchsfrei erschien, erweist sich mit seiner definitiv konstatierten Widersprüchlichkeit als unmöglich. Es erweist sich als ›bloßer Schein‹, während das Paradoxe eine wirkliche, aber unmittelbar nicht für möglich gehaltene Erscheinung ist. Gegenüber der Funktion des Widerspruchs ist die Bewegung der Paradoxie also die genau umgekehrte: Man sucht nach der Auflösung eines erscheinenden Widerspruchs, eines Widerspruchs, dessen eine Seite eine Erscheinung ist, und bleibt in diesem Suchen befangen. Man sucht sich angesichts einer paradoxen Erscheinung neu zu orientieren, weil man sich sonst nicht mehr auskennt.«[5]

Das Paradox ist eine ästhetische Figur, weil es sich um eine dauernde Irritation der Wahrnehmung und Erscheinung handelt, die dazu auffordert, das bisherige Denken zu überwinden und zu einer anderen, konstruktiveren Betrachtung zu gelangen. Es handelt sich also um eine wesentliche Radikalisierung des Widerspruchs, weil das sich gegenseitig Ausschließende immer auch in seiner potenziellen Verbundenheit oder Janusköpfigkeit begriffen wird. Also liegt ein wesentlicher Kern des Paradoxen in seinem speziellen Verhältnis zum Anderen, zu anderen Menschen, anderen Werten oder einem anderem Sein. Die Verwendung des Paradoxen zwingt geradezu, die eigenen Grenzsicherungen und Grenzziehungen zu überdenken. Das Andere, das Neue ist noch nicht verstanden, während das Alte ebenfalls nicht mehr gültig ist. Wir befinden uns in einem Schwebezustand der Wahrnehmung. Das Paradoxe weist über seine ursprünglich unverständliche Erscheinung hinaus und verlangt nach Auflösung und Klärung. Es symbolisiert eine Krise des Verstandes, eine Ausweglosigkeit, eine Orientierungslosigkeit, die überwunden werden muss. Dieser ästhetische und rationale Prozess appelliert an die Einbildungskraft, eine lösende Bedeutung oder erklärende Perspektive für die

---

5   Roland Hagenbüchle und Paul Geyer (Hrsg.): *Das Paradox. Eine Herausforderung des abendländischen Denkens* (Würzburg: Königshausen und Neumann, 2002), Seite 48.

sich wandelnden Zeichen des Alten und des Neuen zu suchen. Das Paradox ist der Fährmann zwischen dem Verlust der Orientierung und dem Finden einer neuen. Wir haben es mit einem Element des Begreifens zu tun, das von außerordentlicher Bedeutung sein könnte, denn die Zeiten eindeutiger Orientierung sind vorbei. Schauen wir uns zwei Beispiele an: »Leben heißt Sterben« und »Nur der Blinde sieht Gott«. Um die Ebene des Banalen zu verlassen, muss der Blickwinkel verändert werden. Erst aus einer höheren und ungewohnten Perspektive ergeben sich neue und verändernde Einsichten.

Gerade das Thema Alter ist von Mythen, Vereinfachungen und Vorurteilen geprägt und bedarf einer nachhaltigen Analyse. »Der menschliche Geist ist konservativ. Er gewöhnt sich schnell an seine Ideen, prägt Vorurteile, die er für Prinzipien hält, und liebt schließlich immer das, woran er glaubt.«[6] Das negative Altersbild ist ein solches Prinzip, das sich wider besseres Wissen tumorartig am Leben erhält. Ein solches Altersbild verweist mehr auf den Zustand einer Gesellschaft als auf sich selbst. Die damit einhergehende Tabuisierung des Alters ist ein bezeichnender Beleg für die Bewertungskrise des nachberuflichen Lebens. Vor diesem Hintergrund sollten wir uns vor Augen führen, dass Krisen das Denken fördern, »(...) denn im Sieg sieht es sich stets bloß mit der Leere konfrontiert. Was sich endlos wiederholen muss, bleibt eintönig und unproduktiv. Daher kann die wahre Aufgabe des Intellekts nur darin bestehen, mit Widersprüchen, Gegensätzen und Brüchen zu spielen, sich dem Offenkundigen strikt zu widersetzen. Um funktionieren zu können, benötigt der menschliche Geist eine Dialektik: Ohne Widersprüche kommt er nicht voran. Er kann seine Trägheit nur überwinden, indem er sich auf dynamische Gegensätze einlässt. Die wahren Sätze des Denkens sind also Gegensätze.«[7] In diesem Sinne können wir dankbar sein, dass in Zeiten höchster und schwer verstehbarer Komplexität Paradoxien an den Strand unseres Denkens gespült werden, die helfen, die Larven abzustreifen und das neue Land oder die neue Zeit sichtbar zu machen.

---

6   Etienne Klein: *Gespräche mit der Sphinx* (Stuttgart: Klett-Cotta, 1993), Seite 31.

7   Ebenda, Seite 32.

Wenn die Negation der Erfahrung bloß ein von oben aufgezwungenes Vorurteil wäre, so wären wir, die Menschen mittleren Alters, einfach nur Opfer eines institutionalisierten Jugendkults. Aber die Angst vor der Zeit hat uns tiefer geprägt. Das Vergehen der Jahre scheint uns auszuhöhlen. Unsere Erfahrung ist nicht mehr in Würde zitierbar. Solche Überzeugungen gefährdeten unser Selbstbild, sie sind ein größeres Risiko als das des Glücksspielers.[8]

Richard Sennett

2. Ausgangssituation und Motivation

In meinem Buch »Abschied vom Zeitgeist – Die Wahrnehmung der Pluralität« habe ich seinerzeit folgenden Gedanken formuliert: »Der Zeitgeist halluziniert die Kompensation der ständigen Frustrierung und die Konvergenz der menschlichen Neugier. Er ist der Kalfaktor einer Zukunft, die alle betrifft, über die aber nur wenige befinden – eine Vokabel der Hilflosigkeit, ein deutscher Schrei nach einer Instanz, die die Unübersichtlichkeit vordergründig ordnet oder zumindest die Schuldigen pfeilschnell exhibiert.«[9] Es ging mir um die bewusste Entfaltung vielfältiger Lebensentwürfe, die eher dem eigenen Willen als einem obskuren Zeitgeist Folge leisten sollten. Gefordert wurde der geistige Wandel von der Chronologie zur Pluralität, von der Fremdbestimmung zur Selbstgestaltung. Eine solche Gratwanderung kann nur erfolgreich sein, wenn der Mensch bereit ist, über den Horizont seiner Vorstellungen hinauszublicken. Deswegen zitiere ich meine Beschäftigung mit dem Zeitgeist, denn die eigene Selbstüberwindung ist ein Teil dieses Buches.

---

8   Richard Sennett: *Der flexible Mensch* (Berlin: Goldmann Verlag, 2000), Seite 129.

9   Thomas Druyen: *Die Wahrnehmung der Pluralität. Abschied vom Zeitgeist* (Achern: Edition Zukunft 99, 1990), Seite 157.

2 Ausgangssituation und Motivation

Nach der Beschäftigung mit dem Zeitgeist musste ich zwangsläufig auf das Altersphänomen stoßen und über den Widerspruch zwischen Altersbild und Altersrealität stolpern. Allerdings habe ich nicht erwartet, dass die Diskrepanz zwischen dem alltäglichen Bild vom Alter und seiner subjektiven Alterswahrnehmung so gigantisch ist, dass darin eine dreißigjährige, relativ neue Lebensphase verschwindet. In einem soziologischen Grundlagentext wird dieser Zeitraum treffend als das »Dritte Alter« bezeichnet. Dieses unvertraute Terrain möchte ich auf den folgenden Seiten in Augenschein nehmen. »Denn die Alterszusammensetzung unserer Gesellschaft hat sich gewandelt, und zwar recht plötzlich und ohne dass wir wahrgenommen haben, was vor sich ging. Zusätzlich muss beachtet werden, dass die Einrichtungen und Mittel, die geschaffen worden sind, um dem Problem des Alters zu begegnen, in keiner Weise geeignet sind, uns eine Politik für jene große Mehrheit im Ruhestand bereitzustellen, die überhaupt kein Problem sind. Wir brauchen eine neue Sichtweise, eine neue Sprache, und vor allem brauchen wir eine neue Institution oder eine ganze Reihe davon.«[10] Es wurde mir klar, dass sich hier eine kultursoziologische Umwälzung vollzieht, die es für mich unumgänglich macht, über neue Sichtweisen des Altersbegriffs nachzudenken und entsprechende sozialphilosophische Vorstellungen zu entwickeln. Die offenbar radikal veränderten Perspektiven erzwingen einen Diskussionsbeitrag, der den Blick über das klassische Koordinatensystem von Medizin, Soziologie und Politik hinauswirft. »Die Soziologie des Alter(n)s muss sich als selbstreflexive Wissenschaft verstehen, die beständig danach fragt, welchen Beitrag sie zur Bildung von Ideologien, Mythen und Meinungen leistet, wie sie durch Daten und Diskurse politische Entscheidungen beeinflusst, wie sie Perspektiven und Bewertungsmuster zur Einschätzung von Entwicklungen konstruiert.«[11]

---

10 Peter Laslett: *Das Dritte Alter. Historische Soziologie des Alterns* (Weinheim, München: Juventa, 1995), Seite 33.

11 Hans-Werner Prahl und Klaus R. Schroeter: *Soziologie des Alterns* (Paderborn, München, Wien: Schöningh, 1996), Seite 26.

Ausgangssituation und Motivation 2

Die Schlagworte »demographische Revolution«, »graue Gesellschaft« und »Altersschwemme« haben das Thema Altern auf meine Tagesordnung gesetzt. Seit den 1970er-Jahren haben die mit diesen Metaphern beschriebenen Veränderungen in der Sozialstruktur westlicher Gesellschaften soziologische Aufmerksamkeit hervorgerufen und die Gerontosoziologie begründet. Das Thema Altern wurde erstmals nach dem Zweiten Weltkrieg in den USA eigenständiger Gegenstand einer eigenen Fachrichtung. Im deutschsprachigen Raum wurde die These von der Überalterung der Gesellschaft 1960 formuliert. Eine konstruktive und interdisziplinäre Kooperation unterschiedlicher Disziplinen zum Thema Altern entwickelte sich in Deutschland erst 1967 mit der Gründung der deutschen Gesellschaft für Alternsforschung (später Deutsche Gesellschaft für Gerontologie), die neben Medizin und Biologie auch Sektionen für Psychologie und Soziologie integrierte.

Die Ergebnisse meines Altersdiskurses verweisen nicht nur auf die deutsche Gesellschaft, sondern auch auf die sich verändernden Gesellschaften in Europa, Nordamerika, Australien, Asien und größeren Teilen Afrikas. Die sich in all diesen Ländern vollziehenden Alternsprozesse sind ausnahmslos unumkehrbar. Deswegen basiert das Schicksal dieser Gesellschaften paradoxerweise auf ihrer Fähigkeit, gerade die Menschen der Zweiten Lebenshälfte als integrativen Bestandteil ihrer gesellschaftlichen Zukunft zu erkennen und zu akzeptieren. Die Folgeprobleme der Alterung betreffen nicht nur das ökonomische und soziale System. Sie haben auch nachhaltige Auswirkungen auf die sozialen, kulturellen und ethischen Grundlagen jeder Gesellschaft. Vollends deutlich wird die Brisanz, wenn wir uns nur einige demographische Zahlen anschauen, die unsere Zukunft prägen werden. Im Jahre 2030 könnten 35 Prozent bis 40 Prozent der Bevölkerung über sechzig Jahre alt sein und im Jahr 2100 sogar 50 Prozent bis 60 Prozent. Diese Entwicklung ist langfristig von weltweiter Bedeutung und von globaler Relevanz. »Schon in der zweiten Hälfte dieses Jahrhunderts dürfte die Weltbevölkerung einen ähnlichen Altersaufbau haben wie heute die Bevölkerung Deutschlands. Weltweit wird der Bevölkerungsanteil von 59-Jährigen größer sein als der von unter 20-Jährigen. Die derzeitige Bevölkerungsentwicklung von Deutschen und Europäern wird noch in diesem Jahrhundert zum Menschheits-

2 Ausgangssituation und Motivation

schicksal werden. In zwei bis drei Generationen wird die Mehrzahl der Völker vor den gleichen Problemen stehen wie derzeit und in absehbarer Zukunft die Europäer.«[12]

Es gibt vermutlich so viele unterschiedliche Altersentwürfe wie es Menschen gibt. Deswegen geht es mir auch nicht um die Verfassung eines Handbuches oder Leitfadens für das erfolgreiche Altern, sondern um die Vermittlung der grundlegenden Einsicht, dass die Neubewertung des Alters und seiner Begrifflichkeit für unsere Zukunft von einzigartiger Nachhaltigkeit ist. Ich möchte aus kultur- und sozialwissenschaftlicher Sicht einige Fragen des Alters hinsichtlich der Integration von Mythos und Möglichkeit aufwerfen und daran einige philosophische Überlegungen anschließen. Wir wissen alle, dass sich die Voraussetzungen für ein negatives Altersbild verändert haben. Trotzdem liegt ein Definitionsschatten aus der Vergangenheit über der Gegenwart, denn ein wirklich neues Altersbild ist nicht absehbar. Anti-Aging, Fünfzig Plus, Top-Fifty – solche Strategien und ihre Marketingeltern betreiben einen respektlosen Etikettenschwindel, um aus den demographischen Veränderungen Kapital zu schlagen. Alter Wein in neuen Schläuchen; simpler kann die produkt- und absatzorientierte Verschleierung eines gesellschaftlichen Problems nicht sein. Aus intellektueller Verlegenheit einer zur Jugendlichkeit verurteilten Branche entstand eine seelenlose Werbesprache, ein Pubertätsjargon, der wie schlechtes Wetter über die älteren Zielgruppen hinwegzieht.

In den folgenden Kapiteln werde ich vor und hinter die Kulissen des Altersphänomens schauen. Dabei scheint es mir durchaus sinnvoll zu sein, ein Thema auch mehrfach unter unterschiedlichen Gesichtspunkten anzugehen, um dadurch eine gewisse Routine im Umgang mit dem Gegenstand zu vermitteln. Wundern Sie sich auch nicht über den stilgebrochenen Hindernislauf zwischen essayistischen Ausflügen, profanen Realitätsbetrachtungen und unorthodoxen Sprachspielen. Sie sind ureigener Bestandteil meiner euphorischen Vorstellungen einer Kultursoziologie, die nicht nur fleißig in Mikro-

---

12 Meinhard Miegel: *Die deformierte Gesellschaft. Wie die Deutschen ihre Wirklichkeit verdrängen* (Berlin: Propyläen, 2002), Seite 37 f.

Ausgangssituation und Motivation **2**

und Makroangelegenheiten stochert, sondern auch den Mut aufbringen muss, die gesellschaftliche Zukunft mitzugestalten. Mit Begeisterung und Bescheidenheit habe ich den Appell eines bekannten Soziologen vernommen: »Doch wo sind all die klugen und kühlen Köpfe der Zunft, die hier mit einem beherzten Griff in ihre Phantasie die Alter(n)ssoziologie in neue Höhen stemmen?«[13] Diesem Weckruf will ich im Rahmen meiner Möglichkeiten gerne folgen.

Viel zu spät haben wir die Tragweite und Sprengkraft des Alters erkannt. Selbst noch die Konferenz »Eine Gesellschaft für alle Lebensalter« der Vereinten Nation, die im April 2002 in Madrid 5000 Delegierte aus 160 Ländern zusammenbrachte, diskutierte lediglich über weltweite Alten- und Versorgungspläne. Kaum jemand hatte den Mut, über Würde und Gerechtigkeit zu sprechen und über einen langen Lebensabschnitt, deren Möglichkeiten nicht genutzt werden. Die Verdrängung des Alterns ist ein beredtes Beispiel für eine orientierungslose Gesellschaft. Insofern stimme ich mit Helmut Schelsky überein, dass Soziologen Krisenwissenschaftler sein sollten: »Alle wissenschaftlichen Besinnungen über den Gegenstand der Soziologie haben gezeigt, dass zumindest die moderne Soziologie von vornherein eine Krisenwissenschaft ist, die ihre Thematiken dadurch zugeteilt bekommt, dass sie sich den im sozialen Strukturwandel jeweils erschütterten, in Umbruch geratenden und instabil werdenden Erscheinungen des menschlichen Zusammenlebens zuwendet.«[14] Eine solche unsichere Situation ist die Grundlage der widersprüchlichen Meinungen, die dieses Thema meistens zu theoretisch behandeln. Wir dürfen nicht vergessen, dass sich hinter dem Wort Alte Millionen individueller Biografien verbergen, die historisch neu und einmalig sind und sich nicht in anachronistischen Einmachgläsern vorhalten lassen.

---

13 Klaus R. Schroeter: »Altersstrukturwandel als ›ungeplanter Prozess‹«, in: Backes (2000), Seite 81.

14 Helmut Schelsky: »Die Paradoxien des Alters in der modernen Gesellschaft«, in: Helmut Schelsky: *Auf der Suche nach Wirklichkeit. Gesammelte Aufsätze* (Düsseldorf, Köln: Eugen Diedrichs Verlag, 1965), Seite 198.

2 Ausgangssituation und Motivation

Mir geht es in erster Linie um die Ausbildung einer zeitgemäßen Alterskultur, die Erwartungen und Vorstellungen entwickeln und verwirklichen muss, um spätere Lebensabschnitte gestalten zu können. Dabei handelt es sich um einen dialogischen Prozess, der dem Einzelnen Chancen und Möglichkeiten bietet, aber auch Erwartungen der Gesellschaft formuliert. Der wesentliche Grund für die Schwierigkeiten der Entstehung einer Alterskultur liegt in der Inhomogenität jener, die über enorme Unterschiede der Bedürfnis- und Motivationsprofile verfügen. Von wenigen, gerade im künstlerischen Bereich zu findende Ausnahmen abgesehen, ist ein glückliches und sorgenfreies Alter vorläufig ein Privileg und eine Perspektive der Ungleichheit. Alter und Alte sind Bezeichnungen, hinter denen sich kaum vergleichbare soziale Wirklichkeiten verbergen. Auch die Generation der »Neuen Alten« entzieht sich historischen Vergleichen, weil sie in der Menschheitsgeschichte einmaligen Charakter besitzt. Insofern haben wir es mit Einzelnen zu tun, die vorerst nur Repräsentanten bestimmter sozialer Schichten sind. Diese Unterschiede der Individuen, der unterschiedlichen Jahrgänge, der Klassenzugehörigkeit, des Geschlechts, der regionalen und städtischen Lebensweise sind ebenfalls zu berücksichtigen. Bildung und Milieu sind zentrale Zugangsvoraussetzungen zu kulturellen Möglichkeiten und zufriedenen Lebensgewohnheiten. Bevor Ungleichheiten verringert werden können, muss ein kulturelles Altersbewusstsein geschaffen werden, das über die Lobbyarbeit von Seniorenorganisationen und über unaufrichtiges Altersmarketing von Profitpfadfindern weit hinausgeht. Ohne biografische Beispiele und gelebte Innovationsprojekte werden wir nicht vorankommen. Zivilgesellschaftliche Anstrengungen zur Integration und Vitalisierung der Aktivitäten von Alten sind Kernelemente neuer Vergesellschaftungsmodelle.

In diesem Zusammenhang haben die Medien eine besondere Verantwortung. Nach wie vor vermittelt vor allem das Fernsehen falsche und weitgehend nivellierende Altersbilder, die im krassen Gegensatz zur tatsächlichen Befindlichkeit der älteren Generationen stehen. Auch hier ist Engagement gefordert, das auch nicht davor zurückschrecken darf, beispielsweise eigene Fernsehformate zu fordern. Es ist eine Aufgabe von allen, diejenigen zu unterstützen, die älteren Menschen Foren für Aktivitäten bereitstellen und die

Ausgangssituation und Motivation 2

damit die Wirksamkeit von Sozial- und Bildungseinrichtungen verstärken. Dies sollte aber nicht länger einer halbherzigen Politik für die Alten entsprechen, sondern zu einem kooperativen Handeln zwischen den Generationen führen.

Um meinen selbst gesteckten Zielen gerecht zu werden, beabsichtige ich keine bienenfleißige Zusammenstellung aller verfügbaren Daten zum Thema Alter, sondern eine Verdichtung des gegenwärtigen Altersgefühls, das die Grundlage unserer Vorstellungen und Ideen über das Alter bildet. Eine solche Arbeit braucht nicht alle Bausteine pedantisch auszuarbeiten. Es geht vielmehr um die Darstellung jener kulturellen Atmosphäre, in der dieses brisante Thema gesellschaftlich ver- und behandelt werden kann. Das ist ein auswegloses Unterfangen, wenn ich nicht auch die emotionale und seelische Privatheit aus der journalistischen und wissenschaftlichen Versenkung hole. Denn hinter Datenbergen, Lebensläufen und Gesichtern verbergen sich die unverwechselbaren Regisseure des wirklichen Lebens, nämlich des eigenen. Wie sich das Alter subjektiv anfühlt, kann nicht von außen durch noch so qualifizierte Erhebungen ermittelt werden. Das wirkliche Alter teilt das Schicksal mit der Rückseite des Mondes, die sich ebenfalls dem direkten Zugriff entzieht. Es handelt sich aber nicht um ein Verschweigen oder Verleugnen, sondern um eine geheimnisvolle Unfähigkeit dem Prozess des eigenen Alterns zeugenhaft beizuwohnen. Denn die Veränderung ist immer schon vollzogen, wenn sie wahrgenommen wird. Weil wir dem Alter immer hinterherlaufen ohne es überholen zu können, gibt es ein schicksalhaftes Arrangement mit der eigenen Unverfügbarkeit. Vor dieser Wand der Einflusslosigkeit breitet sich der Mensch aus und findet in den Mustern seiner Vergangenheit Stabilität. Alles, was geschieht, wird nahtlos in das Lebensmosaik übernommen. Das Zukünftige entzieht sich dem Vorstellbaren und alle damit verbundenen Ängste, Hoffnungen und Emotionen werden in den Keller der Seele verbannt. Es kommt, wie es kommt oder es ist, wie es ist.

Der eigenen Verdrängung können wir höchstens auf die Spur kommen. Meistens verliert sie sich in der eigenen Biografie wie ein Glas Wasser, das wir ins Meer schütten und ist kaum noch aufzuspüren. Diese Aspekte können genannt, aber nicht wirklich durchdrungen werden. Meine Anstrengungen enden vor dem inneren Auge des Lesers. Die individuelle und gefühlsmäßige Anreicherung meiner Gedanken obliegt ihnen. Vielleicht kann uns auch die Literatur helfen, die nicht aufgibt hinter den Rätseln das Eigentliche zu suchen. In »Das Sterbende Tier« stellt Philip Roth uns in seinem Roman die entscheidende Frage, die es zu beantworten gilt: »Können Sie sich vorstellen, wie es ist, alt zu sein? Natürlich können Sie das nicht. Ich jedenfalls konnte es nicht. Ich hatte keine Ahnung, wie es sein würde. Ich hatte nicht einmal ein falsches Bild – ich hatte gar keins. Und etwas anderes will ja auch niemand. Niemand will sich dem Alter stellen müssen, bevor er es muss. Wie wird es sein? Beschränktheit ist unerlässlich. Es ist verständlich, dass jedes zukünftige Lebensstadium unvorstellbar ist. Manchmal hat man eines bereits halb durchschritten, bevor man überhaupt merkt, dass man darin eingetreten ist.«[15] Wenn wir diese Beschreibung weiter denken, will ich die Hoffnung nicht aufgeben, dass es möglich sein sollte, der Selbstzensur und der gesellschaftlichen Tabuisierung einige Besitztümer abzutrotzen. Aber wer kollektive Überzeugungen angreift, die Privatsphäre berührt und im Dunkeln die Augen öffnet, darf sich nicht wundern, wenn er abgelehnt wird. Was kann schlimmer und paradoxer sein als diejenigen zu befreien, die nicht befreit werden wollen? Das Tabu ist wie das Vorurteil Waffe und Krücke zugleich.

Viele Junge können und viele Alte wollen nicht über einen Lebensabschnitt sprechen, der demographisch durchleuchtet, wissenschaftlich vermessen, aber gesellschaftlich und individuell tabuisiert wird. Alter(n) wird in erster Linie als Problem und Erfahrung der anderen wahrgenommen. Der Mensch ist belastbar und kann bis zum Ende seines Lebens viele Widerstände erfolgreich meistern, aber die gedankliche Verarbeitung von Zeit und Geschehnissen folgt einer paradoxen Art und Weise, die sich logischen Zugriffen verweigert. Solche teils gut ausgeleuchteten oder teils verdunkelten Räume alternden Seins habe ich fragmentarisch erkundet.

---

15 Philip Roth: *Das sterbende Tier* (München, Wien: Carl Hanser Verlag, 2003), Seite 43.

Lasst uns mit vereinten Kräften eine Gesellschaft für jedes Alter erschaffen.[16]

Han Seung-soo

3. Die alternde Gesellschaft – Problem oder Chance?

Die Diskussion über das Altern könnte paradoxer nicht sein. Etwas übertrieben formuliert reicht sie von apokalyptischen Vorstellungen des Zivilisationsuntergangs bis hin zu Visionen vom ewigen Leben. Das belegen solche Zeitschriften- und Buchtitel wie »Morgen sind wir unsterblich«[17], »Die Last mit den Alten«[18], »Demographische Falle«[19] oder »Die Bombe tickt«[20], die ein umfassendes Interpretationsspektrum anbieten und beinahe jede Theorie begründen können. Gleichzeitig gibt es eine Fülle von statistischen Daten, wie zum Beispiel dass der Anteil der über 60-Jährigen im Jahre 2030 in Deutschland 38 Prozent betragen wird, bis zum Jahr 2050 3,2 Millionen über 100-Jährige weltweit leben werden[21], im Jahr 2040 in Deutschland nur noch 26 Millionen arbeiten werden[22] oder dass die über 50-Jährigen mit 50 Pro-

---

16 »Let us combine our efforts to bring about a society for all ages« (Übersetzung des Autors). Han Seung-soo, President of the General Assembly on Ageing, Rede anlässlich der Weltversammlung zur Frage des Alterns am 8. April 2002 in Madrid, in: www.un.org/ageing/coverage/pr/socm5.htm.

17 Andreas Matern: *Morgen sind wir unsterblich. Die Wunder der Medizin des 21. Jahrhunderts* (Hamburg: Mikado, 2001).

18 Walter Wüllenweber: »Die Last mit den Alten«, in: *Stern* 48/2002, Seite 45-56.

19 Christiane Siemann und Manfred Braun: »Arbeitsmarkt: In der demographischen Falle«, in: *Süddeutsche Zeitung* vom 23./24. Februar 2002.

20 Heik Afheldt: »Die Bombe tickt ... doch die Politiker wollen nicht hören. Die überalterte Gesellschaft sprengt die Sozialsysteme«, in: *Die Zeit* 1/2001.

21 Siehe Ursula Lehr: »Gemeinsam alt werden in Deutschland. Zur Lebenssituation von Einheimischen und Migranten« (Festrede Friedrich Ebert Stiftung: Berliner Akademiegespräche, 11. März 2002), Seite 6.

22 Siehe Roland und Andrea Tichy: *Die Pyramide steht Kopf* (München: Piper, 2001), Seite 75.

zent der Kaufkraft in Deutschland und mehr als einer halben Billion Euro Geldvermögen die größte Käufergruppe sind.[23] Gleichzeitig wird im doppelzüngigen Umfeld von Anti-Aging-Programmen das Alter vorsätzlich als chronische Krankheit gesehen, die fast das ganze Leben behandelt werden muss. Wir haben es mit einer spektakulären und historisch einmaligen Gemengelage zu tun. Dies mag auch der Grund sein, warum die Altersbewertungen so paradox auseinander driften. Gemeinsam ist allen unterschiedlichen und widersprüchlichen Einschätzungen jedoch die historische Betrachtungsweise des Altersphänomens. »Denn der unaufhaltsame, sich von Tag zu Tag beschleunigende Verfall der Bevölkerung, die Überalterung unserer Gesellschaft, die graue Revolution wird das Antlitz Europas stärker verändern als die französische, die russische oder die osteuropäische Revolution, wird größere gesellschaftliche Veränderungen anrichten als der Erste und Zweite Weltkrieg zusammen.«[24]

Wie kaum ein anderes Thema ist das Thema Alter in den Mittelpunkt einer negativ besetzten Diskussion gerückt, die öffentlich verdeckt geführt wird. Dabei zeigen Zukunftserwartungen scheinbar erschreckende Entwicklungen, um die sich weder Politik noch Wirtschaft in ausreichendem Maße zu kümmern scheinen. Gleichzeitig sorgt die Tatsache, dass Menschen in den modernen Industrienationen immer älter werden und der Anteil jüngerer Menschen zurückgeht, in vielen gesellschaftlichen Bereichen für Irritation und Aufruhr. Parteisoldaten streiten um die Zukunft der Renten- und Pflegeversicherung, jungbefohlene Medien inszenieren Schreckensbilder von der ergrauenden Gesellschaft und Wirtschaftskapitäne prognostizieren dramatischen Fachkräftemangel und verkünden den Zusammenbruch des zur Senilität verurteilten Standortes Deutschland. Manche sehen gar die globale Stabilität der Welt gefährdet. Wenn nicht bald etwas geschieht, könnten die Kosten der Rentenlasten eine Krise auslösen, die die Weltwirtschaft verschlingen würde. Überall treffen wir auf die angeblichen Gefahren der Überalterung für die

---

23 Michaela Hoffmann und Julia Leendertse: »Kristalline Intelligenz zählt«, in: *Wirtschaftswoche* 35/2000, Seite 54.

24 Tichy und Tichy (2001), Seite 10.

Die alternde Gesellschaft – Problem oder Chance? 3

Zukunft der Wohlstandsgesellschaft, die aus den Fugen zu geraten scheint. *Der Spiegel* prophezeit den »Krieg der Generationen«, *Die Zeit* »die vergreiste Republik« und allerorts werden ältere Menschen als Belastung für den Sozialstaat und als Gefahr für die Wettbewerbsfähigkeit auf dem Weltmarkt gehandelt. »Hört man den Medien zu sowie dem einen oder anderen Wissenschaftler, so könnte man meinen, das soziale Gefüge bräche zusammen, wenn die heutigen Babyboomer zur älteren Generation gehören werden.«[25]

Auch wenn es in den Debatten um das Alter selten ausdrückliche Schuldzuweisungen gibt, wird die Verantwortung für die realen und vermuteten Probleme, die sich aus den demographischen Veränderungen ergeben, den heute älteren Menschen zugeschoben. Die schwere Erblast, die sie nachfolgenden Generationen hinterlässt, wird nicht als gesellschaftliches Problem, als vielschichtiges Geflecht der Zusammenhänge von Alter und Gesellschaft gesehen, sondern häufig als persönliche Verfehlung gewertet. Das Alter wird zum Sündenbock der gesellschaftlichen Krisensituation, die so unterschiedliche Aspekte wie die Rentenfrage, die globale Klimaentwicklung und die andauernde Arbeitslosigkeit über einen Kamm schert. Die Stigmatisierung des Alters geht an den älteren Menschen nicht spurlos vorüber. Die Tatsache, dass Menschen heute länger und besser leben, ist deswegen auch keineswegs nur Grund zur Freude, sondern führt zu tiefen Verunsicherungen bei älteren Menschen: »Diese Diskussion«, so eine *Stern*-Leserin »macht mir und vielen aus meiner Generation ein wahnsinnig schlechtes Gewissen. Wir müssen uns bei unseren Nachkommen entschuldigen, dass wir noch leben.«[26]

Was sind die Ursachen für solch massive Vorwürfe gegen die ältere Generation? Warum wird die zunehmende Lebenserwartung in erster Linie als Problem und nicht als Chance für den einzelnen Menschen und die Gesellschaft gesehen? Auf diese Fragen gibt es keine einfachen Antworten. Die Folgen

---

25 Peter Martin: »Altern, Aktivität und Langlebigkeit«, in: *Zeitschrift für Geriatrie und Gerontologie* 33: Supplement 1 (2000), Seite 80.

26 Marianne Vogt, Leserbrief als Reaktion auf den Artikel »Die leise Rebellion« (Lorenz Wolf-Doettinchem und Henrik Müller, »Die leise Rebellion«, in: *Stern* 24/2000), in: *Stern* 26/2000, Seite 17.

3 Die alternde Gesellschaft – Problem oder Chance?

der demographischen Veränderungen sind komplex und können in ihrer Dimension vermutlich noch gar nicht abgeschätzt werden. Gravierende Umbrüche dieser Art erzeugen Ängste und rufen nach schnellen Lösungen, die, wenn sie schon nicht den Status quo erhalten können, zumindest »das Schlimmste« verhindern sollen. Das Schlimmste, so lassen die öffentlichen Debatten vermuten, ist in diesem Fall der Zusammenbruch der Sozialsysteme und die Gefahr einer gesellschaftlichen, wirtschaftlichen und politischen Dauerkrise. Die Kosten für das Rentensystem, für Kranken- und Pflegeversicherung, die Analysten, Politiker und Wirtschaftsexperten auf uns zukommen sehen, dominieren die öffentlichen Thesen über das Alter. Wie eine ehemalige Bundesministerin feststellte, werden die Konsequenzen, die sich aus der demographischen Entwicklung in unserer Gesellschaft ergeben, in erster Linie aus sozial- und wirtschaftspolitischer Sicht verhandelt.[27] Auch in den Medien wird diese einseitige und negative Sichtweise gefördert. Während der Boulevard-Journalismus auf der Popularitätswelle aktueller Themen reitet und Emotionen schürt, wird die Komplexität des Altersprozesses in der seriösen Presse zunehmend berücksichtigt. Doch noch in einem Ende des Jahres 2000 ausgestrahlten *Presseclub*, in dem das Riestersche Rentenkonzept diskutiert wurde, konnte die Forderung nach einer Veränderung unseres Altersbildes als »vorerst irrelevant« abgetan werden.[28]

Seit einigen Jahren verändert sich diese Einstellung spürbar. Aber viele Einschätzungen passen nicht zusammen und erwecken den Eindruck einer Alibidiskussion. Unverständnis und Falschinformation erzeugen zwangsläufig Polarisierungen, die für Spannungen zwischen den Generationen sorgen: Ältere Menschen haben Angst vor Rentenkürzungen und vor Einschränkungen in der Gesundheitsversorgung, während jüngere befürchten, trotz hoher finanzieller Belastung während der Erwerbstätigkeit in Zukunft nur noch in geringem Maße oder gar nicht mehr vom Rentensystem profitieren zu

---

27 Christine Bergmann in einer Rede auf dem internationalen Medienkongress »Überhört und übersehen? Ältere in Hörfunk und Fernsehen« am 28. Oktober 1999 in Köln.

28 WDR Presseclub, *Weniger Rente für alle: Riesters Rentenreform ist gescheitert*, Sonntag, 17. Dezember 2000.

können. Diese Debatten ignorieren die Tatsache, dass sich nicht nur die demographischen Strukturen in den hoch industrialisierten Ländern verändern, sondern auch das Umfeld, in dem diese Veränderungen stattfinden. Die Zunahme von Menschen über Sechzig ist kein isoliertes Phänomen, das wir nur in den Griff bekommen müssen, sondern Teil einer komplexen gesellschaftlichen Veränderung, die ökonomisch, politisch, institutionell und individuell folgenreich sein wird. Der notwendige Wandel erzwingt strukturelle Veränderungen auf dem Arbeitsmarkt, in den sozialen Sicherungssystemen, den Familienstrukturen sowie den individuellen Lebensstilen und Lebensläufen. Dass die Altersdiskussion vor allem als eine Kosten-Nutzen-Rechung geführt wird, scheint in einer marktwirtschaftlich orientierten Gesellschaft nicht verwunderlich.

Hinter den Kontroversen um die drohende Überalterung oder richtiger, Unterjüngung der Gesellschaft steht nicht nur das Problem einer reformbedürftigen Alterssicherung, sondern vor allem auch eine vereinfachte Vorstellung vom Alter. Mit dem Alter verbinden wir nicht nur eine bestimmte Lebensphase – die Zeit nach dem Ende des Erwerbslebens – sondern auch eine spezifische Lebensform. Altsein ist negativ besetzt und steht für all die Dinge, die in unserer Gesellschaft nicht erstrebenswert sind: Vereinsamung, Armut, Krankheit, Einschränkung von körperlicher und geistiger Vitalität und Verlust an Schönheit. Der Jugendkult in den Medien, im Marketing und in der Alltagskultur hat die oft respektlos als »Kukident-Generation« bezeichneten Älteren an den Rand des aktiven Gesellschaftslebens gedrängt. Auch diejenigen, die offensichtlich nicht in die Schablone der mittellosen und kranken Greise passen, haben mit Vorurteilen zu kämpfen. Der relative Wohlstand von Menschen, die in den Jahrzehnten nach dem Zweiten Weltkrieg privates Vermögen erarbeitet haben und jetzt vom Rentensystem profitieren, sorgt für Missgunst und leistet Argumenten Vorschub, nach denen Ältere auf Kosten der Jüngeren leben. Das Bild von den wohlhabenden Ruheständlern auf Mallorca oder in Florida, die dort einen geruhsamen Lebensabend verbringen, während die Jungen für ihre Rente schuften, gehört deswegen auch zu den gängigen Altersvorurteilen. Das sind versteinerte Bilder, die meistens nicht der Lebensrealität entsprechen. Sowohl das einseitige De-

3 Die alternde Gesellschaft – Problem oder Chance?

fizit-Modell des Alters als auch die Vorstellung einer Ausnahmezeit für die Verwirklichung egoistischer Wünsche gehen weit an den tatsächlichen Verhältnissen vorbei. Konflikte zwischen Jung und Alt sind im Kontext dieser paradoxen Denkweise zwangsläufig. Wenn ein selbst ernannter Anwalt der Generationengerechtigkeit in Deutschland in seiner Zukunftsprognose von »den Trümmern eines nicht bewusst geführten Krieges [der älteren Generation] gegen die Lebensgrundlagen dieses Planeten«[29] spricht, so wird deutlich, dass eine solche Sichtweise des Alters Spannungen schafft und eine differenzierte Auseinandersetzung mit dem Alter und der zunehmenden Lebenserwartung erschwert.

Die westlichen Gesellschaften altern. Diese Entwicklung kann auch mit einer neuen Einwanderungspolitik für Deutschland nicht aufgehalten werden. Nach Berechnungen des Statistischen Bundesamts vom Juli 2000 sind zum Beispiel heute die Mittdreißiger die größte Altersgruppe. Bei einer auch in Zukunft rückläufigen Geburtenrate wird diese Gruppe nach der heutigen Altersregelung ab 2030 in den Ruhestand gehen. Für die Bevölkerungsentwicklung bis zum Jahr 2050 bedeutet das, dass sich die Zahl der Rentner im Verhältnis zu 100 Erwerbstätigen von heute 40 auf etwa 80 verdoppeln wird.[30] Darüber hinaus ist zu erwarten, dass die Alten von morgen nicht nur wesentlich mehr sein werden, sondern auch ihre individuelle Lebenserwartung steigen wird. Lebt eine heute 60-jährige Frau durchschnittlich noch 23,2 Jahre und ein Mann noch 18,9 Jahre, wird diese Zahl im Jahr 2050 wahrscheinlich bei 26,7 (Frauen) und 21,6 (Männer) Jahren liegen. Angesichts unaufhaltsamer Fortschritte in den Humanwissenschaften ist mit gentechnologischen Möglichkeiten zu rechnen, die diese Zahlen möglicherweise schon bald nach oben korrigieren.

---

29 Klaus-Martin Lein und Jörg Tremmel: »Das Prinzip ›Generationengerechtigkeit‹: Leitbild für das 21. Jahrhundert«, in: Alfred Herrhausen Gesellschaft für internationalen Dialog (Hrsg.), *Generationen im Konflikt* (München, Zürich: Piper, 2000), Seite 220.

30 Statistisches Bundesamt: *Bevölkerungsentwicklung Deutschlands bis zum Jahr 2050. Ergebnisse der 9. koordinierten Bevölkerungsvorausberechnung* (Wiesbaden: Statistisches Bundesamt, 2000), Seite 15 f.

Die alternde Gesellschaft – Problem oder Chance?

Was erfahren wir von diesen Zahlen über die wirklichen Horizonte zukünftiger Lebenserwartungen? Die bevölkerungsstatistischen Analysen zeigen zunächst nicht mehr, als dass die Zahl älterer Menschen steigen und sich das quantitative Verhältnis zwischen den Generationen nachhaltig verschieben wird. Wo die Grenzen dieser Umwälzungen liegen, ist noch nicht absehbar. Mit der gleichen Unsicherheit können wir die Frage nach biologisch bedingten Altersgrenzen nur vage beantworten. Zwar lassen jüngste Erkenntnisse in der Alternsforschung, der Biophysik und der Gentechnologie vermuten, dass die bisher als biologische Obergrenze angenommenen 120 bis 130 Lebensjahre durch genetische Manipulation weiter verschoben werden könnten. Solche Vermutungen entspringen vorerst aber noch der Fantasie und sind rein theoretisch. Auch die Vermutung eines renommierten Gerontologen, dass extreme Langlebigkeit von nur etwa zehn Genen[31] verursacht wird, ist vorerst wenig hilfreich.

Untersuchungen in den Vereinigten Staaten legen nahe, dass es Wege gibt, die körpereigenen Regenerationsmechanismen auch im Alter aktiv zu halten und so die Lebenserwartung ausdehnen zu können. Es ist offensichtlich, dass die letzten Lebensjahrzehnte von immer besserer Gesundheit geprägt sind. Eine einfache Projektion ist legitim: Haben Fortschritte in Medizin und Pharmazie, Ernährungswissenschaft und Technologie in diesem Jahrhundert dazu beigetragen, dass Menschen immer älter werden, so können wir davon ausgehen, dass diese Prozesse keineswegs an Dynamik verlieren und eher zwanghaft weiterbetrieben werden. Die Menschen des 21. Jahrhunderts erfreuen sich in Zukunft aber nicht nur einer Ausdehnung ihrer Lebenszeit. Sie altern auch anders als in den zurückliegenden Epochen.

Wie können wir positiv mit diesen Entwicklungen umgehen? Bisher ist dem Wandel der Bevölkerungsstruktur in erster Linie Konfliktpotenzial zugeschrieben worden. Altern wird als persönliche Einschränkung und gesellschaftliche Bedrohung verstanden. Eine der größten Gefahren, die diese Sichtweise des Alters in sich birgt, ist ihr Einfluss auf das Selbstbild älterer Menschen.

---

31 Siehe Uta Henschel: »Man lebt nur zweimal«, in: *GEO* 12/1999, Seite 117.

3 Die alternde Gesellschaft – Problem oder Chance?

»Gerade wenn das Alter negativ bewertet wird, kommt es zur Verinnerlichung dieser Zuschreibungen, und was vorher gesellschaftlich produziert war, erscheint nun als persönliches Defizit – dies reicht von faltiger Haut bis zu sozialer Ausgrenzung.«[32] Diese Form des Umgangs mit den demographischen Veränderungen zeigt deutlich das Missverhältnis zwischen der Lebensrealität Älterer und dem gesellschaftlichen Bild vom Alter. Der unerträgliche Widerspruch zwischen längerem Leben, besserer Lebensqualität und neuen Möglichkeiten auf der einen Seite und der gesellschaftlichen Zurückweisung von Arbeits- und Betätigungsangeboten auf der anderen Seite besteht ungebrochen. Die paradoxe Behandlung zwischen Altersbild und Altersrealität ist ein Skandal, der wohl erst mit zeitlichem Abstand als ethische Absurdität entlarvt werden wird. Die Stigmatisierung des Alters mit einschränkenden Merkmalen und ausgrenzender Logik verschließt neue Räume und Rollen in der Gesellschaft, in denen ältere Menschen ihr Leben und ihre Begabung einbringen könnten. Das geflügelte Wort, dass alle Menschen alt werden wollen, sich aber niemand gerne als alt bezeichnen lässt, unterstreicht die Last der überholten Altersbilder.

Wollen wir die demographischen Entwicklungen also als Chance für die gesellschaftliche Zukunft begreifen, ist ein fundamentales Umdenken notwendig: Wir brauchen ein neues, auf den veränderten Bedingungen basierendes Verständnis vom Alter und Älterwerden und entsprechende Strukturen, in denen veränderte Lebensrealität gelebt werden kann. Die Verschiebung der Altersgruppen erfordert eine neue Logik des Sozialen und eine neue Philosophie der Zweiten Lebenshälfte, die dem Zugewinn, der Vielfalt und der Weisheit Rechnung trägt. Es gilt Rahmenbedingungen zu schaffen, die der differenzierten Gruppe älterer Menschen mit ihren unterschiedlichen Bedürfnissen, Interessen und Fähigkeiten die Möglichkeit gibt, im aktiven Gesellschaftsleben zu verbleiben. Alle kosmetischen Maßnahmen, die nur eine sprachliche Veränderung beabsichtigen und aus den »Alten« die »Neuen Alten« machen, sind nur Makulatur. Gefragt ist ein Paradigmenwechsel, der

---

32 Anton Amann: »Altwerden: Übergänge oder Brüche?«, in: Clemens und Backes (1998), Seite 124.

Die alternde Gesellschaft – Problem oder Chance?

ein anderes Verständnis für das Alter und eine integrierte Sichtweise unserer Gesellschaft und unserer Kultur ermöglicht. Das Alter kann seine spezifische Bedeutung nicht durch die Abgrenzung von anderen Altersgruppen erreichen, wie der Jugendwahn dies in seiner Selbstverklärung erfolgreich versucht. Ein Neudenken des Alterns setzt voraus, dass das Alter als Teil des Lebens verstanden wird, der nicht an eine Jahreszahl gebunden ist und keine allgemein gültigen Merkmale aufweist, sondern sich abhängig von der individuellen und gesellschaftlichen Situation in sehr verschiedenen Formen darstellen kann. Noch ist das Alter als Lebensphase der westlichen Gesellschaften sehr stark von der Institutionalisierung des Lebenslaufs geprägt. Man ist alt, wenn man in den gesetzlich festgelegten Ruhestand tritt, also zwischen 58 und 65 Jahren, oder wenn man die entsprechenden körperlichen Merkmale aufweist.

So festgefügt diese Markierungen erscheinen, zeigt die Geschichte doch, dass Altersbilder einem starken Wandel unterworfen waren und immer von den Bedingungen der Zeit abhingen. »Altersbilder sind Kommunikationskonzepte«[33] und die Vorstellungen und Wertungen, die mit diesen Bildern vermittelt werden, zeigen keine Wirklichkeit des Alters. Sie sind Deutungsmuster, mit denen wir bestimmte soziale Praktiken, politische Maßnahmen oder Meinungen anzuerkennen versuchen. Das Alter ist also keineswegs eine menschheitsgeschichtliche Konstante, sondern in hohem Maße gesellschaftlich und kulturell geprägt. Machen wir uns dies bewusst, so wandelt sich das abstrakte Phänomen Altern zu einem Begriff, den jede Gesellschaft und jede Kultur für sich definieren kann und muss.

Ein neues Verständnis des Alters erfordert also eine Abkehr von dem Mythos, dass Älterwerden und Altsein einem bestimmten Muster folgen, das alle Menschen wie eine Waschanlage durchlaufen und das durch Prozesse des körperlichen und geistigen Verfalls gekennzeichnet ist. Alter(n) ist keine klar definierte, in erster Linie biologische Entwicklung, sondern eine komplexe Erscheinung mit kulturellen, biologischen und individuellen Aspekten,

---

33 Gerd Göckenjan: *Das Alter würdigen: Altersbilder und Bedeutungswandel des Alters* (Frankfurt am Main: Suhrkamp, 2000), Seite 15.

3 Die alternde Gesellschaft – Problem oder Chance?

deren Gestalt und Bedeutung sich im jeweiligen Umfeld einer Gesellschaft und ihrer Zeit äußert. Verstehen wir das Altern als dynamischen Vorgang, als Wechselspiel zwischen der individuellen Biografie und dem Lebenskontext, sehen wir ältere Menschen eigenständig und lebensoffen. Altern ist kein Schockzustand, der durch einen äußerlich festgelegten Zeitpunkt eintritt, sondern ein lebenslanger Prozess, der sich für jeden Menschen anders gestaltet. Dies bedeutet auch, dass die späteren Lebensjahre kein isolierter Zeitabschnitt sind, sondern auf den Erfahrungen, Gewohnheiten und dem Lebensstil der früheren Jahre aufbauen. Gesellschaftlich und institutionell bedingte Einschnitte im Lebenslauf erschweren für eine zunehmende Zahl älterer Menschen das Weiterführen gewohnter Lebensformen. Solche Brüche, wie sie beispielsweise durch Altersgrenzen und die Ruhestandsregelung entstehen, verursachen nicht nur Probleme im Leben einzelner Menschen, sondern stehen auch der Entwicklung neuer und zeitgemäßer Lebensmodelle des Alters entgegen.

Die Vielfalt des Lebens im Alter und das Potenzial älterer Menschen wahrzunehmen und als wesentliche Bedingung der gesellschaftlichen Integration zu würdigen, können wir nur dann, wenn wir eine grundlegende Kultur der Zweiten Lebenshälfte schaffen. Ohne eine solche Kultur verlaufen sich alle gut gemeinten Vorschläge im Labyrinth der Beliebigkeit. Diese Kultur hat nichts mit dem zu tun, was heute landläufig unter Alterskultur verstanden wird und sich häufig in Seniorenprogrammen erschöpft, die einen immer kleiner werdenden Teil älterer Menschen erreichen. Mein Begriff von der Alterskultur basiert auf der Tatsache, dass im Alter potenziell alle Möglichkeiten des Menschen noch vorhanden sind. Nichts ist unmöglich, wenn auch in angepasster Art und Weise und unter Berücksichtigung des Status quo. Vom Theaterspielen über das Archäologiestudium bis zur großen Liebe stehen wir auch im Alter vor einem offenen Firmament. Leider finden sich ältere Menschen häufig in einer Art Niemandsland zwischen Jugendkultur und Seniorenghetto wieder, in denen ihre Lebenserfahrung, ihre Interessen und Kompetenzen nicht angesprochen, gefördert oder genutzt werden.

Eine neue Alterskultur entwickeln und vorantreiben heißt, Möglichkeiten der kreativen Teilhabe zu schaffen und gleichzeitig die individuellen Beson-

Die alternde Gesellschaft – Problem oder Chance?

derheiten Älterer zu berücksichtigen. »Es gibt nicht die Alten, vielmehr gibt es höchst unterschiedliche Gruppen. Diese Differenzierung des Alters – junge Alte wie alte Alte, gesunde, fitte ebenso wie kranke und pflegebedürftige Alte, wohlhabende und reiche ebenso wie ökonomisch benachteiligte und arme Alte, selbstständige wie auf Hilfe angewiesene Alte – spiegelt sich auch in der Differenzierung ihrer konsumrelevanten Bedürfnisse wider. Diese Differenzierung zu erkennen und ernst zu nehmen, dient ebenfalls der Versachlichung der Diskussion um die Folgen der demographischen Entwicklung.«[34] Addieren wir die zahlreichen Profile, Lebenslagen und Ansprüche jenseits der Fünfzig, ergibt sich ein Kaleidoskop vielseitiger biografischer Entwürfe, die die Kriterien einer eigenen Zweiten Lebenshälfte rechtfertigen. Eine kulturelle Neubewertung dieser Vielfalt zieht nicht nur eine fundamentale Begriffserweiterung nach sich. Notwendig ist auch die Umgestaltung von Produkten, Dienstleistungen und der Lebenswelt. Die gesamte Umgebung muss einladend und zugänglich gestaltet werden. Wir dürfen beispielsweise nicht vergessen, dass die Mehrzahl der Gebäude zu einer Zeit gebaut wurden, als die Familienstrukturen noch völlig andere waren. Weil es nur wenig ältere Menschen gab, gesellschaftliche Minderheiten oder Behinderte kaum zählten, wurden sie bei der Architektur nicht berücksichtigt. Je mehr unsere natürliche Welt durch eine technologisch gestaltete Umgebung verdrängt wird, umso nachhaltiger bestimmen Form und Design unsere Lebensqualität. Deswegen müssen Designer und Architekten beispielsweise Verkehrssysteme, öffentliche Räume oder bedienungsfreundliche Alltagsgegenstände entwickeln, die allen Menschen zugänglich sind.

Die prima vista gegensätzliche Ausgangsfrage dieses Kapitels »Die alternde Gesellschaft – Problem oder Chance?« erinnert an die Grundstruktur des Paradoxen. Denn darin steckt die Aufforderung, über die Grenzen der bisherigen Wahrnehmung hinauszugehen, um die Bedeutung der Begriffe in ihrem Zusammenhang von Ursache und Wirkung zu erkennen und zu erweitern. Die unangemessene Übertragung veralteter Bilder auf veränderte Lebensver-

---

34 Forschungsgesellschaft für Gerontologie e.V. und Institut Arbeit und Technik: *Memorandum Wirtschaftskraft Alter* (Dortmund, Gelsenkirchen, 1999), Seite 9.

3 Die alternde Gesellschaft – Problem oder Chance?

hältnisse ist eine absurde Fehleinschätzung. Probleme im Umgang mit Altersbegriffen werden durch Definitionsschwierigkeiten und durch individuelle und gesellschaftliche Fehldeutungen hervorgerufen, die auf eine zeitgemäße Erklärung warten. Dies vor dem Hintergrund, dass in jedem Problem auch eine Chance oder zumindest der Anstoß für eine neue Wahrnehmung steckt. Das Thema Altern besitzt gerade in seiner Problembeladenheit eine Gelegenheit, um neue Perspektiven zu entwickeln.

Als ich 5 Jahre alt war, war meine Mutter 25,
und ich fand sie *sehr alt.*
Als ich 25 Jahre alt war und sie 45,
fand ich sie *alt.*
Als ich 45 Jahre war, war sie 65,
und ich fand sie *sehr jugendlich.*
Als ich 48 Jahre alt war, starb meine Mutter,
und ich fand, sie sei *sehr jung gestorben.*[35]

Max von der Grün

4. Altersbilder im Wandel der Geschichte

Vorstellungen vom Alter und vom Ansehen älterer Menschen beschäftigen uns nicht erst seit dem Aufkommen der Alternsforschung. Sie haben seit jeher in allen Kulturen und in allen Phasen der Geschichte ihren Platz. Die Tatsache des Alterns, das Wissen um die Vergänglichkeit und um unsere Sterblichkeit ist Teil und Bedingung des Lebens, ein universelles Phänomen und eine nicht zu leugnende Erfahrung. Unabhängig von kulturellen und zeitgeschichtlichen Bedingungen haben Menschen immer wieder versucht, sich mit dem Altern auseinander zu setzen, es zu beschreiben, zu verstehen, ihm Sinn zu verleihen und es darzustellen. Wann sie damit begonnen haben, wissen wir nicht genau. Zwar ist die wissenschaftliche Beschäftigung mit dem Alter ein junges Phänomen, aber schon immer spielten alte Menschen eine wichtige Rolle im Bewusstsein der Kulturen.

Um zu einer neuen Sicht des Alters zu gelangen, ist es sinnvoll, sich die historischen Altersbilder, das Leben älterer Menschen, ihre soziale Stellung und ihre Lebensbedingungen zu vergegenwärtigen. Die entwicklungsgeschichtliche Betrachtung ermöglicht eine erste Orientierung und hilft bei der Entwicklung eines Standpunktes und dem Entwurf einer Zukunftsvorstellung. Es ist wichtig den Behauptungen über die positive Rolle des Alters in

---

35 Max von der Grün, zitiert nach Horst Opaschowski: *Leben zwischen Muß und Muße. Die ältere Generation: Gestern. Heute. Morgen* (Frankfurt am Main: Dit Deutscher Investment-Trust, 1998), Seite 50.

der Geschichte auf den Grund zu gehen, denn immer wieder wird beispielsweise behauptet, dass Alte früher besser angesehen waren und Altenverehrung in Asien vorbildlich ist. Nur wenn wir unsere Kenntnisse darüber verbessern, können wir willkürlichen Vorstellungen kritisch begegnen und das Alter historisch richtig einordnen und beurteilen.

4.1 Die Unschärfe historischer Quellen

Trotz des umfassenden Charakters des Themas Alter, trotz der historischen Bedeutung und obwohl Menschen zu allen Zeiten – wenn auch weniger als heute – ein hohes Alter erreicht haben, sind sie eher selten Gegenstand schriftlicher Zeugnisse. Selbst in literarischen und philosophischen Texten wird das Alter stiefmütterlich und erzählerisch in Nebenrollen behandelt. Historiker vermuten, dass die Vernachlässigung der Alten in historischen Quellen den damaligen Lebensumständen entspricht, denn ihre Lebenswirklichkeit unterschied sich nicht von der der übrigen Erwachsenen. So wie Kinder bis ins 18. Jahrhundert als kleine Erwachsene behandelt und verstanden wurden, es Kindheit in unserem Sinne gar nicht gab, wurde auch das Alter nicht wesentlich vom restlichen erwachsenen Leben unterschieden. Dies sieht man beispielweise daran, dass es für den größten Teil einen Ruhestand, wie wir ihn heute kennen, nicht gab. Selbst reiche Kaufleute, Adelige oder wohlhabende Bauern schieden nicht abrupt aus der Arbeit aus, sondern erfüllten ihre Pflichten – wenn auch in geringerem Umfang – bis zu ihrem Tod. Die meisten Menschen arbeiteten so lange, wie es ihre Kräfte erlaubten. Waren sie dazu nicht mehr in der Lage, lebten viele in Armut und Elend und waren in Armenhäusern oder als Bettler auf die Unterstützung der Familie oder desjenigen, der ihnen bisher Arbeit gab, angewiesen.

Unsere Vorstellung vom Alter als eine eigenständige, dauerhafte Lebensphase ist eine auf die Vergangenheit nicht übertragbare Besonderheit. Das alte Menschen in literarischen, wissenschaftlichen und anderen Texten kaum vorkommen, liegt an der flacheren Abstufung zwischen dem Erwachsenen- und Greisenalter. Das Alter als eigenständiger Zeitabschnitt, der sich sozial und individuell deutlich von der Jugend und dem Erwachsenenleben unter-

Die Unschärfe historischer Quellen 4.1

scheidet, hat es nicht gegeben. Außerdem ist es schwierig, die Zeugnisse zu beurteilen, weil man häufig nicht unterscheiden kann, ob es sich bei den Texten um Vorbilder oder Abbilder handelt. Viele Texte sind der Religions-, Geistes- oder Kulturgeschichte zuzuordnen und lassen keine eindeutigen Schlüsse auf die tatsächliche Stellung der alten Menschen in der jeweiligen Gesellschaft zu. Aussagen über die den Alten entgegengebrachte besondere Achtung oder die Art, wie man den Alten begegnen soll, mischen sich mit der Lebenswirklichkeit, widersprechen ihr und beeinflussen sie. Jedes »Sein« beinhaltet eine Übereinstimmung oder Abweichung vom »Sollen« – und das »Sollen« verweist wiederum auf das abweichende oder übereinstimmende »Sein«. Deswegen ist es schwierig, Altersbilder von der Altersrealität zu unterscheiden. Moralische Schriften, Sitten- und Anstandsbücher der Aufklärung, in denen der idealtypische Vorbildcharakter des Alters, seine Autorität, Tugend und Würde im Mittelpunkt stehen, beschreiben beispielsweise eine Lebensnorm, nach der sich die Menschen verhalten sollten. Sie beschreiben jedoch nicht die Realität und sagen nichts darüber aus, wie sich die Menschen tatsächlich verhalten haben.

Der Eintrag einer Beerdigung im Kirchenregister oder die Urkunde über die Vererbung eines Hofs geben nur ausschnitthaft und fragmentarisch Auskunft über den Alltag. Das sind nur Anhaltspunkte, die der Historiker mühsam zu einem Bild zusammenfügen muss. Arthur Imhof beschreibt in seinen Gedanken über die Methoden der historisch-demographischen Forschung[36], wie schwierig es ist, so einfache Fragen wie die nach der Lebenserwartung oder der Todesursache eines Menschen in früheren Zeiten zu beantworten. In den Kirchenbüchern wurde zwar festgehalten, dass ein Neugeborenes getauft, Mann und Frau das Ehegelübde abgelegt oder ein Verstorbener in geweihter Erde begraben worden war. Wie alt sie waren und woran sie gestorben sind, wurde jedoch nicht festgehalten. Deswegen ist es schwierig, demographische Informationen aus solchen Quellen zu gewinnen. Das erfordert eine Zusammenarbeit mit wissenschaftlichen Fachrichtungen wie der Epide-

---

36 Siehe Arthur E. Imhof, *Reife des Lebens. Gedanken eines Historikers zum längeren Dasein* (München: Beck, 1988a), Seite 18–33.

miologie (Seuchenkrankheiten), Geographie oder der Medizingeschichte. Außerdem ist es problematisch, mit den Vorstellungen und dem Wissen von heute das Gestern zu bewerten: »Wir tun (...) den Quellen unrecht, wenn wir ihnen (...) ›Ungenauigkeit‹ vorwerfen oder die damalige Geistlichkeit der Schlamperei bezichtigen – als ob das genaue Sterbealter und die biologisch exakte Todesursache von irgendwelcher Bedeutung gewesen wären, um am Jüngsten Tag ins Himmelreich einzugehen. (...) Wir haben es mit kirchlichen Eintragungen zu tun, nicht mit Fragebögen für Statistische Ämter.«[37]

4.2 Von der unsicheren zur sicheren Lebenszeit

Trotz der Schwierigkeiten, aus den Quellen Antworten auf unsere Fragen zu finden, sind Spekulationen über das Leben unserer Vorfahren und ihre Einstellung zu Leben und Tod möglich und sinnvoll. Dass das Alter der Verstorbenen nicht vermerkt wurde, verweist beispielsweise darauf, wie zufällig sich Tod und Alter zueinander verhielten und wie unwichtig das Sterbealter für die Menschen damals gewesen sein muss. Während wir heute davon ausgehen können, dass wir mit hoher Wahrscheinlichkeit sechzig, siebzig oder achtzig Jahre alt werden, sich der Tod also erst nahe der physiologischen Altersgrenze meldet, machten unsere Vorfahren die Erfahrung, dass der Tod unabhängig vom Alter und »mitten im Leben« kam. Die durchschnittliche Lebenserwartung lag im 17. und 18. Jahrhundert bei 25 bis 30 Jahren. Nur drei Viertel überlebte das erste Lebensjahr, ein weiteres Viertel erlebte den 20. Geburtstag nicht. Außerdem führten Hunger, Krieg und immer wieder ausbrechende Infektionskrankheiten zu der niedrigen Lebenserwartung.

Im Unterschied zu heute starben die Menschen nicht an chronischen Leiden, wie Krebs oder Herz- und Kreislaufkrankheiten, sondern an schnell sich verbreitenden Infektionen wie Cholera, Pest, Pocken, Malaria, Typhus, Fleckfieber oder Tuberkulose. Dass in den Kirchenbüchern höchstens von einem »hitzigen Fieber« oder »Durchfall« zu lesen ist, lässt Vermutungen über den Wissensstand der Medizin, den Mangel an ärztlicher Betreuung, die Geschwin-

---

37 Ebenda, Seite 19.

Von der unsicheren zur sicheren Lebenszeit **4.2**

digkeit des Krankheitsverlaufes und die Allgegenwart des Todes zu. Während es für uns heute einem Schicksal gleicht, wenn jemand mit 48 Jahren stirbt, musste unter den früheren Lebensumständen das Erreichen eines Alters von 80 Jahren wie ein göttlicher Wille erscheinen. Die aus heutiger Sicht »Ungeheuerlichkeit« eines frühen Todes »bildete (...) für unsere Vorfahren den alltäglichen Rahmen. Jene Menschen machten solche Erfahrungen Tag für Tag, Woche für Woche, Jahr für Jahr. Alle machten sie: an sich selbst, in ihrer Familie, in der Nachbarschaft, im Dorf, in der Stadt. Nirgendwo würde in schriftlichen Quellen darauf hingewiesen. Wieso auch? Selbstverständlichkeiten braucht man niemandem mitzuteilen. Alltägliches hat keinen Neuigkeitswert.«[38] Das Normale der Vergangenheit erscheint uns mit heutigem Bewusstsein wie ein Skandal. Heute haben wir es erstmalig mit einer geschichtlich einzigartigen Situation zu tun: Die Zeit des Lebens hat sich »von einer unsicheren zu einer sicheren Lebenszeit«[39] entwickelt. Das Ausbleiben von Seuchen, die bessere gesundheitliche Versorgung und Hygiene, eine ausgewogene Ernährung und die (zumindest in den Industrieländern) Abwesenheit von Krieg, Hunger und kollektiver Armut machen unser Leben zu einer verlässlichen Größe.

Wenn wir über das Alter in der Vergangenheit sprechen, ist die wesentlich niedrigere Lebenserwartung notwendige Bedingung für alle weiteren Überlegungen: Das Alter war keine verlässliche Größe. Deswegen wurde auch nicht für das Alter vorgesorgt. Aus der Perspektive der Unmöglichkeit der Lebensplanung wird Ciceros Einwand verständlich: »Beklagenswerter Greis, der in so langer Lebenszeit nicht gelernt hat den Tod verachten! (...) Wer – und sei er noch so jung – ist so töricht, dass es ihm ausgemacht gilt, er wird auch nur bis zum heutigen Abend leben?«[40] Auch Montaigne betont, wie außergewöhnlich es ist, ein hohes Alter zu erreichen. Im Alter zu sterben ist die

---

38 Arthur E. Imhof, »Von der unsicheren zur sicheren Lebenszeit«, in: *Die Lebenszeit. Vom aufgeschobenen Tod und von der Kunst des Lebens* (München: Beck, 1988b), Seite 67.

39 Ebenda, Seite 54 f.

40 Marcus Tullius Cicero: *Cato der Ältere. Über das Greisenalter* (München: Verlag der Bremer Presse, 1924), Seite 40 f.

»seltenste und ungewöhnlichste aller Todesarten«, eine »Ausnahme«, ein »ungewöhnliches Glück«[41]: »Zwar hat das Gesetz der Natur erst [die Altersschwäche] als den unumstößlichen Grenzstein errichtet, (...) doch stellt es eine ungemeine Bevorzugung dar, wenn sie uns so weit kommen lässt.«[42] Durch die Betonung des unerwarteten Glücks, bis ins hohe Alter allen Fallstricken des Todes entgangen zu sein, weist Montaigne jedes Anspruchsdenken und jede Hoffnung auf ein langes Leben als unangemessen zurück. Montaigne, geboren am 28. Februar 1533, wurde Zeitzeuge der Hugenottenkriege und der Bartholomäusnacht, entging 1585 der Pest und starb am 13. September 1592 an einer Angina. Nur eine seiner sechs Töchter überlebte ihn.

Inzwischen hat sich der Tod für uns alle selbstverständlich auf das Alter zurückgezogen. Vielleicht haben wir die Bedeutung dieser Verschiebung, die uns in den Genuss einer historisch immer noch recht neuartigen Aussicht auf ein langes Leben bringt, noch nicht vollständig verstanden. Die Entwicklung von der unsicheren zu einer sicheren Lebens- und Alterszeit ist eine der fundamentalsten historischen Veränderungen, die bislang nur wenige Generationen erleben durften. Weil unsere Erinnerungsfähigkeit auf keine Erlebnisse vor unserer Geburt zurückgreifen kann, sind wir uns des großen Gewinns nur verstandesmäßig bewusst. Wir haben kein den Tatsachen entsprechendes Gefühl für die Tragweite der gewonnenen Zeit, so dass wir nur mit gedanklicher Mühe dieses Glück verinnerlichen können.

4.3 Die Stellung der Alten

Die Lebensbedingungen im Alter und die Rolle, die alte Menschen in den Gesellschaften spielten, waren zu allen Zeiten und in allen Kulturen davon abhängig, welche Funktionen sie erfüllten und welchen Nutzen sie für die Gesellschaft hatten: »Alter allein war kaum Verdienst, es sei denn, es verband sich mit Macht, Besitz, Kenntnissen, (...) mit Ämtern und Funktionen,

---

41 Michel de Montaigne: *Essais* (Frankfurt am Main: Eichborn Verlag, 1998), Seite 163.

42 Ebenda.

Die Stellung der Alten 4.3

die auch im Alter noch aufrechterhalten werden konnten.«[43] Insofern waren die Alten ohne materielle Absicherung ernsthaft gefährdet. Die Bedeutung sozialer Unterschiede – die Zugehörigkeit zu Klassen, Ständen und Schichten, die Unterschiede von Besitz und Nichtbesitz, Bildung und Nichtbildung – waren besonders groß. Nur wer sich im Alter selbst versorgen konnte oder Möglichkeiten hatte, sich einen Anspruch auf Unterhalt zu sichern, entging dem Elend, dem sozialen Niedergang oder sogar der Liquidierung. Der Historiker Joachim Rohlfes weist darauf hin, dass in Extremsituationen «archaische und primitive Gesellschaften die gewaltsame Tötung oder freiwillige Selbsttötung alter Männer praktizierten. Für diese war in einer Umwelt, die von existenzbedrohendem Mangel geprägt war, in Krisenzeiten kein Platz mehr.«[44] Fehlten finanzielle Möglichkeiten, entschieden praktische Fähigkeiten über das weitere Leben. Vor allem körperlich hart Arbeitende und in abhängigen Verhältnissen Beschäftigte wie Bergleute, Industriearbeiter, Landarbeiter oder Tagelöhner konnten, sobald ihre Kräfte nachließen, keinen ausreichenden Lebensstandard aufrechterhalten und mussten ihren Lebensunterhalt zusätzlich durch schlecht bezahlte Nebentätigkeiten bestreiten. Und Menschen, die beispielsweise ein Leben lang von Hof zu Hof zogen, waren bei Arbeitsunfähigkeit auf die Gnade wohlhabender Mitmenschen angewiesen, die ihnen einen Schlafplatz und eine Mahlzeit gewährten.

Handwerker, Schreiber, Händler oder Geistesarbeiter waren in weit geringerem Maße von ihren körperlichen Voraussetzungen abhängig und konnten diese Einschränkungen im Alter durch Erfahrung ausgleichen. Sie hatten damit bessere Voraussetzungen, die zunehmenden Jahre mit ihrer Arbeit auszusöhnen. So konnten zum Beispiel selbstständige Handwerker schwerere Tätigkeiten ihren Angestellten übertragen und sich auf die Arbeiten konzentrieren, die Erfahrung, konzeptionelle Fähigkeiten und Führungsqualitäten

---

43 Hans Peter Tews: *Altersbilder, Über Wandel und Beeinflussung von Vorstellungen vom und Einstellungen zum Alter* (Köln: Moeker Merkur Druck, 1991), Seite 12.

44 Joachim Rohlfes: »Alt sein in historischer Perspektive«, in: Joachim Rohlfes und W. Schulze (Hrsg.): *Geschichte in Wissenschaft und Unterricht. Zeitschrift des Verbandes der Geschichtslehrer Deutschlands* [Jahrgang 52 Heft 7/8, 2001] (Seelze: Erhard Friedrich Verlag, 2001), Seite 390.

erforderten. Geistig Arbeitende, wie Literaten, Künstler oder Wissenschaftler, konnten bis zu ihrem Tod ihrer schöpferischen Arbeit nachgehen und nicht wenige Künstler schufen gerade im hohen Alter ihre Meisterwerke. Viele Geistesarbeiter wurden einfach älter als der Durchschnitt, weil sie ihre körperlichen Kräfte zeitlebens weniger beanspruchen mussten und weil ihre geistigen Aktivitäten sie länger jung und flexibel hielten. Bis zur Einführung der Rentenversicherung im 20. Jahrhundert war lebenslange Erwerbsarbeit die Regel. Auch wenn es für manche Stände die Möglichkeit der finanziellen Vorsorge gab, reichte diese längst nicht aus, um davon zu leben. Eine tatsächliche Sicherung des Lebensstandards im Alter wurde erst mit der Sozialpolitik nach dem Zweiten Weltkrieg möglich. «Ungeachtet einiger kleinerer Fortschritte blieb das Dilemma der Altersarmut in allen europäischen Sozialstaaten (...) bestehen. Erst der geschichtlich beispiellose Wirtschaftsboom der Fünfziger- und Sechzigerjahre [des 20. Jahrhunderts] schuf so viel gesellschaftlichen und privaten Reichtum, dass nunmehr auch die so lange benachteiligten Rentner davon profitierten.»[45]

Im Allgemeinen besaßen alte Menschen in Gesellschaften, die sich auf Traditionen und Glaubensbestände beriefen, einen höheren Stellenwert als in solchen, die sich im Umbruch befanden. Auch in schriftlosen Kulturen, in denen Können und Wissen mündlich weitergegeben wurde, waren alte Menschen als Wissensspeicher und -vermittler geachtet. Umgekehrt konnten technologische Revolutionen und Erfindungen das Wissen der älteren Generation überflüssig werden lassen. Vor dem 19. Jahrhundert gab es solche schnellen Sprünge nicht. Wissen war vor der industriellen Revolution eine eher dauerhafte Konstante. Eine herausragende Stellung hatten alte Menschen in Stammesgesellschaften, die eine stufenweise Wissensvermittlung praktizierten. Dadurch verfügten die wissensmächtigen Alten nicht nur über die meisten Kenntnisse, sondern kontrollierten auch die Wissensvermittlung. Zudem wurden ihnen »magische, sakrale Fähigkeiten zuerkannt (...) an der Schwelle zum Tode, standen sie dem Jenseits und den Ahnen nahe, deren Schutz und Obhut für das Heil der Lebenden als unerlässlich galt. Weise und Seher wa-

45 Ebenda, Seite 398.

ren stets alte Menschen, denen Verehrung und Pietät gezollt wurde.«[46] Auch die Hochkultur der Antike entwickelte Bilder von weisen Alten, wie das des blinden und weisen Sehers Teiresias, der, von Hera geblendet, von Zeus mit der Gabe der Weissagung entschädigt wurde.

In Sparta, einer autoritär und oligarchisch organisierten Gesellschaft, spielte die »Gerusia«, der Rat der Alten, eine tragende politische Rolle. Im konservativen System der altrömischen Republik lag die höchste politische Autorität im Senat, dem Ältestenrat, der sich aus den wichtigsten Männern der Familiengeschlechter und ehemaligen Konsularbeamten zusammensetzte. Die Geschichte zeigt, dass in konservativen, institutionalisierten Staatsformen, zum Beispiel in Aristokratien, die älteren Generationen eine größere Rolle spielten als in Demokratien oder in revolutionären Zeiten. So wurden die bürgerlichen Revolutionen des 17. bis 19. Jahrhunderts, die Reformation, die Glaubenskriege und die russische Revolution von 1917 vor allem von jüngeren Menschen geprägt. Auch zu Beginn des Nationalsozialismus und anderen faschistischen Bewegungen wurden die Älteren lautstark von den Jungen verdrängt. Obwohl es in der Geschichte immer wieder gerontokratische Strukturen gegeben hat, können wir nicht davon sprechen, dass alte Menschen in der Vergangenheit eine höhere Stellung oder einen größeren politischen Einfluss hatten als heute.

4.4   Zwischen Ideal und Verachtung

In ihrem Essay »Das Alter«[47] beschäftigt sich Simone de Beauvoir mit literarischen, philosophischen, mythologischen, ikonographischen und essayistischen Quellen seit der Antike. Ihre drastischen – teils abschreckenden, teils idealistischen – Beschreibungen des Alters hinterlassen vor allem einen zwiespältigen Eindruck. Denn das Alter wird entweder beklagt, verspottet und verunglimpft oder es wird verehrt, gewürdigt und geachtet. Im ersten überlieferten Text über das Alter, der etwa 2500 vor Christus in Ägypten verfasst

---

46 Ebenda, Seite 390.

47 Simone de Beauvoir: *Das Alter* (Reinbek bei Hamburg: Rowohlt Taschenbuch Verlag, 2000 [1970]).

wurde, klagt der Dichter und Philosoph Ptahhotep: »Wie qualvoll ist das Ende eines Greises! Er wird jeden Tag schwächer; seine Sicht lässt nach, seine Ohren werden taub; seine Kraft schwindet; (...) Das Alter ist das schlimmste Unglück, das einem Menschen widerfahren kann.«[48] Der athenische Dichter und Staatsmann Solon (640 bis 560 v. Chr.) hingegen formuliert ein Alterskonzept des allmählichen Fortschritts: »Ich höre nicht auf zu lernen, je weiter ich in meinem Alter fortschreite.«[49] Konfuzius beurteilt das Älterwerden nicht als absteigende, sondern als aufsteigende Bewegung: »Mit 15 Jahren bemühte ich mich um das Studium der Weisheit; mit 30 gewann ich Sicherheit darin; mit 40 hatte ich keine Zweifel mehr; mit 60 konnte mich nichts auf der Welt mehr erschüttern; mit 70 vermochte ich den Wünschen meines Herzens zu folgen, ohne gegen das Sittengesetz zu verstoßen.«[50] Ähnlich widersprüchliche Aussagen durchziehen die gesamte Zivilisationsgeschichte.

Mit Beginn der Ideengeschichte in der Antike setzt eine polarisierende Beschreibung ein, die weniger über den Alltag der Alten und mehr über die jeweiligen gesellschaftlichen Werte und Ziele aussagt. Während zum Beispiel Aristoteles das Alter benutzt, um bestimmte Ideale der Lebensführung zu entwickeln, sind für Platon alte Menschen das Ebenbild der Vernunft und erfüllen deswegen eine Vorbildfunktion in der Gesellschaft. Die Glorifizierung des Alters auf der einen und die Geringschätzung des Alters auf der anderen Seite ist mehr ein Mittel zur Durchsetzung gesellschaftlicher Ziele als eine Beschreibung des eigentlichen Gegenstandes, der Alten. Der Status der Alten, ihr gesellschaftliches Ansehen und ihre Macht können nur auf der Grundlage der jeweils herrschenden Gesellschaftsstruktur beurteilt werden. Deshalb sind auch die dominierenden Werte einer Kultur für ihr Bild vom Alter verantwortlich. Im Rückblick zeigt sich, dass die Bewertung des Alters und seine Einordnung kulturellen und sozialen Gesetzmäßigkeiten folgt, die noch heute Geltung besitzen. Zu allen Zeiten wurde Altern als ein Vorgang

---

48 Ptahhotep, zitiert nach Beauvoir (2000), Seite 116.

49 Solon, zitiert nach Beauvoir (2000), Seite 128.

50 Konfuzius, zitiert nach Beauvoir (2000), Seite 115.

Zwischen Ideal und Verachtung 4.4

betrachtet, der einer spezifischen Entwicklung folgt, dessen Abläufe mit biologischen Vorgängen und mit bestimmten Rechten und Pflichten verbunden war.

Reden wir aus heutiger Sicht über das Alter in der Vergangenheit, wird deutlich, dass unsere Meinung häufig nicht der historischen Realität entspricht. In der Öffentlichkeit und gelegentlich in wissenschaftlichen Publikationen dominiert die Auffassung, das früher das Alter besser angesehen war und einen höheren Status hatte. Unter den Bildern alter Menschen in einer oft nicht näher bestimmten Vorzeit finden wir den weisen Greis, den die Gemeinschaft in schwierigen Situationen um Rat fragt, und die Großmutter, die sich im ländlichen Idyll um die Weitergabe der häuslichen Traditionen und in selbstloser Weise um die Familie kümmert. Solchen Vorstellungen liegt das Bild einer Familie zugrunde, die mehrere, sich achtende und unterstützende Generationen unter einem Dach vereint. Diese Altersidylle erfüllt eine Funktion und wird häufig dann verwendet, wenn es darum geht, unser heutiges negatives Altersbild als historische Besonderheit darzustellen. Selbst unter Wissenschaftlern, die zur Entstigmatisierung und Entmythologisierung des Alters beitragen wollen, finden sich gelegentlich verklärende und idealisierende Vorstellungen über die Alten in der Vergangenheit. Die Sozialwissenschaftlerin und Psychologin Betty Friedan sieht beispielsweise die gesamte Neuzeit als eine Zeit der fortschreitenden Zurücksetzung des Alters und kultureller Entwurzelung älterer Menschen: »Wir, die wir heute auf das Alter zusteuern, können uns kaum an eine Zeit entsinnen, als ältere Menschen respektiert, bewundert und für ihre Weisheit verehrt wurden. Wir kennen uns nicht wieder in den biblischen Propheten mit weißen Bärten oder im anthropologischen Sagengut präliterarischer Zeiten, als es noch keine Druckerpresse, kein Radio, kein Fernsehen und keine Computer gab und die Alten das erworbene Wissen, die Weisheit, die Geschichte und die Traditionen des Stammes bewahrten und weitergaben. (...) An die Stelle der Verehrung des Alters trat der Jugendkult.«[51]

---

51 Betty Friedan: *Mythos Alter* (Reinbek bei Hamburg: Rowohlt, 1997), Seite 52.

4 Altersbilder im Wandel der Geschichte

Die Vorstellung von einem goldenen Zeitalter, in dem ältere Menschen als Quelle von Wissen und Traditionen anerkannt wurden und als Bewahrer der Kultur galten, ist irreführend. Ihr liegt eine statische Vorstellung von Kultur beziehungsweise der Entstehung und Weitergabe von Traditionen zugrunde und sie postuliert ein einheitliches Altersbild, das weder die Lebensrealität älterer Menschen noch die Bedeutung des Alters in den verschiedenen Kulturen und Epochen zutreffend beschreibt. Das idyllische Bild von der harmonischen Großfamilie, in der Alt und Jung Schutz, Anerkennung und Aufgaben finden, beschreibt eine heile Vorzeit und ist ein Mythos. Das Bild von einer Zeit, in der alle Generationen einvernehmlich und mit gegenseitiger Achtung zusammenleben, ist ein Leitbild der Romantik und vor allem des Biedermeier, das nicht die komplexe gesellschaftliche Realität dieser oder irgendeiner anderen Zeit wiedergibt. Auch für die vorindustrielle Zeit, die häufig als Ära der Altenehrung und des harmonischen Generationenverhältnisses beschrieben wird, ist dieses Bild weitgehend unzutreffend.

Richtig ist vielmehr, dass das Leben älterer Menschen, die Altersbilder und die Altersdeutung in der Vergangenheit vielschichtig waren und immer wieder Veränderungen in positiver und negativer Hinsicht unterworfen waren. »Das Ansehen der Alten unterlag heftigen, zum Teil dramatischen Wandlungen. Im Alltag war ihre Behandlung sehr stark von Schichtenzugehörigkeit, Geschlecht und Besitz abhängig. (...) Alter war bis ins frühe 20. Jahrhundert weitgehend gleichbedeutend mit Invalidität, es war biologisch determiniert. (...) Bei näherer Betrachtung der deutschen Geschichte der letzten 500 Jahre schwindet jede Euphorie über die angeblich verlorengegangene traute Übereinstimmung zwischen den Generationen.«[52] Auch die Tatsache, dass wir heute zwei paradoxe und vereinfachte Altersbilder vorfinden, erweist sich im Rückblick nicht als neue Entwicklung. Im Grunde charakterisieren positive und negative Altersbilder alle Epochen der Geschichte. Statt einer linearen und chronologischen Entwicklung von der Achtung des Alters in der Vergan-

---

52 Peter Borscheidt: »Der alte Mensch in der Vergangenheit« In: Paul Baltes et al: *Alter und Altern. Ein interdisziplinärer Studientext zur Gerontologie* (Berlin, New York: Walter de Gruyter, 1994), Seite 38.

Zwischen Ideal und Verachtung 4.4

genheit zur Altersverachtung in der Neuzeit finden wir zu allen Zeiten positive und negative Beschreibungen, die sich aus dem historischen, sozialen und kulturellen Kontext ergeben und häufig nebeneinander existieren. Anders als vielfach vermutet, gibt es also »keinen historischen Sündenfall der Altenschätzung, keine ›turning points‹, vielmehr findet sich die kontinuierliche Positiv-Negativ-Stereotypisierung des Alters als Thematisierungsfolie eines immer präsenten Alterserwartungscodes, und das seit der Antike.«[53]

Die Parallelität dieser Doppeldeutigkeit erklärt sich aus den Erwartungen, die eine Gesellschaft an ältere Menschen stellt. Werden sie als gesellschaftlich nutzbringend angesehen, sind sie also in das aktive, produktive Gesellschaftsleben zu integrieren, werden sie positiv bewertet. Allerdings sind solch positive Altersbilder nicht zwangsläufig ein exaktes Abbild der Lebensrealität älterer Menschen. Sie können auch Zeichen einer verdeckten Ausgrenzung sein. So gibt es in der jüngeren Geschichte immer wieder Zeiten, in denen durchaus positive Altersvorstellungen herrschten, Älteren aber eine Art Schonraum zugewiesen wurde. Sie genossen zwar Ansehen und Achtung, hatten aber keinen Einfluss. Negative Altersbilder entstehen dort, wo ältere Menschen nicht zum Erreichen der gesellschaftlichen Ziele beitragen können. Im jugendverherrlichenden 16. und frühen 17. Jahrhundert wurden sie beispielsweise als unnütze Mitglieder der Gesellschaft gesehen und mit Verachtung und Abscheu betrachtet. »Das Alter war mit dem Makel des Zerfalls behaftet, mit Abbau und Rückbildung aller früheren Fähigkeiten [und es] geriet als Vorstufe des Todes in den Sog der zeitgenössischen Darstellungen, die den Tod in extremster Grausamkeit und ekelhafter Scheußlichkeit zeigten.«[54] Die gedankliche Verbindung von Krankheit, Tod und Alter in der frühen Neuzeit sorgt nicht nur für eine Verdrängung des Alters und die Ausgrenzung älterer Menschen aus dem kulturellen und gesellschaftlichen Leben, sondern dokumentiert auch ein spezielles Menschenbild: Das 16. und frühe 17. Jahrhundert ist von einer zutiefst inhumanen Behandlung der Alten und einem extrem negativen Altersbild geprägt. Dabei kann es kein Zu-

---

53 Göckenjan (2000), Seite 33.
54 Borscheid (1994), Seite 39.

fall sein, dass die durchschnittliche Lebenserwartung auch aufgrund von Pest und mangelnder Hygiene seit Beginn des 16. Jahrhunderts dramatisch gesunken war und im Dreißigjährigen Krieg ihren Tiefpunkt erreicht hatte. Die grausamen Lebensumstände spiegeln sich in den künstlerischen Darstellungen wider, in denen Gewalt, Leiden, Sadismus und Irrsinn vorherrschen. Aus den Gesichtern alter Menschen, in die sich früh Kälte, Hunger und Armut eingemeißelt haben, blickt der Tod. Außerdem entsprach es der Erfahrung, dass man schnell und unverhofft nach Ausbruch einer Krankheit sterben würde. Umso mehr Wertschätzung wurde der vor Kraft strotzenden und lebenshungrigen Jugend beigemessen. Im Gegensatz zu ihr verfügte »spätestens der 60jährige (...) nicht mehr über genügend Kraft, die Würmer der Verwesung abzuwehren. (...) Der alte Mensch verfiel bereits zu Lebzeiten und wirkte abstoßend auf seine Umwelt.«[55] Menschenfreundlichkeit und Achtung vor dem Mitmenschen sind Werte, die erst nach dem Dreißigjährigen Krieg in das gesellschaftliche Bewusstsein einzogen und vor allem mit den Bestrebungen zur sittlichen Vervollkommnung der Gemeinschaft im Zeitalter der Vernunft eine Rolle spielten.

In der Aufklärung, die von Kant als »Ausgang aus der selbstverschuldeten Unmündigkeit«[56] definiert wurde, überstrahlt und durchdringt der klare Geist das Dunkle – sei es in Gestalt des Zufalls, des Schicksals, der Unwissenheit oder der Vorliebe. Kultiviertheit, Disziplin, Rücksichtnahme und Rationalität wurden im ausgehenden 17. Jahrhundert zu den Grundpfeilern einer funktionierenden Gesellschaft erklärt. Damit wurde das menschliche Leben insgesamt höher bewertet und auch das Alter positiver gesehen. Alter wird mit Autorität, Würde, Wissen, Erfahrung und Gelassenheit verbunden. Befreit von Leidenschaften waren alte Menschen exklusive Träger und Vermittler von Lebensweisheiten und boten für die jüngeren Generationen Orientierung.

---

55 Peter Borscheid: »Alterskonjunkturen, oder: Von der Verehrung und Verachtung der Alten in der Geschichte«, in: Gerd Biegel (Hrsg.): *Geschichte des Alters in ihren Zeugnissen von der Antike bis zur Gegenwart* (Braunschweig: Veröffentlichungen des Braunschweigischen Landesmuseums, 1993), Seite 36.

56 Immanuel Kant 1784 in Beantwortung der Preisaufgabe der Berliner Akademie der Wissenschaften »Was ist Aufklärung«, Akademieausgabe der Werke Kants Bd. 8 (Berlin, 1912), Seite 33–42.

Zwischen Ideal und Verachtung 4.4

Im Gegenzug gebührte ihnen Verehrung, Achtung und Huldigung. Im Verlauf des 18. Jahrhunderts ist der ältere Mensch Vorbild, solange er die übergeordneten Werte und Zwecke eines ungewöhnlichen Alters vertritt, das sich über das Alltägliche erhebt, und er selbst der zu Ende gehenden Lebenszeit mit fröhlicher Gelassenheit entgegensieht. In der geistigen Überwindung des körperlichen Vergehens verwirklicht die Vernunft ihr höchstes Recht.

Erstmals ist das Alter also nicht mehr mit Krankheit und Siechtum verbunden, sondern wird zu einem erstrebenswerten Ziel. Das lange Leben und die Möglichkeiten, ein höheres Alter zu erreichen, werden attraktiv. Wenn auch die Medizin noch keine wirkliche Lebensverlängerung ermöglichen konnte, begannen die Menschen doch Voraussetzungen für ein längeres Leben zu schaffen. Das Ansehen des Alters wächst und damit auch die gesellschaftliche Stellung. Es entstehen bejahende, teilweise sogar triumphierende Altersbilder. Der ältere Mensch wird zum geachteten Mitglied der Gesellschaft, der sein Wissen und seine Erfahrung in der Gemeinschaft einbringen kann. Das Leben wird im Licht der Vernunft gestaltbar und die Zeitgenossen entdecken die Möglichkeiten einer realistischen Lebensgestaltung. Die Aufwertung der älteren Menschen zum Vorbild ist eine kulturelle Leistung, die vor allem durch Bildung und Kunst möglich wurde und sich in allen gesellschaftlichen Schichten ausbreitet. Zunächst ist die Höherbewertung des Alters allerdings Teil der Elitenkultur, die sie zu einer positiven Utopie erhöht. Diese Entwicklung gehört zum Prozess der Kultivierung des Geistes und der Umgangsformen und war eine der Voraussetzungen dafür, »dass ein Großteil der Menschen mit mehr Aussicht auf Erfolg altern konnte, als dies noch zwei Jahrhunderte zuvor möglich gewesen war.«[57]

Der schon im 18. Jahrhundert vernehmbare Missklang zwischen dem Ideal und der gesellschaftlichen Realität, besonders für ältere Menschen der Unterschicht, wird in der darauf folgenden Zeit immer offensichtlicher. Mit der

---

57 Siehe Peter Borscheid: »Versittlichung der Gesellschaft und Achtung vor dem Alter: Zum Autoritätsgewinn der alten Menschen im 18. Jahrhundert«, in: Margret M. Baltes et al. (Hrsg.): *Erfolgreiches Altern: Bedingungen und Variationen* (Bern: Verlag Hans Huber, 1989), Seite 80.

4 Altersbilder im Wandel der Geschichte

Industrialisierung und den Umwälzungen im sozialen Gefüge werden die Grundsteine für eine allmähliche Ausgrenzung des Alters gelegt und die Dämme des Missverhältnisses von Altersbildern und Altersrealität gebrochen. Bereits zu Anfang des 19. Jahrhunderts zeigen sich der ideologische Hintergrund und das Machtpotenzial der vereinfachten Altersbilder. Die noch positive Bewertung und der Leitbildcharakter des Alters beinhalten keineswegs eine generelle Aufwertung, sondern dokumentieren lediglich eine Erwartungshaltung an diejenigen Älteren, die sich um die Gesellschaft verdient gemacht haben, ausgeschlossen sind »alte Jungfern und Hagestolze.«[58] Die Industriegesellschaft grenzt von ihren Anfängen bis zum Hochkapitalismus das Alter aus. Gesellschaftliche Leitgedanken wie Fortschritt, Erneuerung und Wandel sind nicht mit der idealisierten Vorstellung vom Alter vereinbar. Im Gegenteil: Das Alter steht diesen Zielen im Weg, behindert die Entwicklung der Gesellschaft durch gefühlsduselige Treue zu überkommenen Traditionen und Werten. Das 19. Jahrhundert bietet zwar rosige Bilder vom Alter, aber allmählich werden die Alten aus der idyllischen Gartenlaube und vom Sessel der Macht und damit in die soziale Isolation vertrieben.

Am Ende des 19. Jahrhunderts hält die Moderne ungebremst Einzug in alle gesellschaftlichen Bereiche und verändert radikal das Verhältnis der Generationen. Deutschland und Europa befinden sich am Beginn einer tief greifenden gesellschaftlichen Erneuerung und lassen auf dem Weg in den Fortschritt das Alte, und mit ihm die Alten, hinter sich. Der Ansehensverlust des Alters geht einher mit einer Aufwertung der Jugend, die nicht nur als Garant für das neue, dynamische Zeitalter der Industrie gesehen wird, sondern zum Inbegriff für die Zukunft emporsteigt. Die Jugend lehnt sich gegen die Herrschaft des Alters und die bürgerlichen Werte der älteren Generation auf und zelebriert sich selbst. Die Jugendbewegung wird von der Stilisierung des sportlich schönen Körpers, der jugendlichen Mode und einer jugendorientierten Werbung begleitet. Jugendlichkeit wird zum höchsten Ziel, das Alter verkommt zur Karikatur und steht den Wertvorstellungen dieser Epoche diametral entgegen.

---

58 Borscheid (1994), Seite 44.

Zwischen Ideal und Verachtung   4.4

Der Rückblick auf historische Altersbilder zeigt, dass sie immer Ausdruck einer Ideologie, einer Epoche, einer Funktionserfüllung und eines Menschenbildes sind. Das Alter ist Teil der gesellschaftlichen Moralvorstellungen, die für alle Generationen Orientierungs- und Handlungsanweisungen bereithält. Es geht nicht um Glaubwürdigkeit. Das Alter bleibt Spielball gesellschaftlicher Lebenskonzepte. Vor diesem Hintergrund entsprechen weder übertriebe Missachtung noch übersteigerte Hochachtung der Realität. Die eigentliche Botschaft dieser Polarisierungen kann nur im Zusammenhang des gesellschaftlichen Selbstverständnisses nachvollzogen werden. Im Durchschnitt von Über- und Untertreibung offenbart sich die eigentliche Vereinfachung. So gesehen sind Altersbilder Seismographen der gesellschaftlichen Wirklichkeit, des sozialen Miteinanders und der geistigen Werte ihrer Zeit. Die Tatsache, dass sich Altersbilder zwischen extrem positiven und extrem negativen Sichtweisen bewegen, beinhaltet eine über das Gesellschaftliche und Historische hinausreichende Variante: Losgelöst von der Einbindung in soziale Strukturen, produziert das Alter wie kaum ein anderes Phänomen kontroverse Meinungen. Auf der einen Seite galt das Alter als biologisch festgeschriebener und unaufhaltsamer Abstieg, als schrittweises Nachlassen körperlicher und geistiger Fähigkeiten bis zur Auflösung der Persönlichkeit. Auf der anderen Seite wurde es als erfahrungsbasierter Aufstieg, als Möglichkeit zur vernunftreichen Entwicklung der Persönlichkeit in Richtung Weisheit und Reife gesehen. Diese seltsame Art und Weise, über das Alter in zwiespältigen Vereinfachungen zu sprechen, reißt einen Krater zwischen zwei Extremen auf, in dem es durch die Jahrhunderte bis heute gefangen ist. Eine eindeutige Positionierung auf der Skala von Altersverachtung bis zur Altersachtung, von Verlust bis Gewinn, von Defiziten bis Kompetenzen erwies sich in der Geschichte bisher als unmöglich. Dies liegt nicht nur daran, dass das Alterserleben von den jeweiligen gesellschaftlichen Rahmenbedingungen abhängig ist, sondern auch daran, wie jeder Mensch die gesamte Spannbreite zwischen Rück- und Weiterentwicklung selbst empfindet.

Der kurze geschichtliche Abriss zeigt, dass nie zuvor Menschen mit solcher Wahrscheinlichkeit wie heute ein höheres Alter erreichen und ihre Zeit weitgehend relativ frei von materiellen Sorgen und schicksalhaften Katastrophen verbringen dürfen. So gesehen provoziert das heutige Entwicklungsniveau geradezu das historische Geschenk, die gewonnenen Jahre weise zu nutzen. Altern ist eine universelle Erfahrung, die in allen Zeiten der Menschheitsgeschichte trotz unterschiedlicher Sichtweisen immer präsent war. Unabhängig von Kultur und Religion ist es für alle ein bekanntes und universales Allgemeingut. Trotzdem bleibt die Erfahrung des Alters im höchsten Maße eine individuelle. Das persönliche Alterserleben ist so markant wie das eigene Gesicht, der eigene Geruch oder die eigene DNS. In der Individualität des Alters steckt die ganze Geschichtserfahrung des Menschen. Diese Einsicht wird bildhaft von einem der bedeutendsten Schriftsteller Westafrikas, Amadou Hampate Ba, auf den Punkt gebracht: »Wenn in Afrika ein Alter stirbt, verbrennt eine ganze Bibliothek.«[59] Wie viel Aderlass können wir uns leisten?

4.5   Der gespaltene Ruhestand

Mit dem Beginn des 20. Jahrhunderts entwickelt sich eine neue Qualität der Ausgrenzung des Alters. Sie wird in der Öffentlichkeit offensiver betrieben als früher und das Alter wird unabhängig von seiner gesellschaftlichen Funktion wissenschaftlich untersucht. In dem Bemühen, die Gesetze des Lebens und der Natur zu erforschen, kommt vor allem der Medizin eine wichtige Rolle zu. Während in der Vergangenheit das Alter und seine Beschwerden als natürlicher Prozess gesehen wurden, werden sie nun als Krankheiten gesehen und der alte Mensch wird auf diese Symptome reduziert. Altsein und Kranksein sind identisch und die Medizin schreibt sich die Bekämpfung des Alters als krankhaften Zustand auf ihre Fahnen. Trotz unterschiedlicher und durchaus humanistischer Überzeugung stimmten bis vor zwanzig Jahren fast alle Theorien über das Altern darin überein, dass es sich um einen Verfallsprozess der körperlichen und geistigen Leistungsfähigkeit handelt. Dadurch wird dieser Lebensabschnitt im Lebenslauf isoliert und in eine ge-

---

59 Zitiert nach Hiltrud Marzi (Hrsg.): *Alter in Afrika. Tradition und Wandel* (Institut für Ethnologie und Afrika-Studien der Johannes Gutenberg-Universität Mainz, 2002), Seite 56.

Der gespaltende Ruhestand 4.5

sellschaftliche und kulturelle Nische gedrängt. Das Alter verliert seine selbstverständliche Rolle im Leben und verkümmert zu einer Phase von Gebrechen und Krankheit. Mit einer fast amtlichen Autorität wird das Alter zu einer unveränderbaren Konstante mit bestimmten Symptomen und Erscheinungsbildern reduziert. Das Alter hat die Möglichkeiten, sich in unterschiedlichen soziokulturellen Umgebungen neu zu entdecken, verloren und eine Rolle zugewiesen bekommen, die ihm eine anspruchsvolle Perspektive abspricht.

Dieses Muster liegt den scheinbar gewandelten Altersansichten, die seit einigen Jahren Hochkonjunktur haben, versteckt immer noch zugrunde. Das Bild der neuen Alten, die seit den 1980er-Jahren laut und lächelnd an der Nase des Seniorenmarketings herumgeführt werden, führt in die Irre. Natürlich hat sich die Grundeinstellung von der Tragik des Alters verändert, aber hinter neuen Slogans lauert die alte Angst vor dem unvorstellbaren Vergreisen. Die Sprache wagt einen Blick auf den neuen Altenhimmel, aber das Herz pocht verkrampft am Rande des drohenden Nichts. Wir haben das Alter scheinheilig mit Begriffen wie »Aktivität« und »Kompetenz« angereichert und uns vom Krankheitsstigma losgesagt ohne wirklich überzeugt zu sein. Den neuen Repräsentanten des Alters ist eine materielle Sicherheit und verbesserte Gesundheit gegeben, die ihnen ungeahnte Freiheiten und Annehmlichkeiten ermöglichen. Nun treten neben die Kranken und zu verwahrenden Alten die Aktiven, die als »Turnschuh-Alte« zu Medienereignissen werden und sich im »Unruhestand« viele gesellschaftliche Bereiche zurückerobern. Gerade der Begriff der »Neuen Alten« vermittelt ein Bild von Alten, das »die Aktivitäts- und Genussdimensionen bündelt und nur noch eines, aber etwas zentral Wichtiges beifügt: eine utopistische Phantasie der unbegrenzten Möglichkeiten in einer nie endenden Alterslebensphase im Überfluss der Konsumgesellschaft.«[60] Trotz der scheinbaren Befreiung aus den negativen Zuschreibungen werden die eigentlichen Eigenschaften des Alters nur mit anderen Vorzeichen versehen. Die »Erlebnis-Alten« werden in die Pflicht genommen eine Selbstverwirklichungsmentalität an den Tag zu legen, die so

60 Göckenjan (2000), Seite 406.

tut, als würden erst nach dem Eintritt in den Ruhestand die erstrebenswerten Dinge des Lebens wirklich realisierbar. Das riecht nach Heuchelei, solange wir nicht wollen, was wir wissen und nicht wissen, was wir wollen.

Weil das Alter aus unterschiedlichen Blickwinkeln unterschiedliche Interpretationen liefert, muss das subjektive Befinden wohl das alles bestimmende Kriterium sein. Die eigene Wahrnehmung des Alters ist aber fast nie identisch mit den von außen zugewiesenen Merkmalen, die für die Selbstwahrnehmung aber eine entscheidende Rolle spielen. Wir fühlen uns jünger oder älter als wir sind, und je zufriedener und erfüllter das spätere Leben vorweg genommen wird, umso weniger spielt das kalendarische Alter eine Rolle. Im täglichen Sprachgebrauch finden wir viele Beispiele für diese Beliebigkeit: Wir sagen beispielsweise über jemanden, dass er »jung aussieht für sein Alter«. Das ist ein doppeldeutiges Kompliment, mit dem zum Ausdruck gebracht wird, dass das Alter am Kalender haftet wie Prometheus am Felsen. »Das ist doch noch kein Alter« ist der hilflose Kommentar, wenn jemand zu früh stirbt oder an einem altersuntypischen Leiden erkrankt. Solche Beispiele zeigen, dass Krankheiten, Eigenschaften und Verhaltensweisen bestimmten Altersgruppen zugeschrieben werden, die als Grundlage für die Beurteilung von Menschen dieses Alters gelten. Passt ein Mensch in dieses Bild, wird er unter Berücksichtigung zusätzlicher Eigenschaften, die dem angenommenen Alter zugeschrieben werden, eingeordnet. Selten sind solche Verurteilungen offensichtlich und öffentlich, denn das Alter ist kein attraktives Gesprächsthema: »Über das Alter spricht man nicht« und »Eine Frau fragt man nicht nach ihrem Alter« sind solche belanglosen Bemerkungen, die Tabus zementieren. Viele solcher Umschreibungen sind nicht nur teilnahmslos, sondern auch verletzend. Sie reichen vom »Lebensabend« oder »Herbst des Lebens« bis hin zur Gattungsbezeichnung der »Grufties«, mittlerweile ein neudeutscher Slang für eine Gruppe von Menschen, deren Alter zwar nicht eindeutig bestimmbar ist, die aber in jedem Fall aus dem Gesellschaftsgeschehen herausfallen. Selbstbild und Fremdbild stehen in einem ursächlichen Zusammenhang, der durchaus schicksalhaften Charakter hat. Denn das Fremdbild, die Verhaltensweisen anderer und die Umwelt prägen das Selbstbild und die Lebensqualität älterer Menschen. Dies wirkt auf das Selbstbild,

Der gespaltende Ruhestand 4.5

das wiederum die Ausgangsbasis für den Umgang mit anderen ist. Es entwickelt sich ein Teufelskreis, den es zu durchbrechen gilt.

Eine weitere Belastung des Bildes vom Alter kam aus einer ganz anderen Richtung. In der Wissenschaft wird die Biografie des Menschen nach sozialen Aspekten geschrieben und ist ausgehend von der Chronologie von bestimmten Rollen und Erwartungen geprägt. Eine solche Einteilung des Lebens soll eine bessere Orientierung ermöglichen. Im Zentrum der Biografie steht die Regelung des Ruhestandes, die maßgeblichen Einfluss auf die Lebensführung hat, vor allem aber auf den letzten großen Lebensabschnitt.

Die Institutionalisierung des Lebenslaufs ist einer der wesentlichen historischen Prozesse auf dem Weg in die Moderne und sorgte für eine klarere Gliederung nach Lebensphasen und Altersgruppen. Grundlage und Maßstab dieser Institutionalisierung ist die Erwerbsarbeit mit der Gruppeneinteilung in Jugendalter, Erwerbsalter, Seniorenalter und Finalalter. Die Ausbildung des Ruhestandes als eigenständiger Lebensabschnitt, die Einführung von Altersgrenzen und die Verlängerung der Altersphase hat in entscheidender Weise die Entwicklung der Altersbilder im 20. Jahrhundert geprägt. Während zu Beginn des Jahrhunderts das Alter eine Art Restzeit darstellte, eine kurze Pause vor dem Tod, wird in den folgenden Jahrzehnten das Alter zu einer Periode, die sich von der Erwerbstätigkeit fundamental unterscheidet. Alt zu sein wandelt sich vom Status zu einer Lebensphase.

Der Ruhestand, vormals Privileg weniger Wohlhabender, wurde in allen gesellschaftlichen Schichten dankbar in Anspruch genommen. Eine einschneidende Änderung begann mit dem Aufkommen der Rente, die den Status der Familie als Lebensraum für alte Menschen veränderte. War früher die Familie für die Versorgung der Alten bis an ihr Lebensende zuständig, wird diese Fürsorgepflicht nun auf den Staat und damit auf die Allgemeinheit übertragen. Gleichzeitig erreichen die Älteren durch die Sozialversicherung und durch die Möglichkeit, eigenen Wohlstand zu erwirtschaften, eine neue politische und wirtschaftliche Macht. Aus diesen beiden Aspekten speisen sich die zwei unzerstörbaren und vereinfachten Altersbilder. In einer Gesellschaft wie der deutschen, die sich wesentlich über die Erwerbsarbeit und den ökonomischen Status definiert, setzt der Austritt aus dem Erwerbsleben automatisch einen Ausgrenzungsprozess in Gang, der nur schwer aufzuhalten ist. Neben dieser typischen Alterseinschränkung haben sich alternative Lebensentscheidungen im Verlauf der zweiten Hälfte des 20. Jahrhunderts so stark erweitert, dass die Gestaltung des Lebenslaufes immer mehr in die Verantwortlichkeit der Einzelnen gelegt wurde. Die Ausweitung individueller Möglichkeiten und der weitgehende Wegfall von eingrenzenden Normen führte zu einer relativen Unbestimmtheit der Lebensläufe. Jede familiäre Festlegung bedeutet in diesem Zusammenhang auch eine Einschränkung von Flexibilität und Mobilität. Dies mag eine der Ursachen sein, warum aus dem Jahrgang 1965 zum Beispiel etwa 32 Prozent der Frauen kinderlos bleiben. Die hohen Anforderungen moderner Gesellschaften erschweren die Übernahme von langfristiger Verantwortung für Lebenspartner und Kinder. Damit ist die Spirale nachhaltiger Gefährdung wirtschaftlichen Wohlstands durch die demographische Entwicklung in Bewegung gehalten und die Suche nach Schuldigen kann weitergehen.

Die enormen individuellen Unterschiede des Alterns als auch die Vielfalt von sozialen, psychologischen und gesundheitlichen Determinanten von Wohlbefinden im Alter weisen in die Richtung einer starken Gestaltbarkeit der Prozesse menschlichen Alterns in modernen Gesellschaften. Das Altern ist nicht ein Prozess, der einfach schicksalhaft geschieht, sondern ein Prozess, welcher in starkem Maße gesellschaftlich und individuell beeinflussbar ist.[61]

Höpflinger/Stuckelberger

5. Die wissenschaftliche Erforschung des Alters

Die Frühphase vereinzelter wissenschaftlicher Auseinandersetzung mit dem Alter wird vom Klassiker James Birren[62] zwischen 1835 und 1918 angesetzt. Der Begriff der »Geriatrie« (Altersheilkunde) ist zum Beispiel im Jahre 1909 eingeführt worden. Von einer systematischen Altersforschung kann frühestens nach dem Ersten Weltkrieg gesprochen werden. 1928 wurde das erste größere Institut an der Stanford-Universität in Kalifornien gegründet und im Jahre 1929 wurde die Bezeichnung »Gerontologie« (Altersforschung) von dem russischen Wissenschaftler N. A. Rybnikov eingeführt. Bis nach dem Zweiten Weltkrieg dominierten ausschließlich biologisch-medizinische Sichtweisen die Gerontologie, deren amerikanische Gesellschaft 1947 in Detroit ihren ersten Kongress abhielt. Eine interdisziplinäre und internationale Altersforschung entstand zu Beginn der 1950er-Jahre im letzten Jahrhundert. In Westdeutschland konstituierte sich 1967 die Deutsche Gesellschaft für Alternsforschung, die kurze Zeit später zur Deutschen Gesellschaft für Gerontologie umfirmierte.

---

61 Francois Höpflinger und Astrid Stuckelberger: *Demographische Alterung und individuelles Altern. Ergebnisse aus dem nationalen Forschungsprogramm Alter* (Zürich: Seismo, 1999), Seite 289 f.

62 Siehe Ursula Lehr (2000), Seite 12 ff.

5 Die wissenschaftliche Erfoschung des Alters

Im Mittelpunkt der wissenschaftlichen Erforschung der Altersprozesse steht die Bemühung, das Alter zu erklären, seine Besonderheiten und Entwicklungsmöglichkeiten zu ergründen und seine Funktion zu verstehen. In den vergangenen fünfzig Jahren hat sich die Alternsforschung als eigenständige Wissenschaft fest etabliert und definiert sich wie folgt: »Gerontologie beschäftigt sich mit der Beschreibung, Erklärung und Modifikation von körperlichen, psychischen, sozialen, historischen und kulturellen Aspekten des Alterns und des Alters, einschließlich der Analyse von altersrelevanten und alterskonstituierenden Umwelten und sozialen Institutionen.«[63]

In meinem nur skizzenhaften Überblick zum Stand der Forschung möchte ich gleich zu Anfang auf die Selbsteinschätzung herausragender Altersforscher hinweisen. So sagt Ursula Lehr, Professorin und Gesundheitsministerin a.D., zum Stand der Forschung: »In Wissenschaft, Forschung, Lehre und Praxis sind beachtliche Fortentwicklungen im Bereich der Gerontologie während der letzten zwei Jahrzehnte zu verzeichnen, wenngleich immer noch wesentliche Fragestellungen offen bleiben.«[64] Und in einem Vorwort, das anlässlich der »Berliner Altersstudie«[65] von den Herausgebern Karl Ulrich Mayer und Paul B. Baltes geschrieben worden ist, können wir lesen: »Als Gesellschaft stehen wir erst am Anfang eines ›Lernprozesses‹ über das Alter. In diesem Sinne ist das Alter noch jung, sein Potential noch weitgehend unausgeschöpft, und für das Alter günstige Institutionen und Werte gilt es erst noch zu entwickeln.«[66] Dieses Resümee bringt die wissenschaftliche Situation der Beschäftigung mit dem Alter auf den Punkt. Wir können hier einen Auftrag und ein Motto für die weitere Forschung erkennen.

Die Wissenschaften, die sich mit Altersfragen beschäftigen, tragen maßgeblich zu unserer Sicht des Alterns bei. Die zentrale Stellung und das prägen-

---

63 Paul B. Baltes und Margret M. Baltes: »Gerontologie: Begriff, Herausforderung und Brennpunkte«, in: Baltes und Mittelstraß (1992), Seite 8.

64 Ursula Lehr: »Geleitwort«, in: Hans-Werner Wahl und Clemens Tesch-Römer (Hrsg.), *Angewandte Gerontologie in Schlüsselbegriffen* (Stuttgart: Kohlhammer, 2000), Seite VI.

65 Karl Ulrich Mayer und Paul B. Baltes (Hrsg.): *Die Berliner Altersstudie* (Berlin: Akademie Verlag, 1999).

66 Ebenda, Seite 8.

de Gewicht der Wissenschaft in unserem Denken und für unsere Weltsicht unterstreicht die Bedeutung der Erkenntnisse und Theorien der Forschung über das Alter für unsere Altersbilder. Diese große Verantwortung und die prägende Wirkung machen eine engagierte Suche nach innovativen Altersmodellen zur Pflicht.

5.1 Die gerontologischen Grundlagen

Die Gerontologie wird häufig als Lebenslaufforschung bzw. Alternsforschung bezeichnet und untersucht das Alter als gesellschaftliches und individuelles Phänomen. Sie erforscht unter anderem die Formen und Bedingungen des Alterns und des Alters, die Lebenssituation alter Menschen, die Konsequenzen der demographischen Veränderungen für die Gesellschaft, die Qualität und Quantität sozialer Beziehungen und die Möglichkeiten der Verbesserung des Alterslebens. Die von Ursula Lehr eingeführten vier Säulen der Interventionsgerontologie[67] besitzen immer noch grundlegende Bedeutung: erstens Optimierung und Anreicherung von Lebensbedingungen, zweitens Prävention, drittens Therapie und Rehabilitation und viertens Hilfe bei der Bewältigung von Problemsituationen. Vereinfachend gesagt, geht es darum, dass die Menschen das Beste aus ihrem Alter machen und ein hohes Lebensalter erreichen, indem sie sich psychisch, physisch, sozial und emotional wohlfühlen.

Trotz der starken Ausdifferenzierung der Alternsforschung in den vergangenen zwei Jahrzehnten, der vielen Forschungsansätze und dem wachsenden Bewusstsein der Wechselwirkung von Umwelt und Mensch beim Altern hat die Gerontologie nicht ausschließlich zu einem besseren Verständnis der älteren Menschen und zu einem modernen Altersbegriff beigetragen. Sie wirkt häufig gleichzeitig an seiner Festschreibung und Vereinfachung mit. Die Gerontologie ist von der Vorstellung geprägt, dass das Alter einer eigenen Gesetzmäßigkeit unterliegt, bestimmte Wesensmerkmale hat und eine Behandlung als eigenständigen Untersuchungsgegenstand rechtfertigt. Nicht nur die

---

67 Ursula Lehr: »Geleitwort«, in: Wahl und Tesch-Römer (2000), Seite VI.

Geriatrie als Teil der Gerontologie betrachtet das Alter als isolierte Erscheinung. Die klassische Alternsforschung insgesamt arbeitet mit der Kategorie Alter als feststehender Größe. Sie fasst alle Menschen ab einem bestimmten Alter zusammen und interpretiert alles, was diese Menschen tun, als Altersmerkmale.

Die wissenschaftlichen Analysen des Alters repräsentieren auf der einen Seite immer auch die gängigen Vorstellungen der Gesellschaft über das Alter. Sie prägen diese Eindrücke aber auch. In der Geschichte der Gerontologie können wir einige zentrale Ansichten über das Alter feststellen, die sich zum Positiven hin entwickelt haben. Solche Vorstellungen, die Rückzug und Mangel in den Vordergrund gestellt haben, wurden durch Aktivitäts- und Kompetenzmodelle abgelöst. Heute finden wir in der Gerontologie kaum noch allgemeine Beschreibungen des Alters, sondern eine Betonung der Individualität und Vielfalt.

Selbstverständlich hat die Alternsforschung einen wichtigen Beitrag zur grundlegenden und interdisziplinären Sicht des Alters in der modernen Gesellschaft geleistet. Sie hat nicht nur das Altsein in Milieus, Gemeinschaften und Kulturen untersucht und in das öffentliche Blickfeld gerückt, sondern auch in zunehmendem Maße auf die Vielschichtigkeit und Verschiedenartigkeit des Alters aufmerksam gemacht. »Eine der wichtigsten Einsichten der letzten dreißig Jahre gerontologischer Forschung bezieht sich auf die Forderung, Alternsformen mindestens in gleichem Umfang zu untersuchen wie Altersnormen.«[68] Die Vorstellung von einem gradlinigen Verlauf des Älterwerdens, in dem bestimmte Prozesse und Merkmale normal, während andere krankhaft sind, ist damit in den Hintergrund gedrängt worden. Die letzte Lebensphase wird als Prozess verstanden, der bereits weit vor dem eigentlichen Alter einsetzt. Als Alternative zu einem statischen Altersbegriff wird zunehmend ein dynamischer verwendet. Wie sich jemand mit 76 Jahren fühlt, wie gesund, vermögend, gebildet, isoliert oder aufgeschlossen man ist oder mit Verlusten umgeht, wird von biologischen, psychologischen und sozialen Faktoren bestimmt, die während eines ganzen Lebens einwirken. Angesichts

---

68 Lehr (2000), Seite 5.

Die gerontologischen Grundlagen 5.1

der Stetigkeit im Lebensverlauf vermag das kalendarische Alter wenig über den Zustand oder die Fähigkeiten eines Menschen auszusagen.

Während das Älterwerden lange Zeit als Verfallsprozess gesehen wurde, der von einseitigen Veränderungen des Körpers bestimmt wird, hat sich in den letzten Jahrzehnten eine neue Sichtweise durchgesetzt, die die Wechselwirkung von Individuum und Umwelt betont. Der Prozess des Alterns ist demnach durchaus von den alternden Menschen und ihrer Umwelt beeinflussbar. So distanziert sich eine Anfang der 1990er-Jahre entwickelte Definition vom Alter klar vom Bild des unumkehrbaren Verfalls: »Altern ist eine vielschichtige naturhafte Veränderung des Lebendigen, wobei Verlustprozesse im Vordergrund stehen. Diese Verluste können aber sowohl von der Selbststeuerung des Organismus als auch durch Außenbeeinflussung in sehr verschiedenem Ausmaß korrigiert und kompensiert werden.«[69] Diese Beschreibung deutet auf die Notwendigkeit hin, bestimmte Entwicklungen des Alterns zu »korrigieren« und zu »kompensieren«. Damit sind beispielsweise Anregungen zur Kreativität und Selbstgestaltung gemeint, die das Bewusstsein des Erleidens oder des Ausgesetztseins überwinden sollen. Leider wird dieser Ansatz teilweise zweckentfremdet und fälschlicherweise wörtlich genommen. Chirurgische und kosmetische Reparaturen, die ausschließlich einem ästhetischen Design und der Angst vor dem Alter entspringen, helfen nicht wirklich neues Selbstbewusstsein zu entwickeln. Eine psychologische Unterstützung zur Stärkung der Persönlichkeit wäre sicher hilfreich, um der Gefahr der Heilsgläubigkeit durch äußerliche Korrekturen zu entrinnen.

Die Gerontologie befindet sich in einer zugegebenermaßen schwierigen Situation. Denn mit der Kategorisierung von alten Menschen trägt sie unwillkürlich zu Vorurteilen über das Alter in unserer Gesellschaft bei. Sie untersucht ihren Arbeitsgegenstand nicht nur, sondern ruft ihn auch ins Leben und ist somit »Wissenschaft und Praxis zugleich«.[70] Wenn sie manchmal Meinungen fördert, die sie eigentlich überwinden will, offenbaren sich para-

---

69 Rosenmayr (1990), Seite 29.

70 Hans Peter Tews: »Produktivität des Alters«, in: Baltes und Montada (Hrsg.) *Produktives Leben im Alter* (Frankfurt, New York: Campus Verlag, 1996), Seite 205.

doxe Strukturen, die durchaus zu einer veränderten Selbstwahrnehmung führen könnten.

In den letzten Jahrzehnten hat die Gerontologie in Wissenschaft, Forschung, Lehre und Praxis eine beachtliche Entwicklung vollzogen, die auch Wirkung erzielte. Die Einsicht in die vorbeugende und nachhaltige Veränderbarkeit von Altersverläufen ist ihrem Wirken zu verdanken. Gleichwohl bedarf es großer Anstrengungen und Selbstüberwindungen, den vielschichtigen Komplex des Alterns zu einem selbstverständlichen Bestandteil moderner Vergesellschaftung zu machen.

5.2 Über Medizin und Biologie

Weil in unserer Kultur die Beschäftigung mit dem Alter in besonderem Maße mit Krankheiten und krankhaften körperlichen Veränderungen einhergeht, haben die Naturwissenschaften und die Medizin eine zentrale Rolle bei dem Versuch, das Altern zu erklären. Obwohl es unter Experten keine allgemein akzeptierte Definition des Alters gibt, gilt die Voraussetzung, dass es sich um »zeitabhängige, irreversible und vorhersagbare Veränderungen in jeder Spezies [handelt], die zu einem fortschreitenden Funktionsverlust aller Gewebe und letztendlich zum Tod führt.«[71] Die Tatsache, dass sich mit der Geriatrie innerhalb der Medizin eine eigene Sektion für die Erforschung und Behandlung von Alterserkrankungen entwickelt hat, deutet darauf hin, dass die angeblich typischen Merkmale des Alters immer als potenziell krankhaft gesehen werden. Die Gerontologie wurde in ihren Anfängen von den biologisch-medizinischen Wissenschaften allein bestimmt, die Sozialwissenschaften spielten vorerst eine untergeordnete Rolle.

Geriater betonen immer wieder, dass Altern eigentlich keine Krankheit sei. Aber die Grenze zwischen körperlichen Alterungsprozessen und krankhaften Veränderungen ist auch deshalb so unklar, weil das Altern noch immer in erster Linie krankheitsorientiert interpretiert wird. Die folgende Auflistung

---

71 David B. Danner und Heinz C. Schröder: »Biologie des Alterns (Ontogenese und Evolution)«, in: Baltes und Mittelstraß (1992), Seite 96.

Über Medizin und Biologie 5.2

der Eigenheiten eines alternden Organismus ist charakteristisch, die unter dem Deckmantel einer objektiven Definition daherkommende Einschätzung tendenziell negativ und entmutigend: »Strukturelle und funktionelle Veränderungen der Gewebe und Organe mit Abnahme der Leistungsfähigkeit und Belastbarkeit; Tendenz zur Immobilisierung; Veränderung des psychischen Verhaltens mit zunehmenden Anpassungsschwierigkeiten; Abnahme der psychosomatischen Impulse; Auftreten einer multiplen Pathologie (Multimorbidität).«[72]

Eine solche Sicht des Alterns als Abweichung von der Norm beeinflusst in großem Maße die Sichtweise der Allgemeinheit und der Gesellschaft. Die Formulierungen weisen darauf hin, dass es bestimmte Erwartungen an die Fähigkeiten und den körperlichen Zustand der älteren Menschen gibt. Werden diese nicht erfüllt, gilt dieser Mensch entweder als weit fortgeschritten im Alterungsprozess oder als »jung geblieben«. Obwohl es nicht möglich ist, Menschen einer bestimmten Altersgruppe als alt einzuordnen, prägen naturwissenschaftliche, vor allem medizinische Definitionen, die Einstellung zum Alter. So gilt die 89-Jährige, die sich bei guter Gesundheit in ihrem eigenen Haus noch selbst versorgt, ihren Garten bestellt und die Einkäufe erledigt, als Kuriosum. Der 74-Jährige, dessen Arteriosklerose ihm bereits den zweiten Herzinfarkt beschert hat, entspricht der Altersnorm. Das medizinisch geprägte Altersbild sitzt auch heute noch in den Köpfen der meisten Leute fest.

Dabei steht den medizinisch fundierten Altersvorstellungen eine Vielfalt von neueren Alterstheorien gegenüber, die eine bestimmte Sichtweise oder die Vorhersehbarkeit des Alterns keineswegs bestätigen. Auch wenn Gesundheitsprobleme bei älteren Menschen ursächlich auf das Alter zurückgeführt werden, sind Medizin und Biologie bis heute nicht in der Lage, das Altern als einheitlich verlaufender Prozess zu entschlüsseln. Tatsächlich ist strittig, ob es sich bei dem Begriff »Altern« überhaupt um eine richtig bezeichnete Entwicklung handelt. In einem maßgeblichen Standardwerk »Harrisons Innere Medizin« von 1998 wird dies angezweifelt: »Obwohl der alternde Phänotyp

---

72 Elisabeth Steinhagen-Thiessen, Wolfgang Gerok und Markus Borchelt: »Innere Medizin und Geriatrie«, in: Baltes und Mittelstraß (1992), Seite 125.

5 Die wissenschaftliche Erforschung des Alters

ubiquitär vorhanden zu sein scheint, sind sich die Biologen uneinig darüber, ob das Altern, sei es innerhalb des Zoos oder zivilisierten Gesellschaften, existiert.«[73] Symptome, die auf das Altern zurückgeführt werden wie beispielsweise Demenz, Immobilität oder Inkontinenz treten zwar mit zunehmender Wahrscheinlichkeit im höheren Alter auf, doch handelt es sich dabei nicht um Phänomene, die naturgegeben im Alter auftreten müssen. Insofern kann das Alter bzw. der Alterungsprozess schwerlich dafür verantwortlich gemacht werden. Die Schwierigkeit besteht darin, dass nicht nachgewiesen werden kann, ob die biologischen Veränderungen am Alterungsprozess liegen oder nicht. Unterstützt wird diese Skepsis, dass es keinen »normalen« und allgemein gültigen Alternsverlauf gibt. Vergleichen wir den Gesundheitszustand von Menschen gleichen Alters, lässt sich kein übereinstimmendes und allgemein gültiges Altersbild feststellen.

Theorien über das Altern müssen deshalb mit wesentlich mehr Fragezeichen versehen werden, als die oftmals vereinfachten Darstellungen hoch spezialisierter Forschungsergebnisse vermuten lassen. Insbesondere seit der Entschlüsselung des genetischen Bauplans im Rahmen des »Human Genome Projekt« gibt es die euphorische Vision, die für das Altern verantwortlichen Gene identifizieren und beeinflussen zu können. Eine Schlagzeile wie »Wer will ewig leben? Der Mensch ist dem Tod auf der Spur: Nur wenige Gene steuern unser Älterwerden. Ein Sieg über die Endlichkeit rückt näher«[74] weckt falsche Vorstellungen. Sie erweckt den Eindruck, es sei nur noch ein kleiner Schritt, um dem Tod ein Schnippchen schlagen zu können. Doch der genetische Code kann »im Sinne eines Verständnisses dessen, was er bei der Entwicklung von Lebewesen und ihren Leistungen zu sagen hat, noch lange nicht«[75] gelesen werden. Außerdem schreibt das Genom die Entwicklung eines Menschen nicht fest, sondern ist eine »programmatische Starthilfe für einen Entwicklungsprozess (...), in dem sich jedes Individuum in ständiger

---

73 Neil M. Resnick: »Geriatrie«, in: Anthony Fanci et al. (Hrsg.): *Harrisons Innere Medizin* (London: Mc Graw, 1998), Seite 46.

74 Ulrich Bahnsen: »Wer will ewig leben?«, in: *ZEITpunkte* 3/2001, Seite 25.

75 Hubert Markl: »Der immer weitere Horizont«, in: *Focus* 11/2001, Seite 180.

Über Medizin und Biologie 5.2

Auseinandersetzung mit seiner Umwelt (...) als einzigartiges Wesen entfaltet, niemals ganz unbeeinflusst von seinen genetischen Anlagen, aber auch niemals ganz in ihrer Zwangsknechtschaft.«[76] Kennt man den genetischen Code eines Menschen, heißt das noch lange nicht, dass die Multiple Sklerose in seinen Genen geschrieben steht und beeinflusst werden kann.

Die Vorstellung, dass es ein Gen für »Lungenkrebs« oder eines für »Haarausfall« gibt, ist falsch. Biogerontologen unterstreichen immer wieder, dass es sich bei der Meinung, einzelne Gene seien für den Alterungsprozess verantwortlich, um einen hartnäckigen Irrglauben handelt: »Ein weit verbreitetes Missverständnis legt nahe, dass wir, sobald wir den Genpool nach Auslösern für den Alterungsprozess durchsuchen, auf Gene stoßen werden, die sich jeweils für das Altern, für Alzheimer oder andere Krankheiten verantwortlich machen lassen.«[77] Vielmehr geht man heute davon aus, dass unsere Gene nur zu etwa einem Viertel über die Länge unseres Lebens mitbestimmen.

Offenbar muss das Altern wesentlich differenzierter beschrieben werden. Seit den 1980er-Jahren spezialisierte sich die Alternsforschung auf die Erforschung der molekularen, zellularen, biochemischen und genetischen Vorgänge. Tatsächlich gibt es mehrere hundert (1998 waren es über 300[78]) Theorien der Biologie über das Altern, die sich in zwei Hauptgruppen einteilen lassen. Die eine Gruppe beruft sich auf das genetische Programm als prägend für das Altern, die andere auf »fortschreitende und zufällig auftretende Schäden im homöostatischen System«[79].

Bleiben wir zunächst bei den Vertretern des genetischen Programms: Sie versuchen, bestimmte DNS-Abschnitte für das Altern verantwortlich zu machen. Jedes im Zellkern vorhandene Chromosom (insgesamt 46) besteht aus

---

76 Ebenda, Seite 182.

77 Tom Kirkwood: »Lasst uns die Macht des Genoms nutzen. Schöne neue Alten-Welt (2)«, in: *Frankfurter Allgemeine Zeitung* 103/2001b.

78 Siehe Manfred Reitz: »Alt werden – jung bleiben«, in: *Spektrum der Wissenschaft* 2/1998, Seite 6.

79 Resnick (1998), Seite 46.

5 Die wissenschaftliche Erforschung des Alters

einem Desoxyribonukleinsäure-Molekül (kurz: DNS) und dem es umgebenden Eiweiß. Auf der DNS befinden sich die Gene, die die Erbsubstanz enthalten. Die DNS ist somit das Medium, auf dem der genetische Code festgeschrieben ist. Allerdings bleibt dieser Code nicht wirklich in seiner ursprünglichen Form lebenslang bestehen, sondern verändert sich im Laufe der Zeit. Teilen sich die Zellen, wie es jeden Tag Millionen Mal im Organismus passiert, teilen sich mit ihnen die Chromosomen. Während dieses Prozesses kann es zu Fehlverteilungen des genetischen Materials kommen, die zu einer Umformulierung der genetischen Substanz führen. Weitere Schädigungen im Erbmaterial können beispielsweise durch umweltbedingte Strahlungen oder krankheitsverursachende Stoffe entstehen. Gerade bei Körperzellen, die sich häufig teilen, steigt daher im Laufe der Jahre die Wahrscheinlichkeit der »Entartung« – und damit die Wahrscheinlichkeit, beispielsweise an Krebs zu erkranken.

Zellteilungen sind jedoch auch die Grundlage für die Erneuerung gealterter Materie. Weil die meisten Zellen nur zu einer gewissen Anzahl von Teilungen in der Lage sind, liegt darin möglicherweise ein Grund für die Alterung. Diese Entdeckung machte ein Pionier der genetischen Altersforschung: Leonard Hayflick. Er fand heraus, dass normale vermehrungsfähige Körperzellen aufgrund der allmählichen Verkürzung der Endabschnitte der DNS, der Telomeren, nur eine begrenzte Zahl von Teilungen durchführen können. Verursacht wird diese Teilungsbegrenzung durch das Fehlen der Telomerase bei Körperzellen. Dabei handelt es sich um ein Enzym, das DNS-Verluste an den Enden der Chromosomen – hervorgerufen durch die Zellteilung – wieder ausgleicht. Prinzipiell ist es denkbar, diesen Prozess aufzuhalten. Denn die unbegrenzte Zellteilungsmöglichkeit ist ein Kennzeichen degenerierter Krebszellen. Der allmähliche Verlust der Telomeren könnte demnach ein genetischer Schutz vor Krebs sein. Ob ein Gen gut oder schlecht ist, hängt von den Umständen ab.

Wir können festhalten, dass das Altern ein ebenso individueller und einzigartiger Prozess ist wie der Lebensverlauf insgesamt: »Wenn wir genauer hinschauen, zeigt sich unser genetischer Bauplan als weitaus weniger determi-

Über Medizin und Biologie 5.2

nistisch als die Propheten einer schönen neuen Alten-Welt es gern hätten. Gene entscheiden nicht monokausal darüber, wann unser Leben endet. Sie leiten uns nicht wie die Steuerung einer Rakete auf ein vorprogrammiertes Ziel hin, sondern schubsen uns lediglich in eine bestimmte Richtung, bis Zufälle und Chaos wieder die Oberhand gewinnen. Wo wir alle enden, hängt damit von einer Mischung aus biologischer Disposition, kultureller Prägung und Zufall ab.«[80]

Die zweite Gruppe von Theorien basiert darauf, dass Schäden im menschlichen Organismus durch den Kontakt mit Sauerstoff und UV-Strahlen, aber auch durch die Bildung freier Radikale oder den Genuss von Tabak ausgelöst werden können. Eine passive Alterung, bei der Sauerstoff eine wichtige Rolle spielt, wird auf der Ebene der Zellen durch den Stoffwechsel verursacht. Während der Herstellung von Energie in den Zellen produziert der Körper freie Radikale und andere zerstörerische Substanzen, die die Mitochondrien (Zellkraftwerke, dabei handelt es sich um Gebilde in Zellen, die der Atmung und dem Sauerstoffwechsel der Zelle dienen) schädigen oder andere Zelldefekte hervorrufen. Chronische Erkrankungen, wie zum Beispiel Altersdiabetes, das Parkinson-Syndrom und die Alzheimer-Krankheit, lassen sich auf solche Defekte zurückführen.[81] Darauf beruht die heutzutage »einzig bekannte Intervention, die das Altern verzögert«[82], nämlich eine mäßige Kalorienzufuhr. Denn wenn wir weniger essen, benötigen unsere Zellen weniger Sauerstoff. Auch bei der Entwicklung von Krankheiten spielen Übergewicht, mangelnde Bewegung, Tabakkonsum und Sonneneinstrahlung eine auslösende Rolle.

Das bestehende, auf der Geriatrie beruhende defizitäre Altersbild, muss modifiziert werden. Die Metapher »Alt« kann nicht mit »Niedergang« und »Verfall« übersetzt werden. Es handelt sich nicht um einen gleichförmig verlaufenden Prozess körperlicher Einschränkungen, auch wenn mit zunehmen-

---

80 Kirkwood (2001b).

81 Siehe Ricki L. Rusting, »Warum altern wir?«, in: *Spektrum der Wissenschaft* 2/1998, Seite 34.

82 Resnick (1998), Seite 46.

dem Alter die Wahrscheinlichkeit von Krankheiten und die Sensibilität des Organismus für umweltschädigende Einflüsse steigt. Die meisten Beeinträchtigungen, denen wir im Alter ausgesetzt sind, sind nicht alters-, sondern krankheitsbedingt. Folgende Grundsätze sollten deswegen gelten: »(1) Personen werden durch das Altern immer unterschiedlicher und strafen alle Klischeevorstellungen bezüglich des Alterns Lügen, (2) ein abrupter Rückgang in einem System oder einer Funktion ist immer durch eine Erkrankung und nicht durch einen ›normalen Alterungsvorgang‹ bedingt, (3) die ›normalen Alterungsvorgänge‹ können durch Beeinflussung von Risikofaktoren (zum Beispiel hoher Blutdruck, Rauchen, sitzende Lebensweise) abgeschwächt werden und (4) ›ein gesundes Alter‹ ist nicht nur eine rhetorische Floskel. Tatsächlich verursacht der Rückgang der homöostatischen Reserven keine Beschwerden und nur geringe Einschränkungen der Alltagsaktivitäten, unabhängig vom Alter, solange keine Krankheit besteht.«[83]

5.3 Über Geist und Intelligenz

Die meisten Menschen haben Angst davor, mit zunehmendem Alter an Geisteskraft zu verlieren, dement oder vergesslich zu werden. Sie müssen befürchten, mit solchen Prognosen nicht mehr für »voll genommen« und entmündigt zu werden, also ihre Unabhängigkeit einzubüßen. Urheber solcher Ängste ist die fest verankerte, aber falsche Gleichsetzung von Alter und Vergesslichkeit. Weil der geistige Abbau im Allgemeinen als zwangsläufige Folgeerscheinung des Alters gesehen wird, erwartet man auch nichts anderes. Viele junge Erwachsene erwarten im Alter ein Nachlassen von Geist und Gedächtnis. Ein langes Leben muss aber keineswegs mit zunehmender Geistesschwächung einhergehen. Verschiedene Untersuchungen belegen, dass geistige Defizite häufig auf Krankheiten und nicht auf das Altern zurückzuführen sind.[84]

---

83 Ebenda.

84 Dennis J. Selkoe: »Alterndes Gehirn – alternder Geist«, in: *Spektrum der Wissenschaft* 2/1998, Seite 63.

Über Geist und Intelligenz 5.3

Abgesehen von Erkrankungen wie Schlaganfall, Alzheimer oder Parkinson, verläuft die Alterung des Gehirns nicht kontinuierlich. Deswegen ist auch kein zwangsläufiger, stetiger und unumkehrbarer Verfallsprozess feststellbar. Eine Reihe von Befunden weisen zwar darauf hin, dass sich im Laufe der mittleren und späteren Jahre die Anzahl der Neuronen im Gehirn verringert und neuronale Veränderungen stattfinden. Diese sind jedoch nicht unausweichlich zerstörerisch. Vielmehr gibt es Hinweise darauf, dass es sich bei einem Teil der Veränderungen um Versuche verbliebener Neuronen handelt, den Verlust an Quantität auszugleichen. Daraus lässt sich folgern, dass das Gehirn auch im fortgeschrittenen Alter neue Vernetzungsmöglichkeiten sucht, um vital und beweglich zu bleiben. Es ist durchaus in der Lage, sich zu entwickeln und anzupassen. Die verbreitete Befürchtung einer unumkehrbaren Abnahme von Intelligenz muss relativiert werden. Bei guter Gesundheit dauern Lernprozesse und Gedächtnisleistungen im Alter zwar etwas länger, aber ansonsten kann es nahezu so gut funktionieren wie in jüngeren Jahren. Angesichts zahlreicher Forschungsergebnisse ist nicht mehr zu bestreiten, dass das Alter nicht als Abnahme oder gar Ende des erkenntnismäßigen Wachstums und der Entwicklung gesehen werden kann, sondern als eine Lebensphase, die für Weiterentwicklung und Verfall offen ist. Die Vorstellung vom Altern als ansteigender Fortschritt bis zum Zenit und anschließendem langsamen Abstieg, lässt sich nicht aufrechterhalten. Bei den Veränderungen des Gehirns handelt es sich nicht um den vorhersehbaren Ablauf eines genetischen Programms, das sich mit einem technischen Automatismus vergleichen ließe. Wir wissen, dass die Alterung des Geistes mit dem Umfeld, den individuellen Einstellungen und Erfahrungen sowie der Beanspruchung und Herausforderung des eigenen Denkapparates in enger Wechselwirkung stehen. Das heißt auch, dass die neuronale Tätigkeit geschult werden und individuelles Verhalten aktiv den Verlauf der geistigen Alterung beeinflussen kann.

Ob sich durch Gedächtnistraining die physiologischen und mentalen Veränderungen verhindern lassen, ist zwar nicht eindeutig wissenschaftlich erwiesen. Allerdings ist sicher, dass durch »Gehirn-Jogging« der aktuelle Zustand verbessert werden kann. Zu diesem Ergebnis gelangt eine Interventionsstu-

5 Die wissenschaftliche Erfoschung des Alters

die im Rahmen der Gedächtnisforschung: Verglichen mit einer gleichaltrigen Kontrollgruppe zeigten die Trainierten eine eindeutige Leistungsverbesserung beim Erinnern von Wörtern und Symbolen.[85] Die Personen zwischen 60 und 80 Jahren konnten durch Gedächtnistraining ihr Leistungsniveau beträchtlich steigern, auch wenn ihre Höchstleistung verglichen mit Jüngeren niedriger ausfiel.[86] Gedächtnisarbeit, die sich stimulierend auf das Erinnerungsvermögen auswirkt, stützt das Wohlbefinden und das Selbstvertrauen. Umgekehrt kann die Furcht vor Demenz oder Vergesslichkeit fatale Konsequenzen haben. Neuere Studien zeigen, dass derlei Erwartungen das Befürchtete tatsächlich auch herbeirufen. Ein solch negativer Kreislauf drängt dafür anfällige ältere Menschen in Rollen sozialer und intellektueller Ausgrenzung. Auch die Umgebung kann Auslöser für einen Verlust an Kompetenz sein. Altenheime bieten beispielsweise kaum Anregungen und Herausforderungen, nivellieren die Unterschiede zwischen den Menschen und führen zu einer Verkümmerung geistiger und sozialer Fähigkeiten. Die Bewohner verinnerlichen das Niveau der ihnen entgegengebrachten Erwartungen und Haltungen. Das eherne Gesetz des langsamen geistigen Verfalls widerspricht der Vielschichtigkeit des menschlichen Geistes. Statt Rückschritt und Stillstand im Alter als gegeben hinzunehmen, brauchen wir auf Grundlage der Flexibilität und Sensibilität des Gehirns Entwicklung nicht auszuschließen.

Die Behauptung, dass Intelligenz mit der Zeit abnimmt und im Alter verfällt, ist aus einem weiteren Grund untauglich: Die Festschreibung von Intelligenz als Lern- und Erinnerungsfähigkeit verkürzt den menschlichen Geist auf die abstrakte Seite seiner Fähigkeiten. Die Begriffe Lernen und Erinnern reichen nicht aus, um Lebenserfahrung, Allgemeinwissen oder Urteilsfähigkeit von Menschen zu beschreiben. Seit den 40er-Jahren des 20. Jahrhunderts wird deswegen zwischen mechanischer und pragmatischer Intelligenz unterschieden. Lernen und Erinnern, Unterscheiden und Klassifizieren gepaart mit der Geschwindigkeit, in der Zusammenhänge erkannt werden kön-

---

85 Siehe Höpflinger und Stuckelberger (1999), Seite 229.

86 Siehe Paul Baltes, Ulman Lindenberger und Ursula Staudinger: »Die zwei Gesichter der Intelligenz«, in: *Spektrum der Wissenschaften* 2/1998, Seite 80.

nen, sind ohne Frage elementar für unsere Vorstellung von Intelligenz. Neben der Befähigung, Informationen aufzunehmen und zu verarbeiten, die wir »fluide Intelligenz« oder »kognitive Mechanik« nennen, besitzen wir auch eine »kristalline Intelligenz« oder »kognitive Pragmatik«, also solche Kompetenzen wie Lebenserfahrung, Allgemeinwissen und Urteilsfähigkeit. Die Kombination von Erfahrungen, dem erlernten Wissen, sowie das Wissen um die Relativität und Ungewissheit des Lebens befähigt uns dazu, in schwierigen Lebenssituationen Ratschläge zu erteilen oder Problemlösungen zu entwickeln. Während Geschwindigkeit und Präzision nachlassen, nimmt die kristalline Intelligenz aufgrund der allmählichen Verbreiterung des kulturellen, analytischen und persönlichen Horizontes mit den Jahren zu. Sich ergänzende Eigenschaften wie beispielsweise »emotionale« und »soziale« Intelligenz zeigen generell eine gestiegene Bereitschaft, die vielschichtigen Facetten des menschlichen Geistes jenseits von IQ-Werten zu würdigen. Inzwischen wissen wir um die Grenzen einseitiger wissenschaftlicher Bewertungssysteme. Wem aufgrund eines Intelligenztests ein hoher IQ-Wert bescheinigt wird, ist ohne Zweifel von großer Intelligenz – jedoch nur in diesem gemessenen Bereich. Über die soziale, emotionale oder praktische Intelligenz sagt der IQ-Wert nichts aus. Aussagen darüber, wie die Anforderungen des Lebens geschickt und angemessen gemeistert werden, können mit Hilfe des Intelligenztests also nicht getroffen werden.

5.4 Über Gesundheit und Lebensstil

Angesichts einzelner »Ur-Alter«, wie zum Beispiel Tom Lane, der 1994 noch mit 100 Jahren an der Senioren-Olympiade teilnahm[87], stellt sich die Frage, wie es möglich ist so alt zu werden. Zahlreiche Studien belegen immer wieder, dass sich bestimmte Verhaltensweisen und psychische Faktoren positiv auf ein gesundes Alter auswirken.

Körperliche Aktivitäten verringern das Risiko von Herzkrankheiten, Osteoporose, Bluthochdruck, Herzinfarkt und kräftigen die Herz-Lungen-Funkti-

---

87 Siehe Thomas Perls: »Vitale Hochbetagte«, in: *Spektrum der Wissenschaft* 2/1998, Seite 96.

5 Die wissenschaftliche Erfoschung des Alters

on. Das Muskeltraining beim Schwimmen oder Spazierengehen dient der Vorbeugung und Linderung von Beschwerden wie Rücken- und Gelenkschmerzen, Knochenabbau, Übergewicht und Diabetes. Aus der Beobachtung, dass hochbetagte Menschen in der Regel schlank sind, konnten Rückschlüsse auf den positiven Einfluss fettarmer Ernährung auf das Altern gezogen werden. Immer wieder wird in ärztlichen Mitteilungen darauf hingewiesen, dass es für ältere Menschen wichtig ist, »ihre Ernährung den körperlichen Veränderungen anzupassen, um sich ihre Leistungsfähigkeit zu erhalten.«[88] Hinter solchen Empfehlungen verbirgt sich die Tatsache, dass der Körper mit der Zeit weniger Energie benötigt. Gleichzeitig bleibt der Bedarf an lebensnotwendigen Nährstoffen bestehen. Wer bei der Nahrungsaufnahme den Fettgehalt um etwa 25 Prozent reduziert und gleichzeitig ausreichend Vitamine, Kohlenhydrate und Flüssigkeit zu sich nimmt, trägt nicht nur zu einer Verminderung des Krankheitsrisikos bei, sondern erhöht auch Wohlbefinden und Lebensqualität. Wie vieles andere ist eine gesunde Ernährung nicht nur im Alter wichtig. Auch der lebenslang maßvolle Umgang mit Genuss- und Rauschmitteln trägt zu einer besseren Lebensperspektive bei. Dass Raucher, Alkoholiker und Übergewichtige durchschnittlich kürzer leben als andere, wissen wir. Die Paradoxie besteht darin, dass wir Menschen trotz besseres Wissen achtlos mit uns selbst umgehen oder wissentlich das Gegenteil von dem tun, was ratsam erscheint. Meistens ist erst eine Krankheit ausreichende Motivation, das Verhalten zu ändern.

Die Ergebnisse einer Studie aus der Schweiz belegen, dass das Gesundheitsverhalten älterer Menschen eng mit den sozialen Lebensverhältnissen, dem Bildungsstand und dem persönlichen Lebensstil zusammenhängen.[89] Kulturelle und soziale Voraussetzungen beeinflussen die gesundheitliche Versorgung, die Arbeitsplatzbedingungen, den Stellenwert von Stressfaktoren (wie zum Beispiel eine laute Wohnsituation) oder Kenntnisse darüber, wie solche Beeinträchtigungen beeinflusst werden können. Andere Untersuchungen zei-

---

88 Andrea Icks und Sabine Schindler-Marlow: »Ernährung im Alter«, in: *Rheinisches Ärzteblatt* 3/2001, Seite 11.

89 Siehe Höpflinger und Stuckelberger (1999), Seite 262.

Über Gesundheit und Lebensstil 5.4

gen, dass Frauen mehr auf eine gesunde Lebensweise achten als Männer. Ein Ergebnis, das keineswegs verwundert und mit der Beobachtung übereinstimmt, dass Frauen Vorsorgeuntersuchungen mehr nutzen und sensibler auf Krankheitssymptome achten.[90] Noch immer scheinen rollenbedingte Verhaltensmuster und Rituale vorzuherrschen, die den männlichen Wesen einen sorgsamen Umgang mit sich selbst erschweren. In fast allen europäischen Ländern wird der Unterschied auch daran deutlich, dass mehr Männer als Frauen rauchen und regelmäßig Alkohol trinken.

Auch psychische Faktoren beeinflussen das Lebensgefühl im Alter positiv oder negativ. In einer 1995 veröffentlichten Langzeitstudie wurde beispielsweise Gewissenhaftigkeit als lebensverlängernde Charaktereigenschaft festgestellt.[91] Gewissenhafte und zuverlässige Menschen zeichnen sich durch geringeres Suchtverhalten und einen verantwortungsbewussteren Umgang mit Körper und Seele aus. Sie setzen sich weit weniger Risiken aus und betreiben Gesundheitsvorsorge. Auch der Humor hat in gesunder Kombination mit einer Portion Eigensinn eine lebensbegünstigende Funktion. Auch scheinen Menschen, die einen eigenen Standpunkt vertreten und ihren eigenen Weg gehen, länger zu leben. Sie lassen sich nicht so leicht von Altersklischees beeindrucken.

Allein die Vorstellung, ab einem gewissen Zeitpunkt im Leben sei Zurückhaltung eine angemessene Verhaltensweise oder wir seien für ein selbstbewusstes Auftreten oder anspruchsvolle Beschäftigungen zu alt, schränkt den Bewegungsspielraum ein und bremst die Begeisterungsfähigkeit. Niemand ist zu alt, sich neue technische Entwicklungen anzueignen. Mangelndes Interesse, zu geringe finanzielle Möglichkeiten oder die komplizierte Handhabung mögen durchaus Gründe dafür sein, beispielsweise das Internet nicht zu nutzen, das Alter ist es nicht. Das gängige Selbstbild »dafür bin ich zu alt« kann vielmehr der Grund werden, sich unbeweglich zu fühlen und dem Bild des Alters als Phase mangelnder Mobilität zu entsprechen.

90 Siehe Anja Krumpholz-Reichel: »Auf ein langes Leben!«, in: *Psychologie Heute* 2/2001, Seite 25.

91 Siehe Krumpholz-Reichel (2001), Seite 26.

5 Die wissenschaftliche Erfoschung des Alters

Um im Alter aktiv und unabhängig zu sein, ist es unabdingbar, sich von überholten Mustern und negativen Altersbildern frei zu machen. Weil wir kaum Vorbilder für ein wirklich neues Altersgefühl haben, ist jeder und jede Einzelne gefragt, für sich selbst zu entscheiden, mit welcher Überzeugung und welcher Haltung diese Zeit zu gestalten ist. Die Empfehlungen sind ein Plädoyer für die Autonomie des Menschen, für die Kraft seines Willens und seine Entscheidungsfreiheit unabhängig von den Meinungen anderer. Nicht Anpassung, sondern die ganz persönliche Ausprägung unseres Wesens macht selbstbewusst und bildet die Grundlage für eine kommunikative Alltagsgestaltung. Begeisterungsfähigkeit, Stolz und geistige Fitness sind die Basis psychischer Stabilität, die immer wieder das Interesse und die Lust am Leben erwecken und die Vitalität nachhaltig fördern. Wer mit dieser Haltung sich selbst, seinen Kindern und seiner Umwelt begegnet, wandelt auf den Schultern eines starken Selbstwertgefühls, das vor Depressionen, Selbstzweifeln und Grübeleien schützt. Und als exklusiver Fährtensucher dient die Neugierde, die es erleichtert lohnenswerte Beschäftigungen zu finden, um im dauernden Training zeitlebens dazuzulernen.

Nach einer Studie des Deutschen Zentrums für Altersforschung besteht ein interessanter Einfluss von Geschlechterrollen auf die Lebensdauer.[92] Grundlage dieser Arbeit ist die Annahme, der Mensch sei von zwei grundlegenden Bedürfnissen bestimmt, die sich in unterschiedlichen Aufgabenbereichen ausdrücken und häufig mit den klassischen Geschlechterrollen übereinstimmen: »Agency« und »Communion«. Während »Agency« mit Wirkung, Selbstbehauptung, Ausweitung des Selbst übersetzt werden kann, also die eigene Person und ihre Durchsetzungsfähigkeit in den Mittelpunkt stellt, meint »Communion« das Bedürfnis nach Zugehörigkeit und Gemeinschaft, also Bindung, Teilhaftigkeit und Kooperationsfähigkeit, die sich in der Regel auf die Gestaltung von Familienbeziehungen konzentrieren. Agency und Communion steuern zwei mögliche und durchaus gegenläufige Aufgabenberei-

---

92 Die hier geschilderten Ergebnisse der Studie wurden auf dem Kongress der Deutschen Gesellschaft für Psychologie in Jena vorgestellt und in der Zeitschrift *Psychologie Heute* 2/2001 abgedruckt.

Über Gesundheit und Lebensstil   5.4

che, die oft sehr einseitig geschlechtsspezifisch zugeordnet werden: »Agency charakterisiert männliches Verhalten und männliche Bedürfnissysteme, Communion weibliches Verhalten und weibliche Bedürfnissysteme.«[93] Ganz klassisch wird festgestellt, dass die Frau sich um den Binnenraum der Familie kümmert und der Mann seine Wirkungsstätte im Beruf findet. Die Übernahme einer solch einseitigen Rolle bedeutet die Vernachlässigung der »gegenüberliegenden« Grundbedürfnisse. Das führt, so das Ergebnis der Studie, zu einem erhöhten Sterberisiko.

In der Kombination beider Rollen liegt die lebensverlängernde Perspektive. Männer sollten ihre sozialen Aktivitäten und ihre Kommunikation fördern und Frauen ihre Selbstbehauptung. Diese holzschnittartig beschriebenen Ergebnisse und Konsequenzen bezeichnen die Leiter der Studie als »androgyne Kompetenz«, die unter einer entwicklungspsychologischen Perspektive die Integration von Agency und Communion, von Maskulinität und Feminität, von typisch männlichen und typisch weiblichen Geschlechterrollen als eine grundlegende, lebenslange Entwicklungsaufgabe begreift. Dabei ist zu beachten, dass in dieser Studie Männer und Frauen befragt wurden, die 1965 und 1966 zwischen 60 und 75 Jahre alt waren. Heute, 37 Jahre danach, haben sich die geschlechtsspezifischen Rollen bereits deutlich verschoben. Insbesondere das Ausbildungsniveau und die Berufstätigkeit von Frauen haben Veränderungen zur Folge, die auf die Ausgewogenheit von Agency und Communion einen positiven Effekt haben dürften. Die Annahme und Aufnahme geschlechtsspezifischer Talente scheint mir trotzdem keineswegs ausgeschöpft und als lebensverlängernde Strategie auch weiterhin Neuland zu sein.

Nur ganz wenige Menschen haben in jüngeren Jahren das Bewusstsein für ein gesundes Altern entwickelt. In vielen Fällen stehen die Menschen immer noch unter Stress, sind über- oder unterernährt, wählen kauffreudige Nahrung und denken Fitness-Magazin-lesend über die Notwendigkeit von Bewe-

---

93 Christoph Rott und Insa Fooken: ‹Agency‹ und ›Communion‹ als geschlechtsspezifische Prädiktoren der Langlebigkeit, Kurzfassung, vorgetragen auf dem 42. Kongress der Deutschen Gesellschaft für Psychologie, 24. bis 28. September 2000, Jena.

gung nach. Solche Faktoren erhöhen das Risiko für Alterskrankheiten wie Herz-Kreislauf-Probleme oder Krebs. Aber auch körperbetonte und ernährungsfetischistische Menschen betätigen sich nicht gesundheitsfördernd, sondern entwickeln in geradezu panischer Angst vor dem Älterwerden falsche Verhaltensweisen. Weil wir noch nicht so lange so alt werden, haben wir auch noch nicht den richtigen Umgang damit gelernt.

Wir dürfen nicht vergessen, dass Langlebigkeit ein Ergebnis des sozialen Wandels ist. Bevor früher Menschen überhaupt in die Lage kamen, im hohen Alter zu sterben, wurden viele von Infektionskrankheiten dahingerafft. Leider sind diese historischen Veränderungen noch nicht als Erfolgsgeschichte im Bewusstsein der Öffentlichkeit verankert. Der persönliche und gesellschaftliche Gewinn wird durch die weit verbreitete Ansicht verschleiert, das Alter sei etwas Privates. Aufklärung ist notwendig, wenn aus einer einzigartigen historischen Chance keine Katastrophe werden soll. Die Botschaft an alle, die eine gute Zweite Lebenshälfte erleben wollen, lautet, dass die Vorbereitungen bereits mit zwanzig oder dreißig Jahren einzuleiten sind.

Wir müssen erkennen, dass Menschen, die eine bessere Erziehung genossen haben, sich eines erhöhten Lebensalters und kräftigerer Gesundheit erfreuen, im Alter einen größeren Beitrag für die Gesellschaft leisten können und leisten werden als jemals zuvor. Nur wenn wir eine aktive Einbindung in die Gesellschaft und Entwicklung fördern, können wir garantieren, dass ihre unschätzbaren Fähigkeiten und Erfahrungen genutzt werden. [94]

Kofi Annan

6. Alltag und Entwicklungstendenzen

Der 75-jährige immobile Herr im Pflegeheim entspricht noch immer dem gängigen Bild, ebenso die 80-jährige Dame, die auf Pflege angewiesen ist und ihre Wohnung nicht mehr verlassen kann. Hochbetagte Menschen, die Ausstellungen oder Universitäten besuchen oder eine neue Sportart erlernen, erscheinen hingegen eher exotisch. Je älter Menschen werden, umso stärker werden sie mit Schablonen versehen. In gewisser Weise haben wir es in den letzten Jahren versäumt, den Wandlungsprozess des Alters, der sich unter unseren Augen vollzogen hat, aufmerksam mitzuerleben. In wenigen Generationen haben sich Verhalten und Lebensauffassungen so radikal verändert, dass ein heute 60-Jähriger mit einem 60-Jährigen in der Weimarer Republik nicht vergleichbar ist.

Das Älterwerden ist ein schleichender Prozess. Die Veränderung müssen wir uns bewusst machen. Erst dann werden wir feststellen, wie wenig objektiv wir den eigenen Wandel wahrnehmen. Bei anderen sehen wir Falten, Tränensäcke oder kleine weiße Narben am Ohr sofort, bei uns selber nicht. Es

---

94 »We need to recognize that, as more people are better educated, live longer, and stay healthy longer, older persons can and do make greater contributions to society than ever before. By promoting their active participation in society and development, we can ensure that their invaluable gifts and experience are put to good use.« (Übersetzung des Autors). Kofi Annan, Rede anlässlich der zweiten Weltversammlung zur Frage des Alterns am 8. April 2002, in: www.un.org/ageing/coverage/pr/socm3.htm.

6 Alltag und Entwicklungstendenzen

sind Verdrängungsmechanismen am Werk, die für unsere psychologische Kompetenz eine große Herausforderung sind. Es gibt also noch sehr viel zu tun, um die Mysterien des Umgangs mit dem eigenen Alter und mit der Unvorhersehbarkeit des Älterwerdens zu verstehen. Es ist und bleibt paradox, dass das Alter uns in der Jugend nicht interessiert, es uns als junge Erwachsene nicht berührt und je älter wir werden, wir es immer mehr verdrängen. Und in unseren letzten Jahrzehnten kommen wir zu Aussagen und Einschätzungen über uns, die in der Regel positiver sind, als andere uns sehen.

Weil wir von Alten im Alltag sprechen, müssen wir uns konkrete Menschen vorstellen, um jene Gesichter zu sehen, die heute den Eintritt in die Zweite Lebenshälfte vollzogen haben und die vor einigen Jahrzehnten mit ihrem Verhalten als auffällige und aufständische Jugendliche festgenommen worden wären. Auch wenn wir an einer ansteckenden Prominentenphobie leiden, möchte ich doch einige nennen, die das neue Bild der Einstiegsalten illustrieren: Senta Berger, Jack Nickolson, Liv Ulmann, Mick Jagger, Vanessa Redgrave oder Martin Scorsese. Es gibt unzählige Beispiele aus allen Lebensbereichen, im Freundes- und Bekanntenkreis, wo uns Menschen begegnen, die dem vermeintlichen Alter den Schneid abkaufen.

6.1 Die Überwindung der Hindernisse

In ihrem Eröffnungsvortrag zu der Tagung »Produktives Leben im Alter«, die 1994 in Hamburg stattfand, beschreibt die Psychologin und Sozialwissenschaftlerin Betty Friedan die Ankunft einer neuen Ära: »Ich glaube, es wird die große neue Revolution sein, während wir uns auf das Ende des Jahrhunderts und das neue Millennium zubewegen. Es wird neue Musik, neue Lieder und neue Werte hervorbringen, so wie die Jugend und die Beatles und die Kultur es in den 1960ern getan haben.«[95] Wie andere große ge-

---

95 »It will, I think, be the new great revolution as we move toward the end of this century and the next millenium; it will make new music, new songs and new values, the way the youth and the Beatles and that culture did in the 1960s.« (Übersetzung des Autors). Betty Friedan, »Retirement as a New Beginning«, in: Baltes und Montada (1996), Seite 14.

Die Überwindung der Hindernisse   6.1

sellschaftliche und kulturelle Umwälzungen ist auch diese neue Ära des Alters mit erheblichen Geburtsschwierigkeiten verbunden. Auch wenn wir immer auf der Suche nach Neuem sind, so gestalten sich die Preisgabe des Gewohnten und die Aufgabe der vertrauten Ordnung der Dinge schwierig und ihre Überwindung ist mit Kämpfen und Ängsten verbunden. Eine positive Sicht des Unbekannten und ein unvoreingenommenes Einlassen auf neue Gegebenheiten sind nur in einem langwierigen Prozess möglich, der von den Menschen und von der Gesellschaft mehr oder weniger große Anpassungsleistungen verlangt. Das gilt auch für den Umgang mit der neuen Realität des Alters. Die demographischen Veränderungen erfordern nicht nur strukturelle Umbauten des gesellschaftlichen Systems, sondern vor allem auch ein neues Begreifen älterer Menschen. Bevor wir jedoch in der Lage sein werden, die Möglichkeiten und Chancen des Paradigmenwechsels angemessen wahrzunehmen und beurteilen zu können, müssen wir die Zerrbilder des Alters und die Glorifizierung der Jugendlichkeit über Bord werfen und uns von festgefahrenen Vorstellungen verabschieden.

Neben den bekannten Alternstheorien bietet zum Beispiel die ökologische Gerontologie oder Ökogerontologie einen neuen Ansatz für den Zusammenhang von Gesellschaft und älteren Menschen. Sie analysiert Verhalten und Erleben der Älteren in ihrer Beziehung zur räumlich-sozialen Umwelt. Was im englischen Sprachraum als »environmental gerontology« bezeichnet wird, untersucht die direkte Beziehung und Wechselwirkung von Mensch und Umwelt, die selbstverständlich in beide Richtungen wirken. Die Umwelt des alten Menschen prägt sein Leben, die Möglichkeiten und Voraussetzungen für Aktivitäten beeinflussen die weitere Lebensplanung. Wir können drei große Bereiche festmachen, die von Bedeutung sind: die räumliche Umwelt, unter anderem mit Wohnung und Wohnumfeld, die soziale Umwelt, unter anderem mit Familie, Freunden, Gesellschaft, Kultur und die institutionelle Umwelt, unter anderem mit dem Dienstleistungssektor, aber auch mit Politik und Gesetzen. Diese Erweiterung klassischer Alterstheorien macht es möglich, die Wechselwirkungen von Mensch und Umgebung, von Individuum und Gemeinschaft umfassender zu beobachten und Strategien zur Verbesserung des Altersstatus zu entwickeln.

6 Alltag und Entwicklungstendenzen

Das Alter wird immer vielschichtiger und die Grenzen zur vorherigen Lebensphase werden immer brüchiger. Die Flexibilisierung der Ruhestandsregelung, der weit verbreitete Vorruhestand und die Tatsache, dass ältere Menschen bis weit in ihre siebziger Jahre hinein aktiv, leistungsfähig und überwiegend gesund bleiben, tragen dazu bei. Viele jüngere Menschen erleben ihre Eltern im Ruhestand ebenso aktiv, wenn nicht gar aktiver, als zu Zeiten ihrer Erwerbstätigkeit. Sie sind in der Lage, ihren Alltag in eigener Regie zu gestalten, und viele nutzen die neuen Möglichkeiten für bisher nicht realisierte Aktivitäten und Sehnsüchte. Solche Entwicklungen sind auch bei der Generation der Großeltern zu beobachten, die in den Kriegsjahren groß geworden sind. Wir heute 50-Jährigen nehmen unser eigenes Altern, die körperlichen Veränderungen, die drängenderen Wünsche, die klareren Persönlichkeitsbilder oder die nachlassende Sehkraft nicht als Zeichen des Verfalls oder der Stagnation wahr, sondern als gegebene Prozesse und notwendige Stationen im eigenen Leben. Zwar regeln Wirtschafts- und Sozialsysteme für viele Menschen den Verlauf ihrer Erwerbstätigkeit, aber der Eintritt in den nachberuflichen Abschnitt bedeutet für die meisten Menschen keineswegs auch den Anbruch des Altseins. Durch Altersgrenzen geschaffene Brüche im Leben widersprechen häufig der eigenen Wahrnehmung und Befindlichkeit und verschärfen gesellschaftliche und soziale Probleme, die durch das Anwachsen der Gruppe der Älteren entstehen. Erwerbs- und Ruhestandsphase erscheinen nach wie vor als zementierte Lebensblöcke, die den Konflikt der Generationen erst möglich machen.

Die Diskrepanz zwischen gesellschaftlichen Strukturen und der Lebensrealität älterer Menschen ist in allen Industrienationen ein zentrales Thema der wissenschaftlichen und öffentlichen Diskussion. Das herrschende Altersbild wird in Frage gestellt und kritisiert. Weitgehend übereinstimmend werden die negativen Folgen einer Diskriminierung des Alters für die persönliche Entwicklung und den Umgang mit gesellschaftlicher Alterung gesehen. In den kommenden Jahren werden die Bedürfnisse, die Interessen und die Leistungsfähigkeit älterer Menschen in wachsendem Maße in Politik, Wirtschaft und Kultur eine Rolle spielen. Mit Blick auf die so genannten Baby-Boomer, die in der Zeit des Wirtschaftswunders geboren wurden, prognostiziert der amerikanische Altersspezialist Ken Dychtwald, dass diese Generation, die entscheidende gesellschaftliche und kulturelle Entwicklungen initiiert hat, auch in Zukunft diesen Anspruch stellen wird: »So wie ein Schwein sich durch eine Python hindurchzwängt, verändern die Baby-Boomer jeden einzelnen Lebensabschnitt, den sie passieren. Mit diesem Bild beschreiben Demographen die Transformationskraft der Baby-Boomer. Immer wieder haben wir beobachten können, dass jedwede Thematik der Boomer, ob von finanziellen, zwischenmenschlichen oder gar hormonellen Kräften getrieben, zum zentralen sozialen, politischen und ökonomischen Thema der Zeit wurde.«[96] Eine Generation, die es gewohnt ist, das eigene Leben in die Hand zu nehmen und die gesellschaftliche Entwicklung zu steuern, wird auch im Alter ihren Einfluss geltend machen. Wird heute das gesellschaftlich verbreitete Altersbild in vielen Bereichen von der Lebensrealität der meisten älteren Menschen überlagert, so werden jene unvergleichbaren Anwärter der Zukunft hart und unmissverständlich auf die Berücksichtigung ihrer Bedürfnisse und Einflusssphären bestehen. Sie werden den endgültigen Zusammenbruch eines überholten Altersbildes einleiten und den Paradigmenwechsel zu Ende führen.

Obwohl die Lebenswirklichkeit dieser Generation in den USA nicht in allen Aspekten mit der in Deutschland oder anderen europäischen Ländern vergleichbar ist, gibt es viele Gemeinsamkeiten, wie beispielsweise die Neudefinition der Lebensgestaltung und der sozialen Beziehungen. In Europa und in den USA haben wissenschaftliche und technologische Neuerungen sowie politische und kulturelle Bewegungen wie die gegen den Vietnam-Krieg oder gegen Menschenrechtsverletzungen das Leben der Menschen, die heute dieser Altersgruppe angehören, geprägt. Diese Generation ist zugleich Resultat und Voraussetzung einer Entwicklung, die ihre natürliche Umgebung ge-

---

96 »Likened by demographers to a ›pig moving through a python‹, baby boomers have radically transformed every stage of life which they have traveled. We have repeatedly seen that whatever the issues are for the boomers, whether driven by financial, interpersonal, or even hormonal forces, these have become the dominant social, political, and marketplace themes of the time.« (Übersetzung des Autors). Dychtwald: *Age Power. How the 21st Century will be ruled by the new old* (New York: Jeremy P. Tarcher/Putnam, 1999), Seite XVI.

6 Alltag und Entwicklungstendenzen

formt und sich gleichzeitig mit ihr und aus ihr heraus gestaltet hat. Vor diesem Hintergrund müssen neue Konzepte der gesellschaftlichen Teilhabe entwickelt werden, die es nicht länger akzeptieren, Alte als eine von außen zu steuernde Masse zu betrachten, die von der aktiven Mitgestaltung ferngehalten wird. Alle Strategien, dies zu verändern und positive Konzepte des Alters zu entwickeln, sollten das Ziel verfolgen, ältere Menschen in ihrer Vielschichtigkeit, mit ihrem Potenzial und ihren Ressourcen wahrzunehmen und Bedingungen zu schaffen, dass sie selbstbestimmt ihr Leben organisieren und an der Gestaltung der Gesellschaft mitwirken können. Ob wir es wollen oder nicht: Die zukünftigen Altengenerationen werden sich Verunglimpfungen und Zurücksetzungen nicht mehr gefallen lassen.

Das Thema »Alternde Gesellschaften« wird immer nur am Rande behandelt. Überlegungen, Pläne und Maßnahmen gehen von den demographischen Veränderungen als vornehmlich negativer Entwicklung aus, deren Schaden begrenzt werden muss. Schon der Begriff Alterspolitik kennzeichnet ältere Menschen als Problemgruppe und isoliert sie aus der Gesellschaftspolitik. Solange Alterspolitik nicht Teil der Gesellschaftspolitik ist, wird es sich immer nur um bruchstückhafte Teilkorrekturen handeln. Die Überwindung einer solchen Haltung ist auch deswegen so schwierig, weil die meisten gesellschaftlichen Kräfte, von der Wissenschaft über die Kultur bis zur Wirtschaft, an der Zementierung solcher Altersbilder mitwirken. Jeder wartet mit eigenen Einschätzungen auf und verteidigt seine Position mit der geheuchelten Intention zum besseren Verständnis des Alters beitragen zu wollen. Selbst die meisten wissenschaftlichen Arbeiten über das Alter sehen das Alter als Problem. Viele Unternehmen entlassen ältere Mitarbeiter oder stellen nur junge Menschen ein, weil sie der Meinung sind, auf dem innovations- und geschwindigkeitsfordernden Weltmarkt sonst nicht bestehen zu können. Und die Politik geht nach wie vor davon aus, dass das Alter mit Versorgung gleichzusetzen ist und beschränkt sich auf die Diskussion und Anpassung der Rentensysteme.

Was wissen wir über die Lebenswirklichkeit älterer Menschen, über ihr Selbstbild, ihre Ressourcen, ihre Kompetenzen, ihre Interessen und auch ihre Versuche, ihr Leben zu gestalten? Und wie lässt sich daraus ein positives Konzept des Alters entwickeln? Viele Beiträge der Alternsforschung, Studien und Umfragen werden in regelmäßigen Abständen von Ministerien des Bundes und der Länder in Auftrag gegeben. Mit dem neuen und missverständlichen Begriff der »Neuen Alten« versprechen Konzepte wie die des »erfolgreichen Alterns« oder des »produktiven Alterns« ein Umdenken in Wissenschaft und Öffentlichkeit. Was verbirgt sich hinter diesen Konzepten und welche Chancen bieten sie für eine neue Sicht des Alters?

6.2 Die ignorierte Demographie

Der Demographie verdanken wir es, dass Altern und Bevölkerungsrückgang als globale und unausweichliche Entwicklungen einer fundamentalen Wendezeit ins Bewusstsein getreten sind. Es gibt hervorragende empirische Daten, ausgefeilte Analyseverfahren, spitzentechnologische Simulationen und brillante Prognosen der künftigen Bevölkerungsentwicklung. Eine außergewöhnlich fundierte Informationsbasis liegt ausgebreitet und einsehbar vor Entscheidern und Betroffenen wie ein schreiendes elternloses Kind, für das sich niemand verantwortlich fühlt. Die Eindeutigkeit der Prognosen und die Ignoranz von Politik und Gesellschaften sind paradox und warten dringend auf eine Behandlung. Die Ursachen der demographischen Alterung, wie beispielsweise die niedrige Geburtenrate, die steigende Lebenserwartung oder die veränderte Altersstruktur sind zu Phänomenen geworden, die verdrängt und tabuisiert werden.

Es ist schwierig einen gemeinsamen Nenner aller demographischen Entwicklungen zu finden, aber der grundlegende Humus sind Kultur und Ethik. Wenn auch unterschiedliche Wertesysteme miteinander konkurrieren, haben sie eine universale Gemeinsamkeit: »Dies ist die Fähigkeit und Bereitschaft der Menschen, über das eigene Leben hinaus zu denken, zu planen und darauf aufbauende Entscheidungen für die Zeit jenseits ihrer Lebensspanne zu treffen. Eines der wichtigsten Ergebnisse solcher Entscheidungen sind die Kinder, die die demographische Reproduktion einer Kultur gewährleisten.«[97]

---

97 Herwig Birg: *Die demographische Zeitenwende* (München: Verlag C. H. Beck, 2001), Seite 19.

In diesem Sinne ist Demographie das mathematische Ergebnis individuellen und gesellschaftlichen Verhaltens und Ausdruck eines bestimmten Kulturbewusstseins und von persönlichen Willensentscheidungen. Bevölkerungen sind keine anonym steuerbaren Raumschiffe und Bevölkerungsforschung ist keine Methode zur Umsetzung extremer Wahnvorstellungen – wenngleich der Missbrauch durch Stalinismus und Nationalsozialismus niemals vergessen werden darf. Die Prägung der Bevölkerungsentwicklung durch bewusste Entscheidungen entlässt den Einzelnen und die Allgemeinheit nicht aus der Verantwortung. Insofern brauchen wir einen neuen Gesellschaftsvertrag, der absehbaren Entwicklungen einen zeitgemäßen Orientierungsrahmen bietet. Dieser Handlungsdruck gilt für Deutschland, Europa und viele andere Länder in der Welt.

Die Verdrängung des Individuums und seines Beitrages zur gesellschaftlichen Fortentwicklung hat vor allem ökonomische Ursachen. Herwig Birg benennt das demographisch-ökonomische Paradoxon: Je höher das Pro-Kopf-Einkommen, desto niedriger ist die Pro-Kopf-Geburtenzahl.[98] Die fatale Wechselwirkung zwischen ökonomischem Fortschritt und sinkender Geburtenrate begann in Deutschland in den 90er-Jahren des 19. Jahrhunderts. Mit der Einführung der Bismarckschen Sozialversicherungen wurden Lebensrisiken wie Krankheit, Unfall oder Tod von der Familie auf die Gesellschaft verlagert. Weltkriege und Weltwirtschaftskrise führten zwar zu kurzfristig höheren Geburtenausfällen, die nach einigen Jahren jedoch wieder das vorherige Niveau erreichten.

Grundsätzlich aber sind gewinn- und konkurrenzorientierte Handlungsprinzipien keine Strategien, um demographische Verantwortung und Nachhaltigkeit zu fördern. Die oberste Maxime Wohlstand und Produktivität unentwegt zu steigern, führt zu hemmungslosen, diesem Ziel dienenden marktwirtschaftlichen Veränderungen, die über alle Wettbewerbsbeschränkungen hinwegfegen. Im Zuge der Globalisierung ist dieser fatale Zwang zur weltweiten Regieanweisung geworden. Familie, Kinder und Alte sind Belastungsfaktoren, die im freien Spiel der Kräfte nicht konkurrieren können und ge-

---

98   Ebenda, Seite 24.

Die ignorierte Demographie | 6.2

schäftshemmend erscheinen. »Die Kinderarmut individualistischer Wohlstandsgesellschaften ist nicht die Folge unbeabsichtigter Fehlentwicklungen, die sich durch zusätzliche Kindergartenplätze oder höhere steuerliche Freibeträge beheben ließen. Vielmehr ist sie Ausdruck des Wesenskerns dieser Gesellschaft. Sie eröffnet breitesten Schichten Möglichkeiten, denen gegenüber die Option Kinder großzuziehen häufig wenig verlockend erscheint.«[99] In einer solchen Attraktivitätsskala rangiert das Alter noch viel weiter hinten.

Die absehbaren demographischen Probleme lassen sich in ihrer Dimension und ihrem Auftreten an zwei markanten Erscheinungen zeigen: Deutschland würde ohne Zuwanderung von 1998 bis 2050 einen Bevölkerungsrückgang von 82,1 Millionen auf 50,7 Millionen Menschen erleben, die Bevölkerungszahl könnte sich im Jahre 2100 sogar auf 24,3 Millionen verringern.[100] Und im Jahre 2010, wenn die ersten Baby-Boomer in Rente gehen, wird das bisherige Rentensystem endgültig zusammenbrechen, weil es immer weniger Beitragszahler für die Finanzierung ihrer Renten geben wird. Der lang anhaltende Geburtenrückgang wurde durch den Babyboom der Nachkriegsjahre unterbrochen und durch den anschließenden »Pillenknick« wieder nahtlos fortgeführt. Dieser historische Sonderfall des Babybooms ist Ergebnis des Wirtschaftswunders. Sicherlich spielt es auch eine Rolle, dass die Mütter ebenfalls Produkte eines Babybooms nach dem Ersten Weltkrieg waren. Die Probleme spitzen sich in den Jahren 2010 bis 2030 dramatisch zu, wenn auf 80 bis 95 Rentner 100 Erwerbstätige kommen. Die Bevölkerung in Deutschland sinkt und altert in den neuen Bundesländern geradezu dramatisch. Und während auch die Arbeitsbevölkerung immer älter wird, sinkt die Kaufkraft der Gesellschaft und der Menschen. Außerdem hat die bisherige Zuwanderungspolitik dazu geführt, dass die ursprüngliche »Mehrheitsgesellschaft ihre absolute Mehrheit bei der für die Zukunft wichtigen Altersgruppe der unter 40-Jährigen vielerorts schon in ein bis zwei Jahrzehnten verlieren wird.«[101]

---

99 Miegel (2002), Seite 22.

100 Birg (2001), Seite 98.

101 Ebenda, Seite 16.

6 Alltag und Entwicklungstendenzen

Auch wenn die Alterung wie ein Uhrwerk abläuft und sich kurzfristiger politischer Korrekturen entzieht, muss man feststellen, dass die Zahlen und Fakten immer noch bewertet werden müssen. Ob etwas richtig oder falsch, erfreulich oder Besorgnis erregend ist, richtet sich nach den kulturellen Wertvorstellungen.

Ich möchte an dieser Stelle noch einige Zahlen hinzufügen, die das Ausmaß der Probleme unterstreichen. Im Jahre 1871 waren 4,6 Prozent der deutschen Bevölkerung älter als 65 Jahre, 2050 werden es 29,5 Prozent sein.[102] Der Anteil der 60-Jährigen betrug 1998 21,8 Prozent und ist bis 2050 bei 41,5 Prozent zu erwarten. Der Anteil der unter 20-Jährigen nimmt von heute bis zum Jahr 2050 von 21,6 Prozent auf 14,3 Prozent ab. Und die Zahl der über 100-Jährigen vom Jahre 2000 wird von 5,94 Prozent auf 11,32 Prozent im Jahr 2050 anwachsen.[103] Um den relativen Anteil der über 60-Jährigen an der Gesamtbevölkerung in Deutschland bis zum Jahr 2050 konstant zu halten, müssten bis dahin 188 Millionen Zuwanderer aufgenommen werden. Die Bevölkerungsabteilung der UN, die von einer niedrigeren Steigerung der Geburtenrate ausgeht, kommt zu dem Ergebnis, dass die Bevölkerungszahl in Europa von 727,9 im Jahre 1995 auf 600,5 Millionen im Jahr 2050 und in der Europäischen Gemeinschaft von 371,9 auf 310,8 Millionen Menschen schrumpfen wird. Auch in den Entwicklungsländern wird nach Einschätzung der UN ein Anstieg der älteren Bevölkerung um das Vierfache erwartet.[104] Bei einer Weltbevölkerung im Jahre 1995 von 5,7 Milliarden betrug der Anteil der über 60-Jährigen 10 Prozent; im Jahre 2050 wird ein Anteil von 21 Prozent bei einer Gesamtzahl von 8,9 Milliarden Menschen angenommen.

Die demographische Zeitenwende ist offensichtlich ein weltweites Phänomen, dessen Brisanz nur unzureichende Aufmerksamkeit gewidmet wird. Es bedarf großer kultureller Anstrengungen, sich den dringenden Konsequenzen

---

102 Siehe Borscheid (1994), Seite 54.

103 Siehe Birg (2001), Seite 104 ff.

104 Ebenda, Seite 120.

zu stellen und um eine Offensive zu starten, aus den eigenen Wertequellen neu zu schöpfen.

6.3 Das Alter im Ost-West-Vergleich

Mittlerweile ist es vierzehn Jahre her, dass sich die ehemalige DDR und die BRD zu einem gemeinsamen Deutschland vereint haben. Obwohl sich die neuen Bundesländer den alten in vielerlei Hinsicht angeglichen haben, ist nach wie vor ein Gefälle von West nach Ost zu verzeichnen. Erstaunlicherweise finden sich kaum Studien und Analysen zu demographischen Unterschieden und Gemeinsamkeiten. Die Lage der alten und älteren Menschen im Osten Deutschlands ist aber immer noch – gemessen an Einkommen, Vermögen und Wohnsituation – deutlich schlechter als im Westen. Die geographisch ungleiche Verteilung von Armut und Reichtum ist auch ein Ergebnis der unterschiedlichen Voraussetzungen. Im Westen konnte die spätere Rente mit zusätzlichen Einnahmen aus Kapital- und Erwerbseigentum weitaus günstiger aufgebessert werden. Der Anteil derjenigen, die durch sozialstaatliche Mittel finanziell unterstützt werden müssen, ist deswegen in den neuen Bundesländern sehr viel höher.

Eine realistische Beschreibung und Bewertung der unterschiedlichen Lebenslagen ist nicht einfach, sofern auf sensible und feinsinnige Mentalitätsunterschiede Rücksicht genommen werden soll. Nicht alle Menschen, die seit der Vereinigung in Rente gegangen sind, sind gleichermaßen Verlierer oder Gewinner der Wiedervereinigung. Diejenigen, die sich in den neuen Bundesländern bereits Ende 1989 im Ruhestand befanden, zählen zu den Nutznießern der historischen Zäsur. Ihre Erwerbskarrieren waren durch Vollbeschäftigung und eine außerordentlich hohe berufliche Inanspruchnahme geprägt. Durch die Übernahme der erworbenen Rentenansprüche und die Angleichung an die Renten in den alten Bundesländern entstanden hohe Belastungen für die bundesdeutsche Rentenversicherung. Ähnliche Unterschiede gibt es auch zwischen den Geschlechtern. Aufgrund der besseren Versorgungsstrukturen für Kinder lag der Anteil der Frauen an der Erwerbsbevölkerung in der DDR erheblich über jener der Bundesrepublik. Immerhin haben im Jahr 1990 noch fast 83 Prozent der 19- bis 59-jährigen Frauen in den neuen Bundesländern gearbeitet. Frauen arbeiteten aber auch in der DDR vorwiegend in weiblich dominierten Branchen und Berufen mit geringeren Löhnen. Durch die hohe Erwerbsbeteiligung konnten sie aber eigenständige Versorgungsansprüche erwerben, die ihnen durchschnittlich höhere Renten als den Rentnerinnen in den alten Bundesländern bescheren. Frauen in den alten Bundesländern weisen ohnehin deutliche Lücken in ihren Erwerbsbiografien auf, weil sie hauptsächlich Hausfrau und Mutter waren. Obwohl auch Männer dieser Gruppe in den neuen Bundesländern niedrigere Renten aus der eigenen Arbeitstätigkeit beziehen als ihre Altersgenossen in den alten, liegt ihr gemeinsames Renteneinkommen insgesamt häufig über dem von Ehepaaren im Westen, was den höheren Renten ostdeutscher Frauen zu verdanken ist. Dabei ist die Anpassung der Rentenniveaus noch nicht abgeschlossen. Auch diejenigen, die gegen Ende ihres Arbeitslebens von Arbeitslosigkeit verschont blieben, zählen zu den vermeintlichen Gewinnern der Einheit. Allerdings ist aufgrund der Entwicklungen der Erwerbsbeteiligung und des Lohngefüges eine Zunahme der Geschlechterdifferenzen auch bei ihnen zu erwarten. Der hohe Erwerbsanteil weiblicher Arbeitnehmerinnen ist seit 1993 bereits auf 62 Prozent zurückgegangen, so dass inzwischen beinahe gleiche Verhältnisse in alten und neuen Bundesländern herrschen.

Insbesondere die nach 1935 Geborenen mussten nach der Wende Zusammenbrüche ihrer Erwerbskarriere in Kauf nehmen. Lange Arbeitslosigkeit, Warteschleifen und Vorruhestandsregelungen wirken sich negativ auf das Einkommen aus und haben negative Folgen für die Höhe der späteren Rente. Diese Menschen sind eindeutig Verlierer der deutschen Einheit. Die durchschnittlichen Erwerbseinkommen der neuen Bundesländer liegen immer noch unter denen der alten – mit den entsprechenden Auswirkungen auf die Rentenversorgung. Wir müssen also davon ausgehen, dass die Altersarmut dort zunehmen wird. Der Wegfall von Übergangsregelungen wie dem Solidarzuschlag wird entsprechende Auswirkungen haben und zu einer Zunahme des Sozialhilfebezuges und zu mehr Menschen mit niedrigem Einkommen führen.

Das Alter im Ost-West-Vergleich 6.3

Früher oder später wird dies auch Auswirkungen auf die Wohnverhältnisse der Menschen im Osten haben. Studien zufolge nimmt die Bereitschaft zu Veränderungen der Wohnumgebung mit dem Alter ab. Ältere bleiben lieber in vergleichsweise schlecht ausgestatteten Wohnungen als die Strapazen und Kosten eines Umzuges in Kauf zu nehmen. Die durchschnittliche Wohnungsqualität in den neuen Bundesländern liegt deutlich unterhalb des westlichen Standards. In den rauschhaften Zeiten nach der Wende sind leider sinnvolle Modernisierungen von Altbauten gegenüber attraktiver erscheinenden Neubauten systematisch vernachlässigt worden. Wie dramatisch die Wohnsituation ist, können wir daran ermessen, dass 1993 in den neuen Bundesländern nur 42 von 100 Bewohnern im Alter von 64 Jahren eine Wohnung mit Sammelheizung, Bad/Duschbad und Innen-WC hatten. Wer sich schweren Herzens für einen Umzug entscheidet, hat vor dem Hintergrund sinkender finanzieller Mittel kaum die Perspektive, die eigene Wohnsituation zu verbessern oder auch nur zu halten.

Solche Unsicherheiten und Einschränkungen des unmittelbaren Lebensumfeldes bleiben nicht ohne Auswirkungen auf Gesundheit und Wohlbefinden. Dafür gibt es zwar kaum statistisches Material, aber vereinzelte Ergebnisse, dass Herz- und Kreislauferkrankungen, Diabetes sowie Gallen-, Leber- oder Nierenleiden in den neuen Bundesländern verbreiteter sind. Als Ursache werden frühere Arbeits- und Lebensbedingungen, die anhaltende Arbeitslosigkeit und der Stress der gesellschaftlichen Integration genannt. Dass ältere Menschen solche Entwicklungen früher und härter treffen, ist eine traurige Gewissheit. Die Altenpflege hat sich in den neuen Ländern nach der Wiedervereinigung positiv entwickelt. Die überwiegend staatlich geprägte Altenhilfe der ehemaligen DDR orientierte sich schnell am westdeutschen System mit seinen unterschiedlichen Trägern.[105] Dabei sind sogar teilweise Qualitätssprünge gelungen, die in einigen Regionen der neuen Bundesländer bessere Einrichtungen zur Folge hatten als ihre Muster in den alten.

---

105 Siehe Harald Raabe: »Vom Feierabendheim zu Haus- und Wohngemeinschaft. ›Wiedervereinigung‹ der Altenhilfestrukturen von Ost und West.«, in: *ProAlter. Fachmagazin des Kuratoriums Deusche Altenhilfe* 4/ 2002, Seite 28.

In der Diskussion über die Zukunft der Alterssicherung wird häufig eine Erhöhung oder Flexibilisierung der Altersgrenze als Hauptbeitrag zur Lösung der Finanzierungsprobleme genannt. Es ist jedoch nach wie vor offen, ob die älteren Arbeitnehmer tatsächlich vom Arbeitsmarkt aufgenommen werden können. Im Osten hat sich eine Massenarbeitslosigkeit von bisher unbekanntem Ausmaß entwickelt, die bisher ohne Erfolg durch Frühverrentung ausgeglichen werden sollte.

Insgesamt sind erhebliche Differenzen zwischen Ost- und Westdeutschland festzustellen. Die Ungleichheit bei Wohneigentum, Vermögen und Erbschaften und die Arbeitsmarktprobleme lassen vermuten, dass eine Angleichung nur langsam vorankommen und die zukünftigen Alten in den neuen Bundesländern die Leid Tragenden sein werden.

6.4   Das kommunikative Netz

Der Mensch braucht Austausch, Anteilnahme und Wärme. Erst in der Kommunikation mit anderen Menschen finden wir den Spiegel unseres eigenen Handelns, erleben wir Lust und Frustration eines großen Sprachspieles, das immer unverzichtbarer wird, je mehr es droht verloren zu gehen. Wir leben in einem Koordinatensystem der aktiven und passiven Ansprache. Menschen und Medien sind Orientierungspunkte, die wir für das Zurechtfinden im Alltag nutzen. Diese Orientierungspunkte bestehen aus Familienmitgliedern, Freunden, Bekannten, Arbeitskollegen oder aus dem Beruf, dem Fernsehen, dem Internet, der Zeitung oder zufälligen Bekanntschaften. Wenn wir uns weiter in diesem lebendigen Netzwerk umschauen, entdecken wir auch Hebammen, Notfallärzte oder Grabredner. Abhängig von Umstand und Notwendigkeit begegnen uns die unterschiedlichsten Menschen und Einrichtungen. Unabhängig von unserer Befindlichkeit brauchen wir sozialen Austausch und Kommunikation wie das Atmen. Allein gelassen stirbt die Welt, wenn wir keinen Schatten mehr werfen.

Zwischen dem fünfzigsten und hundertsten Lebensjahr ist der Bedarf an Kommunikation groß und wird zukünftig noch größer sein. Aber noch im-

Das kommunikative Netz 6.4

mer gibt es die Vorstellung, die Alten enden wohlbehütet in der sozialen Isolation. Entgegen dieser Meinung leben die meisten älteren Menschen in ihren eigenen vier Wänden. Im Jahr 1998 lebten 38 Prozent der über 64-Jährigen in Einpersonenhaushalten und waren damit die größte Gruppe aller Alleinlebenden. Damit ist diese Gruppe größer als die der allein stehenden 35-Jährigen, die gemeinhin als die typischen Singles gelten. Die Entscheidung für das Alleinleben hat im Alter vielfach mit dem Verlust des Lebenspartners zu tun und ist seltener ein klares Votum für den Rückzug. Das betrifft besonders häufig Frauen, die sich – geprägt durch ihre Generationserfahrung – einen Sprung in neue Lebensmodelle nur schwer vorstellen können. Für Männer und Frauen, die vor dem Zweiten Weltkrieg geboren wurden, gibt es wahrscheinlich verinnerlichte Schamgrenzen, die trotz gesellschaftlicher Akzeptanz nicht überschritten werden. Tendenziell ist aber der Wunsch nach Selbstversorgung und Einzelhaushalt so stark, dass repräsentative Studien dies für die Zukunft als dominierende Lebensform ansehen.

Solche Prognosen sind aber unsicher und schwierig. Die Frage nach der Entwicklung der Familienformen und anderer Arten des Zusammenlebens kann nur vage beantwortet werden. Die Entscheidung für eine Familie und die Dauer dieser oder anderer Lebensformen verändern sich und sind von vielen Faktoren abhängig, wie zum Beispiel milieubedingten und wirtschaftlichen Voraussetzungen, Persönlichkeitsstrukturen und der Entwicklung von Werten in der Gesellschaft. Setzt sich der Trend sinkender Eheschließungen und wachsender Scheidungsraten fort, ist mit einem Anstieg der Ledigen im Alter und mit Einzelhaushalten zwangsläufig zu rechnen.

Wie wenig verlässlich solche Prognosen aber sind, zeigt sich in den zeitgeistigen Stimmungsänderungen jüngerer Menschen. Glauben wir aktuellen Befragungen, so hat die Attraktivität des Alleinlebens und der Kultstatus des Singles bei ihnen längst an Popularität verloren. Der Single als junger Passagier des Lebens ist ein Auslaufmodell und gilt als sozial inkompetent, einsam und labil.[106] Diese Kritik dokumentiert eine Neuorientierung der jüngeren

---

106 Siehe Marianne Wellershoff: »Glücklicher zu zweit«, in: *Der Spiegel* 43/2000.

6 Alltag und Entwicklungstendenzen

Generationen für Partnerschaft und Familie. Die zarte Rückbesinnung auf familiäre Bande in unsicheren Zeiten erklärt auch die starke Zunahme nichtehelicher Gemeinschaften. Während die Älteren die eigentlich Singles werden, scheint sich ihre Neigung zu informellen Verbindungen ebenfalls zu verstärken. Es liegt auf der Hand, dass die neuen Altengenerationen, die über viele Beziehungserfahrungen verfügen, diese auch in ihrer späteren Lebenspraxis nutzen werden. Es ist kein Widerspruch, sondern paradox, dass viele Lebensentwürfe von Jüngeren in den letzten Jahren propagiert worden sind und nun Ältere sie leben. Diese Enthierarchisierung des Alters schafft neue Gemeinsamkeiten und fördert Zusammengehörigkeitsgefühle auf Augenhöhe.

Daran können wir deutlich erkennen, dass Beziehungsnetzwerke außerhalb der klassischen Familie zunehmen werden. Auch das Alleinleben ist ein Modell bestimmter Lebenserfahrungen, für das nach dem Tod oder der Trennung vom langjährigen Partner nur schwer Alternativen denkbar und realisierbar sind. Studien und Forschungsberichte bestätigen diese Einschätzungen. Denn nur mittelfristige Destabilisierung der traditionellen Familienstruktur und die geringe Zahl Älterer, die mit ihren Kindern zusammenleben, weisen in Richtung außerfamilialer Bindungen und Kontakte. Ganz im Sinne gerontokratischer Engstirnigkeit werden veränderte Beziehungen häufig aus der Perspektive der Versorgung im Alter untersucht und interpretiert. Diese Sorge bezieht sich vor allem auf Menschen jenseits der fünfundsiebzig, bei denen das Risiko für Pflege- und Hilfebedürftigkeit vermutet wird.

In jeder Altersphase hat der Mensch andere Kommunikationsansprüche, und zweifellos wollen Menschen zwischen 55 und 74 Jahren auf soziale Kontakte nicht verzichten. Wann immer ich übrigens Altersangaben mache, bin ich mir bewusst, dass es Ausnahmen davon gibt – zu alt, zu jung, zu früh, zu spät –, die Unmöglichkeit der Generalisierung mag wissenschaftliches Arbeiten erschweren, aber es ist ein Zeichen einer heterogenen Lebendigkeit, die zu fördern ist.

In den Medien endete das präsentierbare Leben mit 49 Jahren und selbst in manchen wissenschaftlichen oder demographischen Studien werden Menschen über 65 Jahre nicht mehr berücksichtigt. Sie verschwinden anonym im Nirvana der Senioren. Bei einer durchschnittlichen Lebenserwartung von 83 Jahren werden 34 oder 18 Jahre kurzerhand kompostiert, ganz zu schweigen von denjenigen, die 90 und 100 Jahre alt werden. Daran wird deutlich, wie nebulös die Zweite Lebenshälfte ist und wie wenig ihre gesellschaftliche Einbindung als Grundrecht verankert ist.

Jenseits der sechzig können alle drei oder vier Jahre schleichend veränderte Altersstufen wahrgenommen werden, die einen unmerklichen Wandel der Kommunikationsbedürfnisse nach sich ziehen. Insofern sollten die holzschnittartigen Alterseinteilungen angemessen über die ganze Lebensspanne verteilt werden. Erst dann sind wir in der Lage, eine entsprechende Infrastruktur für die Kommunikation aufzubauen, die den neuen Gegebenheiten entspricht. Damit sind keinesfalls Altersmedien wie Seniorenzeitungen, Seniorenfernsehen oder bezahlte Witwentröster gemeint, die allesamt nur Diffamierungsverstärker sind, sondern Überlegungen, wie in einer Gesellschaft alle Generationen miteinander wirken und kommunizieren können. Rücksichtnahme als ein kreativer und produktiver Prozess, der offensiv private und wirtschaftlich nutzbare Kommunikationskanäle eröffnet, die Menschen ein Leben lang in Anspruch nehmen können.

6.5   Bildung und lebenslanges Lernen

Bildung ist nicht nur für beruflichen Erfolg von Bedeutung, sondern auch für die Gestaltung des Lebens im Alter. Bildung ist die Schlüsselqualifikation, die die Architektur des Lebenslaufs dominiert, und Grundlage für Persönlichkeit und Ansehen. Unter dem Begriff Bildungsstruktur verstehen die Autoren des Forschungsberichts »Die Alten der Zukunft« die formalen Bildungsprozesse, also allgemein bildende und berufliche Schulabschlüsse.[107] Auf der Grundlage der Ergebnisse des Mikrozensus 1991 kommen sie zu dem Schluss, dass sich die Bildungsstruktur in Deutschland im 20. Jahrhundert erheblich verändert hat. Die heutigen Alten haben insgesamt eine wesentlich geringe-

107 Bundesinstitut für Bevölkerungsforschung: *Die Alten der Zukunft* (1993), Seite 100.

6 Alltag und Entwicklungstendenzen

re Schulbildung als die jüngeren Generationen. In der Gruppe der Menschen ab 60 Jahren hatten 1991 nur 46 Prozent einen Beruf, 4 Prozent einen Hochschul- und 36 Prozent überhaupt keinen beruflichen Ausbildungsabschluss.[108]

Für die zukünftigen Alten stellt sich das ganz anders dar. Die Menschen, die im Jahr 2030 die »jungen Alten« stellen werden, verfügen über einen hohen Anteil an mittleren sowie höheren Schul- und beruflichen Bildungsabschlüssen. Bei den Frauen sind die Veränderungen besonders deutlich: Der Anteil derjenigen, die eine Fachhochschul- oder Hochschulreife besitzen, wird von 1991 bis 2030 um über das Vierfache ansteigen. Gleichzeitig sinkt die Zahl derjenigen, die keinen Abschluss vorweisen können. In Deutschland werden im Jahre 2030 voraussichtlich nur noch etwa 17 Prozent der Menschen ab 60 Jahre keinen beruflichen Abschluss haben; im Jahr 1991 waren es noch über ein Drittel. Die Alten der Zukunft verfügen über ein höheres Bildungsniveau als irgendeine Generation vor ihnen. Bildung ist unsere größte Altersressource, mit der wir Kompetenzen und Wissen gesellschaftlich einsetzen können. Untersuchungen belegen, dass Schulbildung und berufliche Bildung, Fort- und Weiterbildung auch Voraussetzungen zum Erwerb neuer intellektueller und emotionaler Fähigkeiten sind. Wenn Menschen also zeitlebens gelernt haben und das Gelernte praktisch umsetzen, wird es ihnen später leichter fallen, sich auf neue Situationen einzustellen sowie Fähigkeiten und Wissen altersgemäß zu nutzen. Wissen und Kompetenz sind Früchte, die gepflückt werden wollen, anderenfalls fallen sie überreif und nutzlos vom Baum.

Wir müssen immer wieder deutlich machen, dass ältere Menschen auf gesellschaftliche Strukturen angewiesen sind, die ihnen erlauben, ihre Fähigkeiten und Fertigkeiten einzubringen. Staat und Wirtschaft sind gefordert entsprechende Bildungs- und Beschäftigungsmöglichkeiten bereitzustellen. Schon seit zwei Jahrzehnten nehmen lernfreudige Ältere an universitären Kursen und Vorlesungen teil. Die Zahl der Seniorenakademien und -universitäten, die sich der Weiterbildung von Menschen in der Zweiten Lebens-

---

108 Ebenda, Seite 108 (14 Prozent machten keine Angaben zu ihrem Bildungsabschluss).

Bildung und lebenslanges Lernen 6.5

hälfte widmen, nimmt zu. Die Angebote reichen von Fremdsprachen über Kultur, Gesellschaftspolitik, Informationstechnologie bis zu Freizeit- und Gesundheitsthemen. Trotz des guten Willens stört mich der Begriff »Seniorenschule«. Er entspricht nicht dem neuen Geist, der gefordert ist, um Bewusstsein zu verändern. Im Gegenteil, Senioreneinrichtungen klingen nach Sandkästen für Alte, die nicht attraktiv genug sind, um jüngere Kreise anzusprechen. Warum müssen Generationen überhaupt getrennt werden, wenn sie lernen wollen? Der ehemalige Justiziar eines Unternehmens oder der pensionierte Handwerksmeister sind im Seminar mit Jurastudenten viel besser aufgehoben, als mit Hobbyadvokaten oder Heimwerkern ihrer Generation. Es müssen Demarkationslinien jahrzehntelanger Gewohnheit durchbrochen werden, um Universitäten, Berufschulen und Akademien zu olympischen Plätzen des lebenslangen Lernens werden zu lassen. Der Zugang zu Bildungseinrichtungen sollte vom Interesse abhängen und nicht altersbedingt sein. Beim gemeinsamen Lernen kann sich der Funke entzünden, um gemeinsam neue Strukturen zu schaffen, in denen das Alter als Eigenschaft anerkannt und als Stigma überwunden wird.

Es gibt viele Beispiele, Lernen und Bildung interessant zu machen. Ein vorbildliches Projekt ist das in Boston beheimatete Elderhostel[109], das Menschen über fünfundfünfzig Jahre Zugang zu Universitäten, Nationalparks, Museen, Konferenzen und Bildungseinrichtungen in den USA, Kanada und 90 weiteren Ländern ermöglicht. Die ein- bis vierwöchigen Kurse dieses globalen Netzwerkes bieten Lernerfahrungen verschiedenster Art, in Form von Vorträgen, Diskussionen, Exkursionen oder Reisen in alle Welt. Sie bieten älteren Menschen das »Abenteuer des lebenslangen Lernens« und begeistern sie mit der Eröffnung neuer Lebensperspektiven. Die Kunden sind bis zu 100 Jahre alt und die Zahl der Teilnehmer wird sich bis zum Jahr 2020 vermutlich verdreifachen.[110] Bis zum Jahr 2000 hatten bereits über eine Million Menschen an den Bildungs- und Reiseprogrammen teilgenommen. Die Elderhostel-Idee ist vermutlich vor allem deshalb so erfolgreich, weil sie dem Bedarf

---

109 Siehe www.elderhostel.org.

110 John Greenwald: »Age is No Barrier«, in: *Time Magazine*, 22. September 1997.

6 Alltag und Entwicklungstendenzen

nach sinnvoller Freizeitgestaltung und Erweiterung des Wissens entspricht und sich spezifisch auf die Fähigkeiten und Anforderungen der Teilnehmer einstellt, ohne sie in die Seniorenecke abzuschieben. Die Lebenswirklichkeit der aktiven älteren Menschen zeichnet sich vor allem durch ihre Vielgestaltigkeit aus und die Elderhostel-Philosophie berücksichtigt genau dies.

Alter und Bildung stehen in einem Verhältnis zueinander wie Leben und Atmen. Alter und Altern ist abhängig von der geistigen, körperlichen, seelischen, moralischen und sozialen Kompetenz und Willenskraft des Menschen. Diese Aussage wird auch durch die wissenschaftlich anerkannte »Nonnen-Studie« von David Snowdon belegt, der historische und medizinische Daten sowie Biografien von Nonnen ausgewertet hat.[111] Dass gemeinschaftliches Leben, Bildung, emotionale Kraft, positive Lebenseinstellung und Spiritualität zu einer längeren Lebenserwartung führen, konnte in diesem Forschungsprojekt, das 1986 begann, belegt werden. »Nach dem fünfundsechzigsten Lebensjahr ist das Sterberisiko für die Schulschwestern von Notre Dame etwa fünfundzwanzig Prozent niedriger als für die weibliche Gesamtbevölkerung der Vereinigten Staaten. Nonnen leben bedeutend länger als andere Frauen.«[112] Noch präziser ist Snowdons Erkenntnis über die positive Rolle von Bildung im Alterungsprozess: »Für die besser gebildeten Schwestern lag das Sterberisiko in jedem Lebensalter niedriger. Mit anderen Worten: Die Schutzwirkung der Bildung schien früh im Leben einzusetzen und das ganze Leben hindurch anzuhalten.«[113] Bildung und Lernbereitschaft sind also nicht nur Voraussetzungen für die Karriere, sondern bewiesenermaßen Garanten für Lebensqualität im Alter. Lebenslanges Lernen ist ein Lebens- und Alterselixier, das durch nichts zu ersetzen ist.

---

111 Siehe David Snowdon: *Lieber alt und gesund. Dem Altern seinen Schrecken nehmen* (München: Karl Blessing Verlag, 2001), Seite 247.

112 Ebenda, Seite 227.

113 Ebenda, Seite 54.

Nicht Kraft des Leibes, nicht Gelenkigkeit oder Geschwindigkeit der Glieder vollbringt große Taten, sondern Einsicht, Erfahrung, Urteil; an diesen pflegen die Jahre uns nicht ärmer, sondern reicher zu machen.[114]

Cicero

7. Aufbruch und Pionierleistungen

Die Grundlage der historischen Veränderungen des Altersbildes sind Frauen und Männer, die selbstbewusst Tabus und Vorurteile überwinden. Das sind Persönlichkeiten, deren mutige Lebensgestaltung die eigentliche Basis neuer Lebensentwürfe liefert. Diese Pioniere sind die Architekten solcher Lebensstile, die diese historische Zäsur bewirken. Der Wandel unserer Gesellschaften wurde maßgeblich von einzelnen charismatischen Persönlichkeiten beeinflusst.

Aber niemand von ihnen ist angetreten, das Alter zu revolutionieren. Wir haben es weder mit einer Bewegung noch mit der Aufforderung der Älteren zu tun, für sie auf die Barrikaden zu gehen. In manchen Gesprächen mit Menschen aus allen Lebensbereichen habe ich eher gespürt, dass es ihnen unangenehm ist, nun Teil eines Aufbruchs unter lauten Glocken zu sein. Oder sie haben mich belächelt und sich gefragt, warum der Mann über das Alter schreiben will, der doch noch keine Ahnung davon haben kann. In den meisten Fällen bedurfte es einiger Zeit, um das Misstrauen und die Zweifel zu zerstreuen, ehe ein zweiter Blick gewagt wurde. Alter kam mir wie eine Fata Morgana vor, die gleichsam verschwindet, wenn man nach ihr greift. Es dauerte trotz allem nicht lange, bis die Menschen ihre Reserviertheit aufgaben und die Schleusen ihrer Meinungen öffneten.

»Das Schlimme am Alter sind die Alten, die meistens die anderen sind.« »Das Schlimmste sind die Jungen, die das Alter nicht mögen, obwohl sie sich geradewegs dorthin begeben.« »Das Alter im eigenen Erleben ist viel besser als

---

114 Cicero (1924), Seite 16.

sie gedacht haben, nur sein Ruf ist schlechter, als sich das Alter anfühlt.« »Im Grunde kann jeder stundenlang über sein Altern erzählen, vor allem wenn die Vergangenheit wieder ans Tageslicht geholt wird.« »Alter bedeutet sich alt zu fühlen, aber davon waren fast alle meilenweit entfernt.« So oder so ähnlich klingen viele Aussagen von Menschen, denen wir ihre Jahre nicht ansehen und die sich zufrieden in einer Zeit eingerichtet haben, die die Gesellschaft und ihre falschen Lehrer grau und bedrohlich zeichnen. Sie experimentieren weit mehr, als in der Öffentlichkeit bekannt ist. Darin liegt ihr Unterschied zum Zeitgeist. Sie preisen die Handlung nicht vor dem Vollzug. Es mag auch Zurückhaltung eine Rolle spielen oder Bescheidenheit als Strategie des Privaten. Laute Töne von ihnen sind eher selten. Ungeachtet dieser Ruhe gibt es unter ihnen Menschen, die von einer Weltreise zurückgekehrt sind oder die ihren Betrieb von gusseisernen Nadelstreifern zurückgekauft haben. Andere schreiben Bücher, tragen Leinwände aus dem Atelier, schneiden ihre Rosen oder gehen mit ihren Erfindungen zum Patentamt.

Wenn ich von Pionieren spreche, denke ich an Menschen, die ihr Leben mit der Geradlinigkeit und einem Selbstbewusstsein weiterführen, wie sie es immer getan haben. Alter wirkt bei ihnen wie ein Meer, auf dem verschiedenste Boote fahren. Oder es sind Menschen, die bewusst einen Traum, eine Idee oder einen Drang verfolgen und nun – besser spät als nie – realisieren. Sie können andere Geschichten erzählen als die Fragmente, die ich angedeutet habe. Aber das müssen sie selber tun. Ich schreibe lediglich über das Alter als kultursoziologische und philosophische Kategorie, da es mir wie ein Segen erscheint, um alles Neue ins Weihwasser der Weisheit zu tauchen.

7.1 Die neue Lebenspraxis

Das Schiff der Menschen in der Zweiten Lebenshälfte kreuzt wartend auf hoher See, denn die Einfahrt in den Hafen scheint immer noch versperrt zu sein. An Bord sehen wir gut gelaunte Menschen mit lächelnden Gesichtern, die mit den Beschreibungen der Menschen an Land kaum Ähnlichkeiten haben. Das Missverhältnis zwischen eigener Befindlichkeit und öffentlicher

Die neue Lebenspraxis **7.1**

Einschätzung baut sich nur langsam ab. Meinungsumfragen über die persönlichen Gedanken der Menschen zwischen 40 und 50 Jahren zeigen realistische Momentaufnahmen einer ernsthaften Auseinandersetzung. Trotz der Probleme bei der materiellen und gesundheitlichen Versorgung im Alter, werden die höhere Lebenserwartung und die Freiräume geschätzt. Die geforderte Aktivierung der Potenziale und Ressourcen älterer Menschen wird von vielen längst in die Tat umgesetzt. Sie nehmen zwar jene medialen und ideologischen Schreckgespenster gealterter Gesellschaften zur Kenntnis, lassen sich aber nicht von selbstbestimmten Vorstellungen abbringen, auch wenn sich körperliche Beschwerden in Erinnerung rufen.

In ausgeprägter Form finden wir ein solch positives Lebensgefühl bei denjenigen, die hilflos »junge Alte« oder »neue Alte« genannt werden. Ihre materielle Situation, ihr Bildungsstand, ihre Gesundheit und vor allem ihre Gewissheit, sich auch im Alter auf Neues einlassen zu können, macht sie zu Vorreitern jener Entwicklung, die mit den kommenden Generationen immer stärker werden wird. Es handelt sich um überwiegend gut situierte 55- bis 75-jährige Menschen, die laut Infratest ehemals vielfach in gehobenen Positionen waren.[115] In der wissenschaftlichen Beschäftigung bleiben diese Vorreiter für Veränderungen vorerst Randfiguren. Sie gelten als Ausnahme und Sonderfall, weil sie in keine der gängigen Alterskategorien passen. Selbstverständlich werden sie nicht mehr lange unberücksichtigt bleiben, denn die Unterschiede zu den »konventionellen« Alten sind nicht zu übersehen. Sie begegnen uns unternehmenslustig, reisefreudig und mobil in vielen Lebensbereichen. Sie setzen sich über die gestrigen Alterskonventionen hinweg, bilden sich weiter, besitzen fundiertes Wissen über das Weltgeschehen und nutzen ihre finanziellen Möglichkeiten für die Realisierung eigener Pläne und Träume. Sie kaufen und konsumieren qualitativ hochwertige Produkte und sitzen lieber mit Freunden in der Kneipe als zu Hause vor dem Fernseher. Derzeit sind sie noch in der Minderheit. Aber sie sollten als Manifestation eines Aufbruchs in ein neues Zeitalter begriffen werden, das weitaus mehr

---

115 Siehe Franz Kolland: *Kulturstile älterer Menschen. Jenseits von Pflicht und Alltag* (Wien: Böhlau Verlag, 1996), Seite 51.

Chancen zur Selbstverwirklichung bietet, als das heute noch der Fall ist. Sie fallen nicht vom Himmel. Sie leben ihr gewohntes Leben und fragen sich, was sie mit ihrer Kompetenz und ihren Potenzialen anfangen sollen. Der meistens von außen ins Leben hineingetriebene Schnitt einer Altersgrenze ändert nichts an ihrer Befindlichkeit, stellt aber die gewohnten Zusammenhänge auf den Kopf. In den letzten zwanzig Jahren haben sie so viele unvergleichliche und neue Erfahrungen gemacht, dass sie zwangsläufig mit einem anderen Bewusstsein und anderen Vorstellungen an das eigene Altern herangehen. Für sie sind Experimente Herausforderungen. Irritierend ist nur der Freiraum, den das bisherige Leben nicht bot. Wir können noch nicht ausreichend zwischen Freiheit und Freizeit im Alter differenzieren, um die geschenkten Lebensjahre auch wirklich absichtsvoll zu gestalten.

Immer mehr Menschen begreifen, dass vergleichbar mit verschobenen Erdschichten nach einem Beben, sich die Zeitzonen unseres Lebens in Bewegung setzen. Wir müssen ein neues Verhältnis zur Zeit entwickeln und lernen, aus der langen Ruhestandsphase eine tragfähige Lebensperiode zu machen. Wie Betty Friedan festgestellt hat, ist der Wechsel von der ausschließlich beruflich bestimmten Existenz zu einem Leben, das weniger äußere Zwänge und mehr Gestaltungsmöglichkeiten bietet, für viele ein Zeitpunkt des Aufbruchs und des Neuanfangs. Ihnen erschließt sich eine Phase vielfältiger Fragen und ungewöhnlicher Antworten. Jene, die bereits heute diesen Aufbruch gewagt haben, sehen das Alter nicht als Problem oder Sackgasse, sondern als eine Startrampe der Wertschöpfung, als eine Entwicklung, die »wie jede wahrhaft revolutionäre künstlerische Schöpfung oder wissenschaftliche Entdeckung der zukünftigen Generation neue Werte und Richtungen anzeigt, die möglicherweise für unsere menschliche Evolution und sogar für unser Überleben notwendig sind.«[116] Wir müssen uns nicht erst auf die endlose Suche nach theoretischen Alterskonzepten begeben, um die negativen Vorstellungen zu durchbrechen. Stattdessen können wir die Augen öffnen und mit geschärftem Blick die bereits vorhandenen Lebensstile älterer Menschen wahrnehmen und zum Vorbild nehmen. Dass es solche außergewöhn-

116 Friedan (1997), Seite 828.

Die neue Lebenspraxis **7.1**

lichen und mutigen Konzepte gibt, die von einzelnen Menschen auf dem Weg der Auseinandersetzung und gegen den Strom der vereinfachten Erwartungen gewonnen wurden, lehrt auch das bereits mehrfach zitierte Buch »Mythos Alter« von Betty Friedan: Die Autorin schildert ermutigende Lebensschicksale von Menschen, die die Offenheit, Neugierde und Durchsetzungskraft besitzen, sich den neuen Möglichkeiten und Entwicklungen der späteren Lebensjahre zu stellen und befriedigende Inhalte in der Zweiten Lebenshälfte finden. Dass dieses faszinierende Buch mehr als zehn Jahre alt ist, zeigt, wie unterschwellig und zähfließend die Entwicklung eines neuen Altersbewusstseins verläuft.

Diese neue Richtung wird von älteren Menschen verschiedenster Herkunft, unterschiedlichster Interessen und Fähigkeiten gegangen, auch wenn sie nur gelegentlich in den Medien oder in wissenschaftlichen Untersuchungen berücksichtigt werden. Es gibt zahllose Beispiele mutiger Pfadfinder, die sich ihren Weg in eine unvorhersehbare Realität selbst geebnet haben: Die 82-jährige Unternehmerin, die immer noch in dem jugendlichen Metier der digitalen Medien tätig ist, weil sie sich Kompetenz und Neigung nicht absprechen lässt. Oder jene 78-jährige Dame, die eine Luxuswohnung im Berliner Sony-Center bezog, weg von ihrer Familie und ihrer gewohnten Umgebung, um dort in eigener Regie für ihr Leben verantwortlich zu sein. Auch die drei pensionierten Gärtner, die sich in einer deutschen Großstadt gemeinsam selbstständig machten und nun sehr erfolgreich gärtnerische Dienstleistungen anbieten, singen das Lied des entschiedenen Handelns. Mögen diese Menschen auch noch nicht die typischen Alten sein, sind sie doch Beispiele eines Potenzials, das sich in unkonventionellen Lebensstilen äußert. Stellen wir uns Joschka Fischer oder Iris Berben vor, um erahnen zu können, wie die Alten in der Zukunft leben werden. Es ist nicht nötig ins Detail zu gehen, aber hinter einem Ofen werden wir sie in 20 Jahren vergeblich suchen.

Das Bewusstsein, dass ein neuer Lebensabschnitt betreten worden ist, tritt immer erst im Rückblick ein. Wir können unsere spontane Wahrnehmung nicht gleichzeitig kritisch theoretisieren und bewerten. So ist es auch im Fall des Alters: Wir befinden uns im Übergang zu einer noch nicht definierten

Altersphase, in der schon viele Menschen an unbekannte Ufer gestoßen sind, die ihnen einladend erscheinen, die sie aber noch nicht benennen können.

7.2 Die technologischen Herausforderungen

Alter und Technik scheinen nicht vereinbar zu sein, obwohl Mythos und Paradox die Wirklichkeit überlagern. Die Bedeutung der Technik für die Gesellschaft ist eine Tatsache. Es gibt kaum einen Lebensbereich, der nicht von der Technik geprägt ist. »Die Bedeutung der fortschreitenden Technisierung der Umwelt für das Leben im Alter braucht kaum hervorgehoben zu werden. Haushaltstechnik und Wohninfrastruktur, öffentliche Verkehrsysteme und individuelle Transportmittel, Telefon, Faxgeräte und Computer, elektronische Medien und Rehabilitationshilfen sowie die zunehmende Automatisierung von Dienstleistungen erleichtern oder erschweren älteren Menschen je nach Art ihrer Gestaltung und Handhabbarkeit, nach Ausmaß ihrer Verbreitung und Zugänglichkeit die alltägliche Lebensführung und gesellschaftliche Teilhabe.«[117] Die Bedeutung von technischen Entwicklungen rückt die Notwendigkeit einer bewussten Auseinandersetzung damit in den Vordergrund. Technikfeindlichkeit und Ablehnung technischer Neuerungen ist nicht angebracht. Das gute Recht der Älteren, gegenüber technischen (und anderen) Veränderungen skeptisch und prüfend zu sein, darf nicht den Blick dafür verstellen, dass die gestiegene Lebenserwartung auch maßgeblich technischen Neuerungen zu verdanken ist. Die technische Entwicklung eröffnet neue Handlungsspielräume und Lösungen für die alltäglichen Probleme. Die Kehrseite dieser unzweifelhaften Errungenschaften sind Abhängigkeiten, Ungleichheiten und monotone Einheitlichkeit. Es wird immer wieder notwendig sein, technische Veränderungen individuell und gesellschaftlich zu hinterfragen und ihren Nutzen in den Dienst des Menschen zu stellen.

Technologische Veränderungen betreffen die Menschen aller Generationen. Dafür, dass Menschen erst spät mit den technischen Erneuerungen der Informationsgesellschaft in Berührung kamen und erst spät einen Zugang dazu

---

117 Heidrun Mollenkopf: »Altern in technisierten Gesellschaften«, in: Clemens und Backes (1998), Seite 217.

Die technologischen Herausforderungen 7.2

entwickelt haben, sollte nicht das Alter verantwortlich gemacht werden. Auch junge Menschen haben trotz ihrer größeren Anschaffungs-, Experimentier- und Anwendungsfreude Probleme bei der Handhabung. Wer einen neuen Computer oder einen Anrufbeantworter in Betrieb nehmen möchte, wird unabhängig vom Alter häufig mit rätselhaften Gebrauchsanweisungen, Beschreibungen oder Installationsanweisungen konfrontiert, die entschlüsselt werden wollen. Die Vorstellung vom jungen Technik-Jongleur, der im Schlaf Codes knackt und sich in Großrechner einhackt, ist eine Ausnahme und zum Mythos einer technikbegeisterten Jugend geworden. Ohne fachliche Hilfe und Tipps von Freunden oder Familienmitgliedern, die über entsprechende Kenntnisse verfügen, ist der Zugang zu technischen Neuerungen für viele Menschen schwierig. In der Studie »Seniorenmarketing«, die sich mit den Bedürfnissen und Anforderungen von Menschen über 60 beschäftigt, plädieren die Autoren Christine Krieb und Andreas Reidl für ein generationenübergreifendes Produktmarketing. Ihr Kerngedanke ist, dass »der Nutzen, und nicht eine altersbegrenzte Zielgruppe (...) über den Erfolg oder Misserfolg eines Produktes [entscheidet].«[118] Ziel muss also sein, »bedürfnisgerechte Produkte und Dienstleistungen sowie eine barrierefreie Kommunikation«[119] anzubieten.

Verständlichkeit, Nutzen und einfache Handhabung sind notwendige Voraussetzungen für technische Neuerungen überhaupt – dies gilt für alle Generationen. Ohne Zweifel entwickelt sich ein Umgang mit Technik, der generationenabhängig immer virtuoser auf der Klaviatur des Virtuellen und Gestalterischen spielen kann. Die wechselseitige Beziehung zwischen Mensch und Technik wird sich in der Zukunft grundlegend verändern. Wie Christine Krieb und Andreas Reidl belegen, sind bereits alltägliche Konsumgüter mit Mängeln behaftet, die Menschen unterschiedlichen Alters Schwierigkeiten bereiten. Dies zeigt beispielsweise die mühsame Suche nach dem Verfallsdatum auf einer Lebensmittelverpackung. Wer nicht die Augen eines

---

118 Christine Krieb und Andreas Reidl: *Seniorenmarketing. So erreichen Sie die Zielgruppe der Zukunft* (Landsberg/Lech: Verlag Moderne Industrie, 2001), Seite 210.

119 Ebenda.

7 Aufbruch und Pionierleistungen

Adlers hat, kann diese notwendige Angabe angesichts ihrer von Verpackung zu Verpackung wechselnden Position und weil die Angabe klein und undeutlich ist, nur schwer entziffern. Ältere Menschen, die schlecht sehen, haben damit große Probleme. Prinzipiell sind die Anforderungen aller Konsumenten in diesem Fall identisch: ein leicht lesbares Verfallsdatum an immer der gleichen Stelle.[120] Das Eintreten für eine altersunabhängige Gestaltung solch alltäglicher Dinge ist also zunächst ein Plädoyer für die Chancengleichheit der Konsumenten. Der Schlüssel zur Öffnung des viel versprechenden Marktes der Menschen über 60 liegt in der benutzerfreundlichen Gestaltung der Produkte und der vorurteilsfreien Perspektive auf die Fähigkeiten und Bedürfnisse der Zielgruppe und nicht ihre Anpassung an die Produkte.

Das Verhältnis älterer Menschen zu den neuen Medien verändert sich. Viele besuchen Computerseminare, betreiben und nutzen Internetcafés oder tauschen sich in Chatrooms über ihre Erfahrungen aus. Mehr und mehr wird das Internet auch zu einer Informationsquelle für Gesundheitsfragen oder erspart den Weg zur Bank. Auch ältere Menschen werden solche Möglichkeiten zunehmend nutzen. Die *Frankfurter Allgemeine Zeitung* bestätigt diese Entwicklung: »Die Senioren erobern das Internet – 4,5 Millionen Ältere in Deutschland sind online.«[121] Die Gesellschaft für Konsumforschung (GfK) in Nürnberg hat herausgefunden, dass die Zahl der Netznutzer über 50 Jahre um 600 Prozent gestiegen ist.[122] Und die Betreiberin eines Seniorenheims schreibt: »Selbst in der Altergruppe von 70 bis 90 Jahren sei schon jeder zehnte im Internet, und E-Mail-Kontakte zu den Verwandten zählen zu den wichtigsten Anwendungen.«[123] Es ist zu erwarten, dass die Alten der Zukunft, die mit der Computer- und Internettechnologie aufgewachsen sind, das neue Medium selbstverständlich nutzen werden. Untersuchungen in den USA belegen, dass ältere Menschen aktuell zwar starke Widerstände gegen

---

120 Siehe ebenda, Seite 208.

121 Frankfurter Allgemeine Zeitung: *Die Senioren erobern das Internet – 4,5 Millionen Ältere in Deutschland sind online*, 50/2002.

122 Siehe ebenda.

123 Ebenda.

Die technologischen Herausforderungen 7.2

das Erlernen der Computernutzung haben, dass sie aber in Zukunft die größte Gruppe der Nutzer sein werden. Gerade im Alter kann das Internet Möglichkeiten bieten, die durch nichts zu ersetzen sind. Wenn die Mobilität nachlässt, kann der verlorene reale Raum durch die virtuellen Pfade des Netzes ausgeglichen werden. Ob die E-Mail als Brücke zwischen Großeltern und Enkeln dient, oder der Einkauf online erfolgt, die Vorteile liegen auf der Hand.

Trotz dieser positiven Entwicklung gibt es Hindernisse zwischen Mensch und Technik, die nicht auf Fehler des Marketings, Technikfeindlichkeit oder schlechtes Produktdesign zurückgeführt werden können. Der Philosoph Odo Marquard stellt eine generelle Spannung zwischen dem Menschen und der Geschwindigkeit der modernen Welt fest. Das kurze Leben erlaubt es den Menschen nicht, Dinge und Lebensformen beliebig oft neu zu strukturieren. Aus diesem Grund unterliegt er dem Gesetz der Trägheit, auch wenn er stets das Neue sucht. Der Mensch braucht das Vertraute und die Kontinuität, um einen Zusammenhang zwischen sich und den Veränderungen herstellen zu können. Dies ist kein Plädoyer gegen das Neue, sondern dafür, auf Altes zurückzugreifen. »Ich meine: Gerade die neuesten Technologien, etwa die neuen Medien, benötigen – und sie bestätigen dadurch – die alten Fertigkeiten und Gewohnheiten: Auch die Menschen der Zukunft brauchen Herkunft.«[124]

Die Entwicklungen in den Bereichen Kommunikation und Information konfrontieren den einzelnen Menschen damit, nicht alles zu wissen. Odo Marquard beklagt nicht die Gefahr der Zersplitterung des Wissens, der Entfremdung oder die Wegwerfgesellschaft. Er betont die einzigartige Leistung des Menschen, Spannungen auszuhalten. Wohl wissend, dass man nicht alles lesen, sehen oder hören kann, ist die mündliche Weitergabe von Wissen der entscheidende Kompass durch die Datenflut: »Die allgemeine Kunstregel lautet: Informationskomplexität wird reduziert durch Rekurs auf Mündlichkeit.«[125] Mit anderen Worten: Der Mensch nimmt das auf, was er versteht.

---

124 Odo Marquard: »Zukunft braucht Herkunft«, in: Odo Marquard, *Philosophie des Stattdessen* (Stuttgart: Philipp Reclam jun., 2000), Seite 74.

125 Ebenda, Seite 78.

Man erzählt dem Kollegen oder der Freundin das im Verhältnis zur Daten-flut wenig Wichtige, das man beispielsweise im Internet ermitteln konnte, verweist auf eine gelungene Website oder ein lesenswertes Buch. Der Mensch – und wohlgemerkt nicht nur der alte Mensch –, so lautet die The-se Marquards, ist nicht fähig, beliebig viel Veränderung zu verarbeiten. Um die Kontinuität trotz raschen Wandels zu schützen, braucht er auch das Alte, das Gewohnte.

Das Neue ist also gar nicht so neu, zumindest ist es mit dem Alten im Bun-de: Alt und neu existiert neben- und miteinander. »Je schneller das Neueste zum Alten wird, desto schneller kann Altes wieder zum Neuesten werden; jeder weiß das, der nur ein wenig länger schon lebt. So sollte man sich beim modernen Dauerlauf Geschichte – je schneller sein Tempo wird – unaufge-regt überholen lassen und warten, bis der Weltlauf – von hinten überrun-dend – wieder bei einem vorbeikommt; (...) so wächst gerade durch Lang-samkeit die Chance, up to date zu sein.«[126] Die Entgegensetzung von alt und neu, als deren Träger alte und junge Menschen gelten, sind nicht mehr auf-rechtzuerhalten: »Immer häufiger trifft man auf innovative Alte und wert-konservative Junge.«[127] Offenheit für Neues ist nicht an ein Lebensalter ge-bunden, sondern individuell unterschiedlich stark ausgeprägt: »70jährige [sind] oft reger als 20jährige. Wer träge und unbeweglich ist, wenig moti-viert und im sozialen Bereich an den Rand gedrängt wird – der kann schnell alt aussehen.«[128]

7.3   Von der Erwerbsarbeit zur Lebensarbeit

Erwerbsarbeit beansprucht noch nicht einmal das halbe Leben. Die lebens-lange Vollerwerbstätigkeit als Modell ist schon heute Geschichte. In der Stu-

---

126 Marquard (2000), Seite 73.

127 Norbert Bolz: »Die alterslose Gesellschaft. Oder: Warum wir den Begriff des Alters neu definieren müssen«, in: Bazon Brock (Hrsg.): *Die Macht des Alters. Strategien der Meisterschaft* (Köln: DuMont, 1998), Seite 216.

128 Michaelis (2001), Seite 1.

Von der Erwerbsarbeit zur Lebensarbeit 7.3

die »Deutschland 2010. Wie wir morgen arbeiten und leben«[129] wird ein fundamentaler Wandel der Arbeitswelt vorausgesagt. Angesichts der wachsenden Lebenszeit und der abnehmenden Erwerbsarbeit zeichnet sich eine Entwicklung ab, die eine weitere Verringerung des Anteils des Arbeitslebens an der gesamten Lebenszeit erwarten lässt. »Im Jahr 2010 werden die Bundesbürger bei einer Lebenserwartung von 79 Jahren im Durchschnitt nur noch etwa dreißig Jahre im Berufsleben verbringen. Die meiste Zeit ihres Lebens werden sie als mehr oder minder aktive ›Privatiers‹ (jedenfalls nicht als Arbeitnehmer) verbringen.«[130] Berufsbiografien mit einer selbstverständlichen Abfolge von der Ausbildung zur Berufsausübung oder Karrierenverläufe vom Lehrling zum Prokuristen innerhalb eines Unternehmens gibt es nicht mehr. Statt mit geradlinig verlaufenden Karrieren, haben wir es mit einem Patchwork zu tun, das von unterschiedlichen Tätigkeiten, Gelegenheitsarbeiten, Aushilfsjobs, Teilzeitarbeit, Job-Sharing, Nebenjobs, Projektarbeit, Zweit- und Drittjobs und häufigen Berufswechseln geprägt ist. Den Beruf fürs Leben gibt es nicht mehr: »Jedes dritte Arbeitsverhältnis in Deutschland dauert kein ganzes Jahr. Fast vier Millionen Beschäftigte haben lediglich eine befristete Anstellung (...).«[131] Diese Veränderung ist ein Symptom für den strukturellen Wandel unserer Gesellschaft weg von der Arbeits- und Industriegesellschaft und hin zur Leistungs- und Wissensgesellschaft. Vollbeschäftigung ist längst zu einer Wunschvorstellung geworden: »Die Hoffnung auf ein Wirtschaftswachstum, das Vollbeschäftigung schafft, enttäuscht die Westdeutschen seit fast dreißig und die Ostdeutschen seit zehn Jahren.«[132]

Der Umbau der Arbeits- und Industriegesellschaft beruht auf der Leistungsformel »0,5 x 2 x 3, das heißt die Hälfte der Mitarbeiter verdient doppelt so viel und muss dafür dreimal so viel leisten wie früher«[133] und trifft zualler-

---

129 Siehe Horst W. Opaschowski: *Deutschland 2010. Wie wir morgen arbeiten und leben Voraussagen der Wissenschaft zur Zukunft unserer Gesellschaft.* (Hamburg: Germa Press Verlag, 2001).

130 Ebenda, Seite 53.

131 Ebenda, Seite 67.

132 Meinhard Miegel: »So entsteht mehr Arbeit«, in: *Die Zeit* 11/2001, Seite 36.

133 Opaschowski (2001), Seite 66.

7 Aufbruch und Pionierleistungen

erst die über 50-Jährigen. Seit über zwei Jahrzehnten neigen Unternehmen dazu, im Zuge von Rationalisierungs- und Umstrukturierungsmaßnahmen vor allem ältere Mitarbeiter »freizusetzen«.[134] Mit der Einführung einer gesetzlichen Altersgrenze und der Zwangspensionierung zwischen 60 und 65 Jahren ist der Arbeitswelt und der Gesellschaft die Lebenserfahrung und die Fachkompetenz älterer Menschen entzogen worden. Stattdessen wurde in den letzten Jahrzehnten im Arbeitsalltag und in allen anderen Lebensbereichen die Jugendlichkeit zum Maßstab erklärt und Menschen über 55 aus dem Erwerbsleben verdrängt. Menschen ab einem bestimmten Alter waren nicht zeitgemäß, wie wir im verklungenen Rausch der jugendlichen New Economy beobachten konnten. Bei den Start-up-Unternehmen, in denen die spitzenverdienenden Kräfte gar nicht jung genug sein konnten, waren die Fachkompetenz und die sozialen Fähigkeiten der älteren Arbeitnehmer nicht gefragt. Aber auch in der Old Economy sind die Älteren ein Auslaufmodell. Sie gelten als geistig und intellektuell weniger leistungsfähig, als nicht bereit zur Teilnahme an Weiterbildungs- und Qualifizierungsmaßnahmen und als unfähig, sich dem technologischen Wandel anzupassen. Wir kennen solche zu Litaneien gewordenen Legenden, mit denen wir fast schon den Rosenkranz beten könnten. Dieser Prozess hat unter anderem zur Folge, dass Menschen zunehmend die Möglichkeit des Vorruhestands nutzen, weil sie sich ohnehin überflüssig fühlen und lieber eine lange Pensionärszeit genießen und sich in nachberuflichen Feldern engagieren, zum Beispiel im Ehrenamt oder im Verein. Das Durchschnittsalter für den Eintritt in den Ruhestand liegt heute bei etwa 57,5 Jahren.

Es gibt aber auch eine gegenläufige Entwicklung, die sich aus dem erwarteten Mangel an Fachkräften und dem Rückgang der Geburten ergeben hat. Inzwischen wird wieder häufiger gefordert, die Kompetenzen älterer Mitarbeiter in den Arbeitsprozess zu integrieren. Meldungen wie »Deutschland braucht eine Anhebung des Rentenalters«[135], »Die Qualitäten älterer Mitar-

---

134 Über die Restwürde des Begriffs »Freisetzen« sollte dringend nachgedacht werden.

135 Rainer Münz: »Verzweifelt gesucht: mehr Menschen«, in: *Die Zeit* 18/2001, Seite 14.

Von der Erwerbsarbeit zur Lebensarbeit 7.3

beiter zählen wieder. Der Jugendwahn ist vorbei«[136] oder »Die Alten kehren zurück. Jahrelang hat die Wirtschaft dem Jugendkult gehuldigt und ältere Mitarbeiter in den Vorruhestand geschickt. Das war falsch«[137] zeigen, dass Menschen mit langer Berufserfahrung wieder gefragt sind. Untersuchungen belegen, dass ältere Mitarbeiter ausgezeichnete Kommunikations- und Kooperationsfähigkeiten besitzen, ihre soziale Kompetenz außer Frage steht und sie lernfähig und kreativ sind.

Die verarbeitende Intelligenz nimmt zwar ab und wirkt sich auf die Auffassungsgabe negativ aus, das Erfahrungswissen, die kulturelle Intelligenz nimmt im Laufe der Jahre aber zu. Im Ergebnis ist eine gesteigerte Fähigkeit zur Problemlösung festzustellen, die vor allem für beratende Tätigkeiten genutzt werden kann. Denkprozesse werden effizienter, denn im Alter gibt es immer mehr Wissen, das verknüpft werden kann. Selbst Datenbanken sind kaum in der Lage, solch komplexe Probleme und Konflikte zu lösen. Immer mehr Experten weisen darauf hin, dass diese Kompetenz älterer Menschen eine wichtige Ressource für die gesellschaftliche Zukunft ist und dass die Nutzung dieser Fähigkeiten eine der wichtigsten Maßnahmen für die Gesellschaftspolitik ist: »Die Zukunftschancen unseres Landes liegen in der realistischen Einschätzung der Fähigkeiten, Fertigkeiten und Kompetenzen älterer Mitbürger. Zukunftschancen unseres Landes sind nur dann gegeben, wenn einerseits den Bedürfnissen und Belastungen alter Menschen Aufmerksamkeit geschenkt wird, andererseits aber auch das vielfältige Altenpotential nicht verschüttet, sondern sinnvoll genutzt wird.«[138]

Ihre Berufserfahrungen anzubieten und die eigenen Fähigkeiten weiterzuentwickeln sind gute Voraussetzungen für eine aktive und positive Perspektive im höheren Lebensalter. Wenn es auch noch keine gesellschaftliche Übereinstimmung darüber gibt, so sind die beschriebenen Menschen nicht mehr hilflos auf der Suche nach Entgegenkommen, sondern längst fündig gewor-

---

136 Ulrike Meyer-Timpe: »Fit bis zur Rente. Erst schob man die Älteren ab, jetzt werden sie gefeiert«, in: *Die Zeit* 11/2001.

137 Wolfgang Gehrmann: »Die Alten kehren zurück«, in: *Die Zeit* 16/2001.

138 Lehr (1994), Seite 18-19.

7 Aufbruch und Pionierleistungen

den. In der eigenen Stärke liegt die einzige Quelle, die in Zeiten allgemeiner Unsicherheit verlässlich in Anspruch genommen werden kann. Ein Blick in die Zukunft der Arbeitswelt zeigt, dass bekannte Begriffe die Realität nicht mehr beschreiben können. Der französische Soziologe André Gorz gelangt zu einer neuen Auffassung, die richtungweisend ist: »In Zeiten des Internet, der Kybernetik und Informatik, der Vernetzung alles Wissens, wird vollends sichtbar, dass die Arbeitszeit nicht mehr als Maß der Arbeit, und die Arbeit nicht als Maß des produzierten Reichtums dienen kann, weil die unmittelbare Arbeit zum großen Teil nur noch die materielle Fortsetzung einer immateriellen, intellektuellen Arbeit, der Reflexion, der Verständigung, des Austauschs von Informationen, der Verbreitung von Wissen, kurz, des général intellect, ist. Heute ist möglich, dass die Arbeitskraft eines jeden zu einer phantastischen Entfaltung der Selbsttätigkeit führt und die professionelle Erwerbsarbeit zugunsten eines vielseitig tätigen Lebens reduzier[t wird].«[139]

Solche Visionen reichen über die Einfallslosigkeit der Diskussion über die 40-Stunden-Woche weit hinaus und berücksichtigen die menschliche Leistung in einem umfassenderen Sinn. Statt an den alten Vorstellungen festzuhalten, die die Gesellschaft vor unlösbare Arbeitsbeschaffungsprobleme stellt und die an den Produktionsbedingungen scheitert, sind neue Beschäftigungsformen notwendig, die unsere gewonnene Zeit und Kompetenz in Anspruch nehmen. »Arbeit hat eine Zukunft, weil es weiterhin sinnvolle Aufgaben für alle gibt. Die Suche nach neuen Arbeitswelten muss zum Credo für das 21. Jahrhundert werden. Im gleichen Maße, wie die bezahlte Arbeit zur Mangelware wird, muss ernsthaft Ausschau nach neuen Beschäftigungsformen gehalten werden, die Existenzsicherung und Lebenserfüllung gleichermaßen gewähren.«[140]

Die Grenzen zwischen Arbeiten und Wohnen, Berufs- und Privatleben sowie zwischen Erwerbs- und Rentenphase werden immer mehr verschwimmen.

---

139 André Gorz; »Die verwendete Zeit wird nicht mehr die Zeit der Verwendung sein«, in: www.oeko-net.de/kommune/kommune12-97/AGORZ.html.

140 Opaschowski (2001), Seite 278.

Von der Erwerbsarbeit zur Lebensarbeit 7.3

Dies verursacht enorme Unsicherheiten bei allen Beteiligten. Arbeitnehmer, Arbeitgeber, Gewerkschaften und Politik drehen sich auf einem Karussell und können die Umgebung kaum erkennen. Es zeichnet sich ein Paradigmenwechsel ab, in dem die Vorstellung von Erwerbsarbeit auch um solche Tätigkeiten ergänzt werden muss, die im Übergang vermutlich nur eine geringe oder keine Entlohnung erfahren. Dazu gehören Tätigkeiten, die einen reibungslosen Verlauf unseres Alltags gewährleisten wie soziales Engagement, Kinderbetreuung oder Haushaltsführung. Die Tendenz der Abkoppelung der Arbeit vom Erwerb bietet eine denkbare Möglichkeit, ursprünglich rein ökonomisch verstandene Leistungen um humane und soziale zu erweitern. Das Ergebnis könnte eine multiaktive Beschäftigungsgesellschaft sein, in der selbstbestimmte Eigenleistungen mit größerem Respekt behandelt werden. Ob dies gelingt, hängt von der Überzeugungskraft solcher Visionen ab und von dem überzeugten Eintreten ihrer Protagonisten für ein Modell, das unterschiedlichste Bewertungsmaßstäbe akzeptieren und integrieren muss. Jeder Beitrag zum Gelingen verdient Anerkennung und jede Maßnahme, die problemlösend ist, hat ihren Stellenwert. Strafgefangenen Gedichte vorlesen, Gräber pflegen, Einkaufsdienste für Behinderte, Sprachkurse für Einwanderer – was immer wir uns vorstellen können und nicht oder niedrig bezahlt wird, ist sinnvoll und sollte akzeptiert werden. Eine solche Umbewertung kann zu einer individuellen und bewussten Wahl von Betätigungen ermutigen, die gebraucht werden. Es geht darum, Lebenssinn auch durch unentgeltliche Tätigkeiten erlangen zu können, ohne damit in Misskredit zu geraten.

Dies ist kein billiger Trick, um kostenlose Dienstleistungen einzufordern, sondern Ergebnis der Überlegung, dass in allen Lebensphasen sinnvolle Dinge geleistet werden können. Die bisherige Definition von Arbeit ist kurzsichtig und arrogant und ignoriert all das, was Menschen neben ihrer Erwerbsarbeit sinnvoll machen können. Insofern ist ein auf wenige Jahrzehnte begrenztes Arbeitsleben eine enorme Vergeudung von Ressourcen, ganz zu schweigen von den positiven Effekten, die solche Tätigkeiten für den Menschen haben. Ob jemand weiterarbeiten möchte, sich unternehmerisch betätigt oder in sozialen, ehrenamtlichen oder Hilfsdiensten seine Verwirklichung sucht, sollte gleichberechtigt unterstützt und gefördert werden. Der Dienst für das

Gemeinwesen und für sich selbst kann als Logik der Lebensarbeit begriffen werden, die ein- und nicht ausschließen will: »Mit dem Ende der Erwerbsarbeit ist die Lebensarbeit nicht zu Ende.«[141]

Die veränderten wirtschaftlichen und gesellschaftlichen Bedingungen fordern von den Einzelnen unternehmerisches Denken und Selbstmanagement: »Arbeitnehmer müssen lernen, zu Unternehmern ihrer eigenen Arbeitskraft zu werden.«[142] Das gilt für diejenigen, die nachberufliche Aktivitäten planen. Dies erfordert Eigenschaften wie Flexibilität, Mobilität und Selbstständigkeit. Aus- und Weiterbildung sollte sich deswegen auch auf die Jahre nach der Berufstätigkeit erstrecken.

Nach dem Austritt aus dem Berufsleben könnten sich beispielsweise Krankenschwestern und Ärzte zu selbstständigen Pflegefirmen zusammenschließen oder ehemalige Lehrer Kurse für Schüler oder Studenten anbieten. Der Unterschied liegt in der Selbstorganisation, der flexiblen Dosierung von Arbeitszeiten, weniger Arbeit insgesamt, in Beweglichkeit und Freiwilligkeit. Die Ausweitung des Arbeitsverständnisses auf spätere Lebensphasen kann nur einen Übergang darstellen. Denn solche Leistungen können und sollen auf Dauer nicht ohne materielle Honorierung bleiben. Insbesondere der zweite Arbeitsmarkt müsste Verdienstmöglichkeiten für solche Tätigkeiten in Aussicht stellen, um das ökonomische System zu entlasten und anzukurbeln.

7.4 Die Transformation der Lebensqualität

Das Alter ist eine Quelle des Wissens, der Weisheit und der Vermittlung und Weitergabe von Kompetenz und Erfahrung. Der Reichtum und die Vielfalt an Lebensentwürfen wird in beinahe allen gesellschaftlichen Bereichen Wachstumsfelder schaffen. Das Alter wird als gesellschaftliche Wertschöpfungsquelle an Bedeutung gewinnen. Die Mehrheit der Älteren kann die im Durchschnitt zwanzig bis dreißig Jahre dauernde nachberufliche Lebensphase nutzen und

---

141 Opaschowski (2001), Seite 299.
142 Miegel (2001), Seite 36.

Die Transformation der Lebensqualität · 7.4

ist in der Lage, sich weit mehr als früher für sozial sinnvolle und ökonomisch profitable Aktivitäten zu engagieren.

Sie sind auch bereit, für Produkte und Dienstleistungen, die ihr Leben verbessern, mehr auszugeben. In den letzten zwanzig Jahren haben sich die Ausgaben der über 65-Jährigen insbesondere für Dienstleistungen um das Achtfache, für Verkehr und Nachrichtenübermittlung sogar um das Zwölffache erhöht und sind damit deutlich schneller gestiegen als in den übrigen Altersgruppen.[143] Die *Wirtschaftswoche* stellte fest, dass Kunden über 50 in Deutschland heute schon über die Hälfte der Kaufkraft verfügen. Für Konsum stehen ihnen monatlich nach Abzug der Lebenshaltungskosten 7,5 Milliarden Euro zur Verfügung.[144] Die Älteren sind aber nicht nur kaufkräftig, sondern haben vielfältige und weit reichende Ansprüche. Die Repräsentativumfrage eines Freizeit-Forschungsinstituts hat beispielsweise nachgewiesen, dass mit dem höheren Lebensalter auch die Qualitätsansprüche steigen. Vor allem der Kulturbereich ist ein stabiles und expandierendes Wachstumsfeld. »Die Zielgruppe ›Neue Senioren‹ ist nicht nur einfach eine Sparversion des Jugendmarktes, sondern etwas völlig anderes, eine eigene Anspruchs- und Erlebniswelt. Die Neuen Senioren wollen keine Inline-Skates mit Stützrädern, sondern Sinn- und Serviceangebote rund um die Uhr, die ihre Lebensqualität verbessern helfen.«[145]

Solche Studien belegen einen Wandel der Wertvorstellungen, der sich in den letzten drei Jahrzehnten vollzogen hat und bei den über 60-Jährigen zu veränderten Lebenswerten geführt hat. Was dieser Postmaterialismus als neue Zuwendung bringt, kann ich nicht beantworten, aber seine Stärke liegt in der Entwicklung sozialer Verhaltensweisen statt in der Anhäufung prestigeträchtiger Konsumgüter. Es geht um Lebenslust, Freude, Zufriedenheit und innere Ausgeglichenheit. Das heißt keineswegs, dass die Älteren als Konsumenten weniger attraktiv sind, sondern meint ein bewussteres Konsumver-

---

143 Siehe Forschungsgesellschaft für Gerontologie e.V. und Institut Arbeit und Technik (1999), Seite 14.

144 Siehe *Wirtschaftswoche*: Kaufkraft: In den besten Jahren, 23.8.2000.

145 Opaschowski (1998b), Seite 26.

halten, das den Erhalt und die Ergänzung ganz persönlicher Vorstellungen im täglichen Leben zum Ziel hat. Das hartnäckige Vorurteil, Ältere würden an einmal getroffenen Entscheidungen kleben wie die Fliege am Fliegenfänger, entspringt schlechter Beobachtung. Sicherlich laufen sie nicht blind Moden hinterher, nur weil sie kampagnenmäßig vorgebetet werden, aber Markenwechsel sind für sie sinnvoll, wenn Anspruch und Qualität dies ratsam erscheinen lassen.

Alle Chancen und Möglichkeiten orientieren sich an individuellen und biografischen Voraussetzungen, die wirksamer sind als aktuelle Lust und Laune. Lebensqualität ist nicht die Differenz von Traum und Wirklichkeit, sondern wird von persönlichen Voraussetzungen bestimmt. Unangreifbar sind innere Stärken wie Geist, Spiritualität und Gelassenheit. Ganz oben auf der Liste unserer Wünsche stehen Gesundheit, Selbstständigkeit und Mobilität. An zweiter Stelle folgen Macht, Prestige oder Rückzug aus Verpflichtungen. Solche Wünsche sind selbstverständlich abhängig von den sozialen Voraussetzungen und dem Lebensmilieu. Die herausragende Bedeutung der Gesundheit und der Wunsch nach Selbstständigkeit bestätigen den Wunsch nach unabhängiger Lebensführung. Während der Einzelne in jedem Lebensalter von Unabhängigkeit träumt, bewegen sich die dominierenden Bereiche unserer gesellschaftlichen Wirklichkeiten wie Banken, Konzerne und politische Bündnisse immer mehr in Strukturen, die gerade mit kontrollierten Abhängigkeiten operieren. Ich frage mich, ob solche vollkommen gegenteiligen Vorstellungen nicht zwangsläufig irgendwann aufeinander prallen.

Diese Veränderungen haben auch den Markt für »Altenprodukte« verändert. Ghettoangebote der Altenverwahrung weichen Seniorenakademien oder Bildungsreisen und die ehrenamtlichen Altenblättchen werden von Hochglanzmagazinen weggespült, die immer noch nicht genau wissen, ob sie alte oder junge Menschen auf das Titelblatt nehmen sollen. Zwischen der Vielzahl individueller Interessen und dem richtungslosen Angebotsspektrum für Ältere klaffen große Lücken.

Die Konsumindustrie umwirbt diese Zielgruppe seit den 1980er-Jahren immer intensiver. Die Vorstellungen von den Alten und die Bilder des Genera-

Die Transformation der Lebensqualität 7.4

tionenverhältnisses sind je nach Anforderung des Marktes angepasst worden. Das führte zu solchen Bezeichnungen wie »Best-Ager« oder »Master-Consumer« und zur Auferstehung der bereits abgeschriebenen Zielgruppe des »Golden Market«. Alle Jahrgänge jenseits der vierzig wurden auf ihre Konsumgewohnheiten hin neu vermessen und das Seniorenmarketing wurde zum Zauberwort, ohne hinter den Kunden auch deren Würde und Emotionalität zu berücksichtigen. Ältere, gegelte Herren auf Skateboards oder pink geschminkte Großmütter auf einer Harley Davidson gehören zu Werbemaßnahmen, die ihre Produzenten selbst in den neurotischen Schatten stellen. Aber auch Typologien der Altersstile wie »souverän Alternder«, »Altersverweigerer«, »traditionell Alternder« und »apathisch Alternder« stigmatisieren. Trotzdem ist nicht von der Hand zu weisen, dass solche kommerziellen Anstrengungen Sand in das Getriebe der Altersdiffamierung geworfen haben und selbst solche Marketingstrategien das Altersbild verändert haben. Die Werbung lebt mit dem Widerspruch, die Zielgruppe aus der Werbung zu verbannen und gleichzeitig einflussreiche Käufergruppen vor den Kopf zu stoßen. So gilt nach wie vor Ursula Lehrs Einschätzung, dass wir in einer Werbewelt leben, die vorwiegend »von jungen Erwachsenen für junge Erwachsene«[146] gestaltet wird.

Die Einschätzung der Lebensqualität ist kompliziert und lässt sich nicht generalisieren – auch deswegen, weil sie grundlegenden Veränderungen unterworfen ist. Auch die Ergebnisse von Untersuchungen und Analysen bleiben oberflächlich, weil sie nicht die tatsächliche seelische und subjektive Befindlichkeit wiedergeben. Darum ist es so wichtig, die subjektiven Urteile und Meinungen der Menschen selbst zu berücksichtigen. Die innerlich gefühlte und äußerlich dargestellte Lebensqualität sind doppeldeutige Bestandteile eines Bildes, das noch nicht auf einen gemeinsamen Nenner gebracht werden kann. Deshalb sollte Lebensqualität immer auch als Ergebnis des persönlichen Willens und privater Vorstellungen gesehen werden. Wir sprechen von zwei unterschiedlichen Ebenen, die nicht übereinstimmen. Jeder Partei, jeder Firma, jedem Dienstleister, aber auch Wissenschaftlern und Publizisten un-

146 Lehr (2001), Seite 8.

terstellen wir heute, dass sie die Dinge durch ihre eigene Brille betrachten. Wir sind überzeugt, dass sie ihre Aussagen beweisen und untermauern können, selbst wenn wir es ihnen nicht glauben. Wenn wir hinter der eindeutigen Sprache der anderen Unaufrichtigkeit vermuten, ist unsere Kommunikationsbereitschaft bereits empfindlich gestört. Wir hören die logisch klingenden Sätze von Herrn Eichel oder Herrn Merz, aber wir nehmen sie ihnen nicht ab. Wir unterstellen, dass jeder sein eigenes Süppchen kocht und diese Einschätzung können wir auf alle gesellschaftlichen Ebenen übertragen. Dieser zweifelnde Blickwinkel ist abhängig von der Lebenssituation und in erheblichem Maße von der Schicht- und Klassenzugehörigkeit – ganz nach dem Motto: »Ich denke, was ich bin und ich bin, was ich mir einbilde.« Sprechen wir vor diesem Hintergrund von Lebensqualität, glaube ich, dass sie kaum noch verbindliche Gültigkeit besitzt und als genereller kultureller Wert verloren gegangen ist. Sie existiert aber sehr wohl weiter als Privileg einer begünstigten Minderheit, die nicht von der täglichen Unterhaltssicherung abhängig ist. Kurz gesagt: Wenn wir alles anzweifeln und bejammern, hat nur der noch die Chance auf Lebensqualität, der materiell unabhängig ist.

7.5   Der Aufstand der Frauen

Die deutlich längere Lebenserwartung von Frauen ist ein globales Phänomen moderner Gesellschaften und eine außergewöhnliche Erscheinung des 20. Jahrhunderts. Erst in den letzten hundert Jahren ist es dazu gekommen, dass Frauen wesentlich älter werden als Männer. Warum das so ist, entzieht sich weitgehend wissenschaftlicher und journalistischer Ursachenforschung. Es ist doch merkwürdig, dass eine solch existentielle Tatsache nicht oder nur unzureichend beantwortet wird. Wir können von einer Tabuisierung sprechen und finden zahlreiche Parallelen zum Altersthema insgesamt. Beide Themen sind auf der Rückseite des Mondes angesiedelt und gehören noch nicht zu dem Gedankenstrom, aus dem der Stoff der Zukunft entnommen werden könnte.

Der Aufstand der Frauen 7.5

Gesellschaftliche Unterschiede von Frauen und Männern sind nach wie vor feststellbar. Männer besetzen die einflussreicheren Funktionen und dominieren wichtige Machtpositionen in Politik und Wirtschaft. Solche und andere Benachteiligungen ändern nichts daran, dass Frauen länger leben. Wenn ich deswegen etwas übertrieben von der positiven Seite der Unterdrückung spreche, wird ein Paradox erkennbar: Obwohl die Frauen geschlechtsspezifischen Benachteiligungen ausgesetzt sind, werden sie älter als Männer. Insgesamt ist das weibliche Altern problematischer als das männliche. Einige Gründe dafür sind Brüche im Erwerbsleben, die primäre Orientierung an der Ehefrauen- und Mutterrolle, die nicht der eigenständigen Existenzsicherung dient, aber auch ein durchschnittlich niedrigerer beruflicher Status und die materielle Folgen. Diese Faktoren führen im Alter eher als bei Männern zu chronischen Krankheiten, psychosozialen Notlagen und Pflegebedürftigkeit. Das höhere Lebensalter von Frauen geht zulasten der Lebensqualität im Alter.[147] Lebensqualität im Alter ist abhängig von Milieus, Lebensstilen und biografischen Besonderheiten. Wobei Frauen aus unteren Sozialschichten im Alter besonders benachteiligt sind.

Der Lebenslauf von Frauen ist von geschlechtsspezifischen Einschnitten gekennzeichnet, die als Verluste oder Brüche riskante Herausforderungen sind. Kinder verlassen das Elternhaus, eine Scheidung oder eine geplante Rückkehr in den Beruf steht an und eine Neuorientierung ist deswegen notwendig. Mit zunehmendem Alter ist das Ende der eigenen Erwerbsarbeit oder der Ruhestand des Mannes absehbar. Die Hausfrauenrolle wird entweder weiter geführt oder wieder aufgenommen und ist in jedem Fall Ersatz für den Beruf. Später ist der Verlust des Ehe- oder Lebenspartners ein entscheidender Einschnitt, der die grundlegende Umstellungen des Lebens und vielfach auch materielle Einbußen zur Folge hat. Neben den dramatischen emotionalen Belastungen ergeben sich aber auch neue Freiräume, die die Realisierung neuer Lebensmodelle möglich machen. Im Alter unterscheidet sich auch das Heiratsverhalten der Geschlechter. Männer heiraten häufiger und

---

147 Siehe Gertrud M. Backes: »Geschlecht und Alter(n) als zukünftiges Thema der Alter(n)ssoziologie«, in: Backes und Clemens (2002), Seite 116.

in der Regel jüngere Frauen. Eine Untersuchung aus der Schweiz belegt dies: 54 Prozent der Männer zwischen 85 bis 89 Jahren sind verheiratet während nur 12 Prozent der Frauen verheiratet sind.[148] Verwitwung ist ein typisches Frauenschicksal und weil Frauen seltener wieder heiraten, führt das zu einem größeren Anteil weiblicher Einpersonenhaushalte im höheren Lebensalter. Ihre größte Angst besteht vor dem Verlust der Eigenständigkeit und Pflegebedürftigkeit. Dies gilt für beide Geschlechter gleichermaßen, wobei Frauen mehr Angst vor Abhängigkeit haben und mit verstärkten Anstrengungen versuchen, dies zu verhindern. Dies scheint auch ein Grund dafür zu sein, dass die Dunkelziffer verarmter Frauen vergleichsweise hoch ist. Je mehr auch das Thema Gewalt gegen Ältere enttabuisiert wird, umso deutlicher werden wir erkennen, dass sich Gewalt in erster Linie gegen das vermeintlich schwächere Geschlecht richtet und sich die Angst vor Abhängigkeit auch damit erklären lässt.

Traditionelle Altersbilder geraten auch wegen der zunehmenden Erwerbstätigkeit von Frauen und dem grundsätzlichen Wandel der Lebens- und Arbeitsbedingungen beider Geschlechter zunehmend in Bewegung. Normalbiografien gibt es kaum noch und befinden sich in unentwegter Auflösung, ohne dass sich bereits neue verlässliche Muster gebildet hätten. Demographie und gewonnene Jahre haben den Sand der Lebensoptionen derart aufgewühlt, dass die unterschiedlichsten Entwürfe denkbar sind. Für Frauen ergeben sich paradoxe Mehrfachbelastungen, die auf ein Rollen- und Versorgungsdilemma hinweisen, das gleichzeitig mehr Freiheit und mehr Unsicherheit bietet. Sie werden durch gesellschaftliche Rahmenbedingungen dazu gezwungen, Partnerschaft, Kinder und Familie sowie Beruf und ganz persönliche Interessen in einer Balance zu halten.[149] Sie stehen zwischen einem Leben mit und für andere und eigener und fremdbestimmter Existenz. Diese Gratwanderung ist keinesfalls befriedigend. Vor allem die Brüche im Lebens-

---

148 Siehe Francois Höpflinger: *Frauen im Alter – die heimliche Mehrheit. Geschlechtsspezifische Unterschiede der Lebenserwartung – ein globales Phänomen moderner Gesellschaften*, in: www.mypage.bluewin.ch/hoepf/fhtop/fhalter1K.html (2001), Seite 7.

149 Siehe Backes (2002), Seite 120.

Der Aufstand der Frauen 7.5

lauf erschweren eine vorsorgende Alterssicherung. Chancenungleichheit im Beruf, ungleiche Bezahlung, fehlender Anreiz zur Mutterschaft und die ungenügenden Rahmenbedingungen, dies alles leisten zu können, erschweren jeden Versuch der Gleichberechtigung. Auch der Rückgriff auf überhöhte Familienidyllen, in denen Frauen als soziale und ideologische Manövriermasse missbraucht werden, um unbezahlte Arbeit im Ehrenamt oder in der außerfamiliären Pflege bereitzustellen, hilft nicht weiter.

Dem Alter das Attribut »weiblich« zu verleihen, weil Frauen die Mehrheit bilden, ist ebenso unzulässig. Anzahl und Lebensweise sind viel zu unterschiedlich und auch die Wertvorstellungen von Frauen im Alter werden von einer männlich dominierten Gesellschaft geprägt. Männer fassen in nachberuflichen Tätigkeiten im Alter eher wieder Fuß und Frauen konzentrieren sich auch im Alter immer noch in einem erheblichen Maße auf Haus- und Familienarbeit. Ihre materielle Absicherung ist wesentlich schlechter, gleichzeitig pflegen die meisten ihre Partner ohne jemals selbst in die Lage kostenloser Pflege zu geraten. Mit der weiblichen Pflegeleistung im Alter wird nicht nur ein großer Teil der gesellschaftlichen Alterslast übernommen, sondern die Frauen lernen auch, sich im Fall der eigenen Hilfsbedürftigkeit selbst zu versorgen.

Mag diese Betrachtung auch kein Anlass für Freudensprünge sein, so wird doch ein gewaltiger Paradigmenwechsel deutlich. Klassische Geschlechterrollen lösen sich auf und ihre Verfechter werden zu Schauspielern antiquierter Gesellschaftsstücke. Weil in den Sozialwissenschaften häufig von der heimlichen Mehrheit der Frauen die Rede ist, habe ich dieses Kapitel bewusst mit der Überschrift »Aufstand der Frauen« versehen. Es handelt sich dabei nicht um einen revolutionären Akt, sondern um ein Erfolgskonzept, wie Frauen trotz massiver Benachteiligungen länger leben als Männer. In den letzten Jahrzehnten haben Emanzipation und die alltäglichen Mühen der Gleichberechtigung einen enormen Wandel der Lebenssituationen von Frauen zur Folge gehabt. Auch die Brüche und Verluste in weiblichen Lebensläufen haben zu mehr Widerstand und höherer Kompetenz der Lebensbewältigung geführt. Die Aussicht auf eine größere Kontrolle des eigenen Lebens sowie

7 Aufbruch und Pionierleistungen

die Möglichkeit lange unterdrückte, persönliche Identitätsmerkmale zu leben, scheinen mir ein Schlüssel zu mehr Vitalität im Alter zu sein. Zahlreiche Studien belegen dies und bescheinigen denjenigen die besten Voraussetzungen neue Lebensinhalte zu finden, die sich immer wieder Widersprüchen und Brüchen stellen und diese austragen.

Auch wenn Geschlechterrollen stark von sozialen Verhältnissen bestimmt werden, bleiben körperliche Unterschiede weitere Indizien für ein längeres Leben. Gerade hormonale Besonderheiten schützen Frauen wesentlich besser vor Herz- und Kreislauferkrankungen, die in hoch industrialisierten Ländern eine der häufigsten Todesursachen sind und Männer achtmal so häufig treffen wie Frauen. Auch Schwangerschaft und Geburt scheinen lebensverlängernd zu wirken. Diese besonderen Erfahrungen in Verbindung mit einer größeren Sensibilität aufgrund der körperlichen Reaktionen während des Monatszyklus führen dazu, dass Frauen ihren Körper einfühlsamer wahrnehmen. Frauen sind deswegen viel aufgeschlossener gegenüber vorsorgender und ärztlicher Hilfe. Sie rauchen weniger, sind seltener in tödliche Verkehrsunfälle verwickelt oder wählen seltener den Weg der Selbsttötung. Der weibliche Lebensstil als Resultat gewaltiger individueller und gesellschaftlicher Umbrüche hat eine evolutionäre Stärke befördert, die darauf wartet, sich weiter auszubreiten. Es ist paradox, dass diese Lebenskompetenz noch nicht gesellschaftlich in Anspruch genommen wird. Im Gegenteil: Wie die Alten insgesamt, werden auch ältere Frauen diffamiert, obwohl sie Aufgaben übernehmen, die ansonsten niemand erledigen würde.

Weibliche Gestaltungsmöglichkeiten finden vorsichtig Eingang in männliche Biografien. Wir können zunehmend beobachten, dass Männer sich beispielsweise fürsorgliche Eigenschaften aneignen, während Frauen Durchsetzungsfähigkeit und Abenteuerlust entwickeln. Die Zeit ist gekommen, dass die Geschlechter voneinander lernen und Allianzen bilden, die weit über die bisherigen gegensätzlichen Modelle hinausgehen. Männliche Kampfbereitschaft in politischen, unternehmerischen und kreativen Sphären scheinen im Alter immer mehr zu verblassen und verglühen im früheren Tod. Während Benachteiligungen und Brüche sowie ihre Überwindung gepaart mit biologi-

Der Aufstand der Frauen

schen Voraussetzungen bei Frauen offenbar zu höherer Belastbarkeit und Flexibilität und letztlich zum längeren Leben führen. Jeder kennt in seiner Umgebung Menschen, die einem neuen Lebensentwurf selbst befreiter Geschlechtlichkeit entsprechen. Dazu gehören auch Paare, die nicht mehr in das Bild überholter Geschlechtermuster passen. Es mangelt uns nicht an Vorbildern. Wir leiden an veralteten Vorstellungen und Erwartungshaltungen, die uns das Neue als Abweichung und nicht als Möglichkeit eröffnen. Männer haben in den letzten fünfzig Jahren kaum versucht, ihre traditionelle Vorherrschaft zu überprüfen. Es liegt vielleicht in der Natur des Mannes, gewonnenes Terrain nicht freiwillig aufzugeben. Aber an den Folgen des Kampfes der Frauen seit der Mitte des letzten Jahrhunderts können wir erkennen, dass sensibles Selbstbewusstsein weder zulasten des eigenen noch des anderen Geschlechts führen muss. Wir können viel voneinander lernen, wenn wir bereit sind, gemeinsam hinter die Fassaden überholter Geschlechterrollen zu blicken.

Mit der Generationenfrage und wie wir damit fertig werden, entscheiden wir nicht nur den Grad der Humanität unserer Zeit, sondern versuchen wir mit den Mitteln unseres Wissens und unserer Erkenntnis, aber auch unserer Hingabe dem Menschlichen gerecht zu werden. Solidarität heißt nichts anderes als Nächstenliebe (...)[150]

Erhard Busek

8. Dialog der Generationen

In der Öffentlichkeit leidet der Dialog der Generationen unter begrifflicher Verwirrung und inhaltlicher Verflachung. Es entsteht der falsche Eindruck einer vergifteten Atmosphäre, die nicht den wirklichen Verhältnissen zwischen den Generationen entspricht. Die Krisenbeschreibung der Generationsbeziehungen verleugnen das tatsächliche Ausmaß der Solidarität zwischen den Generationen. Die Beschränkung auf statistische Informationen führt zu falschen Einsichten in die gegenwärtige Situation. Mir geht es an dieser Stelle nicht um die Auswertung von Zahlen, sondern um einen Blick hinter die Kulissen tatsächlicher menschlicher Begegnungen. Es ist beispielsweise nicht von der Hand zu weisen, dass die Beziehungen zwischen erwachsenen Kindern und ihren Eltern in allen Altersgruppen überwiegend durch eine große Verbundenheit gekennzeichnet sind. Ein erster Beleg mag die Tatsache sein, dass die Mehrzahl der Kinder im näheren Umfeld ihrer Eltern leben. Trotzdem werden Widersprüche zwischen den Generationen konstruiert.

Seit einigen Jahren wird deutlich, dass sich demographische Veränderungen und zunehmende Lebenszeit gravierend auf das Verhältnis der Generationen auswirken wird. Die klassischen Definitionen des Generationenbegriffs werden wir in Zukunft kaum noch verwenden können. Immer weniger junge

---

150 Erhard Busek: »Solidarität der Generationen in schwieriger Zeit«, in: Lothar Krappmann und Annette Lepenies (Hrsg.): *Alt und Jung. Spannung und Solidarität zwischen den Generationen* (Frankfurt, New York: Campus Verlag, 1997), Seite 31.

8 Dialog der Generationen

Leute bilden Schicksalsgemeinschaften und die Angleichung der Generationen in ihrem Verhalten und ihrer Unsicherheit erschweren es, überhaupt noch passende Altersklassifizierungen zu entwickeln.

8.1 Zum Begriff von Generation und Identität

Der Begriff Generation kann ganz unterschiedlich gedeutet werden. Wir unterscheiden beispielsweise die 20-Jährigen, die 60-Jährigen oder die 80-Jährigen, wir kennen familiäre Generationenbeziehungen zwischen Eltern, Kindern und Großeltern oder legen historische Gemeinsamkeiten zugrunde und meinen beispielsweise die 68er oder die Nachkriegsgeneration. Die zuletzt genannte Bedeutung berücksichtigt gesellschaftliche Entwicklungen und politische Erfahrungen, die sich zu einem gemeinsamen Erlebnishorizont verdichtet haben. Weil solche wissenschaftlich auch als Kohorten bezeichneten zeitspezifischen Generationen von einem gemeinsamen Zeitraum der Geburt und von gemeinsamen gesellschaftlichen Entwicklungen gekennzeichnet sind, teilen sie eine gemeinsame Perspektive. Erlebnisse werden zu verbindenden Erfahrungen. Die auf diese Weise geteilten Erfahrungen und Interpretationen führen zu einer gemeinsamen erzählbaren Identität, die sie von anderen zeitgleichen Schicksalsgemeinschaften sowie später Geborenen unterscheidet und ihr Selbstverständnis prägt. Das verbindende Element der Zugehörigkeit und die Gemeinsamkeit einer ähnlichen Perspektive ermöglicht einen effektiven Umgang mit Einzelerfahrungen. Diese müssen nicht ausschließlich alle selbst gedeutet und verarbeitet werden. Diese Einbettung in gesellschaftliche Formationen entlastet den Einzelnen, weist ihm einen sozialen Ort in der Generationenfolge zu und prägt sein Selbstbewusstsein.

Angesichts der vielen unterschiedlichen Erlebnisse des modernen Menschen können wir eine zunehmende Aufweichung solcher Konturen zwischen den Generationen beobachten. Je schneller sich der wirtschaftliche und technologische Wandel vollzieht, desto größer ist die Variationsbreite nebeneinander existierender und sich überlagernder Schicksalsgemeinschaften, die über unterschiedliche Lebenserfahrungen und Kompetenzen verfügen. Das Ergebnis ist eine zersplitterte und vielfältige Gesellschaft, die sich durch die Ungleich-

Zum Begriff von Generation und Identität 8.1

zeitigkeit der Gleichzeitigen auszeichnet. Weil alle zu einer bestimmten Zeit lebenden Individuen nicht die gleichen Erfahrungen machen, sind Vereinzelung und Fremdheit unausweichlich. Die Auflösung der Generationenblöcke und der Verlust einer vergleichbaren Identität wird von der These radikalisiert, dass Generationen sich heute nicht mehr durch unterschiedliche Lebensalter, sondern durch unterschiedliche Mediennutzung unterscheiden. Der Medien- und Kulturwissenschaftler Norbert Bolz spricht in diesem Zusammenhang von Mediengenerationen[151]: »Das heißt im Klartext, dass man die Frage nach Alt und Jung heute nur noch mit Blick auf die Kommunikationstechnologien beantworten kann, die für die unterschiedlichen Szenen der Gesellschaft jeweils als Leitmedien fungieren. Manche beziehen ihr Weltbild aus dem Fernsehen, andere erfahren Welt, indem sie im Internet surfen; wieder andere beharren als selbstbewusste Dinosaurier des Informationszeitalters darauf, sich durch Bücher zu bilden. All diese Medienkulturen existieren heute – auch in ein und derselben Altersgruppe – nebeneinander und schließen sich nicht aus.«[152]

Zeitpunkt und Ort der Geburt garantieren in der Mediengesellschaft nicht mehr den gleichen kollektiven Erfahrungsschatz oder die Entwicklung eines gemeinsamen Sinn- und Wertekanons. Heute besiegelt der gleiche Jahrgang keine lebenslange Schicksalsgemeinschaft mehr. Stattdessen wird der Erlebnishorizont wesentlich von den Kommunikationsmedien des Einzelnen beeinflusst. Die Allgegenwart der Medien führt zu einer Informationsnivellierung, die keine Unterschiede zwischen den Nutzern macht. Wie ein Monsun ergießt sich das Wissen der Menschheit – und im Internet auch immer mehr die geistigen Ergüsse gesichtsloser Virtualbummler – über die wehrlosen Nutzer, deren Erinnerung an ehemals überschaubare Informationen den Datenfluten zum Opfer fällt. Schließlich verändern die neuen Kommunikationsmöglichkeiten das Verhältnis von Raum und Zeit, denn rund um die Uhr stürzen wir in andere Kulturen und machen unsere Zeit zum Herrscher über die Weltzeit. Dies gilt auch umgekehrt, wenn uns die weltweite Verflech-

---

151 Siehe Bolz (1998), Seite 218.

152 Ebenda.

tung der Kommunikationsnetze den Eindruck allgegenwärtiger Verbundenheit vermittelt und uns pausenlos mit ihrer Gegenwart belästigt. Was waren das für Zeiten, als wir andere Menschen nicht während der Mittagsstunden anriefen oder Sonntags nur spärlich Gebrauch von kommunikativen Angriffen machten. Heute leben wir in einem medialen Ausnahmezustand, der nur aus Ernstfällen zu bestehen scheint.

Diese traumatische Dauerwachheit bleibt für den Einzelnen nicht ohne Konsequenzen. Er kommt mit weitaus mehr Identitäten, Überzeugungen, Lebensstilen und Orientierungsmustern in Berührung als jemals zuvor. Die User zappen zwischen fertigen Welten, finden gesuchte oder zufällig andere Wertesysteme und verweilen in geistigen Labyrinthen, deren Anfang und Ende auf geheimnisvolle Art unverstanden bleiben. Ihr Basislager wird zu einem Knotenpunkt im Dschungel der Teilsysteme, die alle über ihr individuelles Recht der Selbstgestaltung verfügen. Gehen wir davon aus, dass jede Gemeinschaft oder Gruppierung ihre eigenen Regeln und Überzeugungen, Anforderungen und Erwartungen hat, können wir uns vorstellen, dass die Herstellung von Sinn und Bedeutung letztlich dem Einzelnen überlassen bleibt.

Die Anforderungen an die Bodenhaftung von Menschen wachsen unaufhörlich, um im unendlichen Strom der Ereignisse Erdung zu finden. Die grundsätzliche Bereitschaft, die individuelle Persönlichkeit einer kollektiven kulturellen Verbindlichkeit vorzuziehen, setzt die überlieferten Lebensmuster und Werte der Willkür aus. Von den Orientierungsfelsen der Vergangenheit längst gelöst, müssen viele die Basis ihrer Identität immer neu konstruieren. An den Platz lebenslanger Verlässlichkeit von glaubhafter Autorität tritt das aufgeschreckte Subjekt, das die Spannung zwischen der Sehnsucht nach einem gemeinschaftlichen Bezugspunkt und der Selbstverwirklichung immer wieder neu gestalten muss. Fluch und Chance liegen dabei nahe beieinander. Denn Selbstfindungszeiten können zulasten von Solidarität gehen. Gleichzeitig eröffnen die Experimente neue Freiräume, um erstarrte Rollenkonzepte und veraltete Institutionen über Bord zu werfen.

Zum Begriff von Generation und Identität   8.1

Wenn auch viel dafür spricht, dass die Abgrenzung zwischen den Altersgruppen an Deutlichkeit verliert, die persönliche Entfaltungsfreiheit den autoritären Anstoß ablöst und die Generationen gleichberechtigt nebeneinander leben, wird niemand verzweifeln, wenn die Grundlage des Verhältnisses zwischen Alt und Jung durch gegenseitige Anerkennung gekennzeichnet ist. Anstelle der Verwendung von vereinfachten Bildblasen wie der Respektlosigkeit junger und der Rückwärtsgewandtheit alter Menschen dürften wir uns die Mühe machen, die Fähigkeiten, Ressourcen und Potenziale der anderen realistischer einzuschätzen. Solche Vereinfachungen erscheinen angesichts der postmodernen Sicht des Menschen als autonomes Individuum überholt und als künstlich aufrechterhaltene Konstrukte, die trennen, was nicht entzweit, sondern miteinander vernetzt werden sollte. Gerhard D. Kleinhenz formuliert ein Leitbild für das Miteinander der Generationen, das der Grundidee des »contract civil« Rousseaus[153] folgt und neben den humanistischen Idealvorstellungen auf die Vorteile zurückgreift, die sich aus einem toleranten Dialog ergeben: »Die freien und gleichberechtigten Mitglieder der Generationen interagieren und pflegen Beziehungen miteinander, weil diese ihnen bei ihrer Selbstverwirklichung von Nutzen erscheinen und weil sie eine wirkliche Wechselseitigkeit, ja Äquivalenz des Gebens und Nehmens empfinden.«[154]

Die Vision vom Miteinander der Generationen baut auf die Bereicherung, die sich aus dem Zusammenspiel unterschiedlicher Menschen und Sichtweisen ergibt. Die Überwindung von Vereinfachungen und paradoxer Kategorisierung des Anderen setzt voraus, dass auch außerhalb der Familienstrukturen gemeinsame Räume für die Kommunikation und Interaktion geschaffen werden. Der Dialog der Generationen muss zu gemeinsamen Wertvorstellungen führen, um die Vielzahl unterschiedlicher Lebensentwürfe aufzufangen. Altersbedingte, unterschiedliche Perspektiven sollten dabei als Bereicherung begriffen werden.

---

153 Siehe Busek (1997), Seite 29: »Der ›contract civil‹ des Jean Jaques Rousseau hat uns den modernen Staat beschert – mit der Gewaltenteilung als Grundlage der Demokratie und letztlich als Basis für die Menschenrechte und damit eine wachsende Garantie der Humanität unseres Zusammenlebens.«

154 Gerhard D. Kleinhenz: »Der Austausch zwischen den Generationen«, in: Krappmann und Lepenies (1997), Seite 68.

8.2 Wechselseitige Abhängigkeiten

Beim Nachdenken über das Miteinander der Generationen berühren wir die universale Bedeutung der wechselseitigen Abhängigkeit von Menschen, Kulturen und Handlungen, die im Zuge von Globalisierung und Technologisierung heute eine außerordentliche Brisanz besitzen. Die auf eine E-Mail zusammengeschrumpfte Distanz ehemals weit auseinander liegender Regionen, das Netz von Warenbeziehungen, Informations- und Finanzströme bestätigen, wie durchlässig Grenzen bereits sind und in welchem weltumspannenden Zusammenhang Menschen, Unternehmen und Organisationen stehen. Die Rolle der anderen, ob wir nun physisch, medial, anonym oder virtuell mit ihnen Kontakt haben, hat sich fundamental gewandelt. Vor der Zeit der technikbasierten Kommunikation spielten sie keine Rolle, denn im Grunde lebten sie in ihrer Welt, die die unsere nicht war. Heute leben wir miteinander und zusammengerückt auf dem Marktplatz der Welt, im Chatroom oder auf dem Bildschirm. Die globale Perspektive führt zur Erkenntnis der komplexen Wirkungsweise von Handlungen und zum Wissen, dass sich alles als wechselseitige Bedingung zur Voraussetzung hat. Der Glaube, wir wären allein auf der Welt oder zumindest weit genug von allen Problemen entfernt, um uns sicher zu fühlen, ist angesichts von Tschernobyl, dem 11. September, der Klimaerwärmung, der knappen Wasserressourcen oder der Zerstörung biologischer Lebensräume dahingeschmolzen. Die Ansicht von oben und außen auf unseren Planeten eröffnet eine Mondperspektive, die den ganzen Erdball in den Blick nimmt. Wir erkennen die Notwendigkeit einer anderen Wahrnehmung, einer neuen Weltanschauung, die die Übernahme von Verantwortung für eine zutiefst vernetzte Zivilisation notwendig macht.

Es geht um die Ausbildung eines planetarischen Bewusstseins, das in den unterschiedlichen Mentalitäten und Kulturen nach Übereinstimmungen und gemeinsamen Anknüpfungspunkten sucht. Vernetzung und gegenseitige Abhängigkeit erfordern Dialog- und Verständnisbereitschaft. Ähnliche Interessen und Gemeinsamkeiten lassen sich am ehesten entdecken, wenn Menschen voneinander wissen und feststellen, dass sie die gleichen Sorgen ha-

Wechselseitige Abhängigkeiten 8.2

ben. Wollen die heutigen Gesellschaften zu Kooperation und Verständigung kommen, ist wechselseitiger Austausch unabdingbar.

Dabei geht es nicht nur um ethische Prinzipien, sondern auch um den Nutzen verantwortlichen Handelns. Begreifen wir die Welt als ein Ganzes, in dem alle Dinge organisch miteinander verbunden sind und sich deshalb nur gemeinsam weiterentwickeln – oder zurückentwickeln – können, ist die Verfolgung individualistischer und egoistischer Ziele der westlichen Gesellschaften kontraproduktiv. Die Berücksichtigung anderer Gruppen und Kulturen als Partner und das Denken in komplexeren Zusammenhängen werden geradezu existenziell. Ein verantwortungsbewusstes Handeln, das die Lebensräume und Rechte anderer Menschen berücksichtigt, ist nicht nur Ausdruck für ethische Werte und die Anerkennung der Würde aller Menschen, sondern auch Voraussetzung für das Fortbestehen der Welt selbst. »Die Globalisierung zwingt zur Lösung einer Aufgabe, die sich recht besehen schon immer gestellt hat: Anstatt dass eine Kultur die andere besserwisserisch belehre, suche man nach gemeinsamen Grundlagen. Denn dass etwas, das den Menschen als Menschen auszeichnet, seine Würde, nur einigen Kulturen klar geworden sein soll, klingt wenig überzeugend.«[155]

Anders als bei dem Beziehungsgeflecht auf globaler Ebene, ist das Wissen um die Vernetzung von Jung und Alt keine Neuigkeit. Ob wir an den Streit von Vater und Sohn über den Führungsstil im Unternehmen, an die Empörung alter Menschen in Bussen und Bahnen über die Jugend von heute, an Diskussionen zwischen Müttern und Töchtern über Kindererziehung oder an die Erzählungen von Eltern und Großeltern denken: Wir alle verfügen über Vorstellungen, Bilder und Erinnerungen, die unseren Platz zwischen den Generationen prägen. Es spielt keine Rolle, ob es sich um Begegnungen in der Familie oder in der Nachbarschaft, ob um konfliktreiche oder harmonische Beziehungen handelt; Erfahrungen mit älteren Menschen prägen unsere Sicht der Welt, unsere Vorstellungen über Gut und Böse, die Ent-

---

155 Otfried Höffe: »Rechtspflichten vor Tugendpflichten. Das Prinzip Menschenwürde im Zeitalter der Biomedizin«, in: *Frankfurter Allgemeine Zeitung* 77/2001.

wicklung von Problemlösungsstrategien und unser soziales Verhalten. Zumindest als erste Prägung und erstes Beschreiben des weißen Lebensblattes werden wir immer von den vor uns Lebenden bestimmt. Die Auseinandersetzung zwischen den Generationen erweitert die jeweiligen Lebenswelten um neue Perspektiven. Sie hilft der jüngeren bei der Identitätsfindung und verhindert bei der älteren die ausweglose Isolation. Neben den ethischen Grundgedanken von Freiheit, Würde und Wohlstand für jeden basiert der Solidargedanke auf dem Glauben, dass nicht ein Gegeneinander, sondern ein Miteinander und Füreinander der Generationen zur Lebensqualität aller beiträgt. So gesehen ist ein nach dem Solidaritätsprinzip organisierter und handelnder Staat für jeden von Nutzen, ohne dass selbstlose Opfer gebracht werden müssten. Dabei wird unter Solidarität der Generationen die »freiwillige Bereitschaft des Einstehens füreinander von (›eigennützigen‹, sich selbst verwirklichenden) Mitgliedern der verschiedenen Generationen verstanden«[156]. Im Vertrauen auf die Balance von Geben und Nehmen sorgt der Generationenvertrag dafür, dass die Pflege der Älteren und die Erziehung der Jüngeren von der mittleren, erwerbstätigen Generation übernommen wird, für die später die nachfolgende Sorge trägt. Diese Form der gegenseitigen Verantwortung ist jedoch in den letzten Jahren aus der Balance geraten.

Die stillschweigende Kündigung des Generationenvertrages ist nicht auf einen Mangel an Solidarität oder das Fehlen eines gesellschaftlichen Konsenses zurückzuführen, sondern auf die veränderten Gesellschaftsbedingungen sowie die Veränderungen in der Altersstruktur. Finanzierungslücken bei den Renten ergeben sich nicht nur weil die Gruppe der Älteren größer geworden ist, sondern auch wegen der unsicheren Arbeitsbiografien, der Entberuflichung im Alter, der längeren Ausbildung und eines späteren Berufseintritts. Ohne Zweifel bestehen Finanzierungsprobleme. In der Regel werden jedoch die untragbar gewordenen Belastungen für den Staat und für die jüngeren Generationen betont. Dadurch entsteht bei allen Generationen das Gefühl, dass Solidarität nicht mehr finanzierbar, ja utopisch geworden ist. Dabei wird häufig übersehen, dass praktizierte Unterstützung und die zahlreichen Trans-

---

156 Kleinhenz (1997), Seite 68.

ferleistungen zwischen den Generationen auf vielfältige Hilfe- und Unterstützungsbeziehungen aufgebaut sind. Ältere Menschen sind immer noch auf die Anteilnahme der jungen angewiesen – wie die Kinder auf die Pflege und Versorgung durch ältere Menschen. Insgesamt gesehen ist »Solidarität (...) heute keine Illusion. Vielmehr sind Generationenkonflikte in den Familien heute seltener als früher, als man finanziell völlig von der anderen Generation abhängig war.«[157]

Die Ergebnisse einer Studie lassen darauf schließen, dass die Belastung der mittleren Generation häufig durch die Eigeninitiative der älteren Generation ausgeglichen wird. Hier zeigt sich, dass Angehörige der älteren Generation nicht nur Nehmende, sondern auch Gebende sind: »(...) fast jeder Dritte der über 70-Jährigen mit Kindern [hat] diese in den letzten 12 Monaten finanziell unterstützt. Hier handelt es sich vielfach um substanzielle Unterstützungsleistungen.«[158] Außerdem nutzen ältere Menschen häufig die gewonnene Zeit, um die jüngere Generation im Alltag zu entlasten: »(...) etwa ein Fünftel der über 60-jährigen Menschen [kümmert sich um] die Kinder von Verwandten, darüber hinaus werden – wenn auch in deutlich geringerem Ausmaß – Kinder von Nachbarn, Freunden und Bekannten betreut.«[159] Das Engagement und die Teilhabe älterer Menschen macht deutlich, dass sich ihre Leistungsbereitschaft nicht in den arbeitsintensiven mittleren Jahren erschöpft, wie ihnen häufig vorgeworfen wird, sondern die staatlich geregelten Bahnen weit überschreitet.

8.3 Herausforderungen der Dienstleistungsgesellschaft

Entscheidend für die gegenwärtige und zukünftige Beziehung zwischen den Generationen sind die gesellschaftlichen, technischen und ökonomischen Veränderungen der Rahmenbedingungen sowie das moderne Bewusstsein für

---

157 Karl Lehmann: »Generationen übergreifende Verantwortung als kultureller Grundwert«, in: Alfred Herrhausen Gesellschaft für internationalen Dialog (Hrsg.): *Generationen im Konflikt* (München und Zürich: Piper Verlag, 2000), Seite 37.

158 BMFSFJ: *Dritter Altenbericht*, Seite 63.

159 Ebenda, Seite 62.

ein selbstbestimmtes, autonomes Leben jenseits antiquierter Muster. Das Verhältnis zwischen den Generationen hat sich nicht nur hinsichtlich der Lebensquantität verschoben, sondern auch qualitativ. Früher waren die Rollenmodelle und Lebensläufe von Alt und Jung klar festgeschrieben. Sie waren in voneinander getrennte Lebensbereiche eingebunden, mit altersabhängigen Aufgaben betraut und wurden an vorgegebenen Verhaltensnormen gemessen. Wie wir gesehen haben, waren die kalendarischen Lebensabschnitte weithin geregelt und steuerten die Lebensläufe. Der Zugang zu Schulen und Berufen ist ebenso wie die politische Mitwirkung oder der Anspruch auf Renten in Abhängigkeit vom Alter geregelt. Das dahinter stehende Rollenmodell sieht vor, dass die Jungen Erfahrungen sammeln und eine ausgedehnte Lernphase durchlaufen, bevor sie die Funktionen älterer Menschen übernehmen. Von den Älteren wird erwartet, dass sie ihre Kompetenzen an die Jüngeren weitergeben und Platz für die nachfolgende Generation machen. Dieses standardisierte Nacheinander entspricht nicht mehr der heutigen Lebensrealität. Die Ansprüche, Wünsche und Ressourcen vieler älterer Menschen stimmen nicht mehr damit überein. Ein wesentlicher Faktor für die Aufweichung der Grenzen zwischen Lernen und Arbeiten ist der technologische Wandel, der zunehmend mehr Informationen mit immer geringerer Halbwertzeit produziert. Alle Generationen müssen gleichzeitig lernen, arbeiten und leben. Lebenslanges Lernen ist zu einer Aufgabe für alle Generationen geworden.

Obwohl wir Alter nicht mit Technikferne und Jugend nicht mit Techniknähe gleichsetzen sollten, gibt es gleichwohl generationenspezifische Unterschiede in der Geschwindigkeit und Bereitschaft, sich solche Innovationen anzueignen. Wer technischen Neuerungen gegenüber schon immer aufgeschlossen war, hat auch mit den heutigen Veränderungen keine Probleme. Ein Vergleich der technischen Kompetenz der Nachkriegsgeneration mit den »Computer-Kids« von heute zeigt grundlegende Unterschiede: Während die Jüngeren schon vor dem Eintritt in das Berufsleben damit vertraut sind und sich neue Entwicklungen leicht aneignen können, sind Ältere verunsichert. Sie sind erst später mit den neuen Medien konfrontiert und von ihrer Bedeutung überrascht worden. Ein gewisses Ohnmachtsgefühl rumort unter-

Herausforderungen der Dienstleistungsgesellschaft 8.3

schwellig im Bewusstsein. Dies kann sogar den Arbeitsplatz gefährden. Allerdings hat sich die Bereitschaft zum lebenslangen Lernen auch bei älteren Menschen deutlich erhöht. Schon 1992 sagten 71 Prozent der Deutschen, dass die einmal erworbenen Kenntnisse und das fachspezifische Wissen nicht für ein ganzes Berufsleben ausreichen.[160] Umschulungen und Fortbildungen, früher vor allem von 30- bis 40-Jährigen genutzt, sind heute wichtige Faktoren im Arbeitsleben aller Generationen.

Ein Beispiel hierfür ist die Internetnutzung. »Wenn Kinder und Jugendliche mit Eltern und Großeltern im Netz gemeinsam surfen, können nicht nur die Jüngeren die Älteren in das Medium einführen, sondern die Jüngeren können auch die Erfahrung der Älteren nutzen, um Seriöses von Unseriösem zu trennen.«[161] Eine solche Interessensgemeinschaft hat jedoch nur dann eine Chance, wenn beide Seiten offen dafür sind. Das setzt voraus, dass die Elterngeneration das Internet nicht prinzipiell ablehnt und die Jüngeren ihren Wissensvorsprung nicht ausspielen. Zudem müssen von staatlicher Seite Möglichkeiten geschaffen werden, das Medium Internet auch einkommensschwachen Familien und Einrichtungen wie beispielsweise Kindertagesstätten, Jugend- und Altenheimen sowie Schulen zugänglich zu machen. Die Shell-Studie von 2000 ergab beispielsweise, dass nur 30 Prozent der Jugendlichen über einen Computer verfügen, 44 Prozent keinen Computer besitzen und jeder Vierte sich ein Gerät mit anderen teilt.[162]

Der technologische Wandel hat nicht nur zur Revolutionierung von Informationen und Wissen, sondern auch zur Umstrukturierung der ökonomischen Strukturen geführt. Während der Siegeszug von Computern und Robotern den Abbau von Arbeitsplätzen zur Folge hat, werden die verbliebenen, zunehmend hoch qualifizierten Arbeitsplätze von einem immer dichteren Geflecht sekundärer Dienstleistungen ergänzt. Früher in den Familien erledigte und unbezahlte Tätigkeiten, wie beispielsweise Kochen oder Wa-

---

160 Druyen (2000), Seite 67.

161 Ebenda, Seite 183.

162 Siehe Deutsche Shell (Hrsg.), *Jugend 2000*, 13. Shell Jugendstudie, Bd. 1 (Opladen: Leske und Budrich, 2000), Seite 201.

schen, werden zunehmend als zu bezahlende Dienstleistungen angeboten. Dieser Dienstleistungsbereich ist von hoher Arbeitsplatzunsicherheit, niedrigem Lohnniveau und einfachen Arbeitsanforderungen gekennzeichnet. In solchen Dienstleistungsbereichen arbeiten vorwiegend ganz junge oder ältere Menschen, weil sie flexibel sind, geringe Lohnansprüche haben und im Rahmen solcher Jobs keine Aufstiegschancen erwarten. Sie erfüllen die elementaren Vorstellungen ihrer Arbeitgeber. Die unmittelbare Konkurrenz zwischen den Generationen um solche Arbeitsplätze könnte durch eine intelligente Eingliederung gemeinnütziger Tätigkeiten in die Erwerbsarbeit entspannt werden. So plädiert Meinhard Miegel dafür, »auch niedrig produktive Tätigkeiten, insbesondere personennahe Dienste (...) in den Arbeitsmarkt zurückzuführen«[163] und ihre Attraktivität durch Anhebung des Lohnniveaus und des gesellschaftlichen Ansehens zu erhöhen.

Auch wenn dadurch die sinkende Zahl der Erwerbstätigen aufgefangen werden kann, bleibt unberücksichtigt, dass es sich bei der Konkurrenz von Jung und Alt im Dienstleistungssektor um eine Umverteilung höher qualifizierter Tätigkeiten handelt. Die Tendenz zum frühen Ruhestand und die längeren Ausbildungszeiten haben zu einer Verkürzung der Kernarbeitszeit geführt. Während Jugendliche nur schwer und häufig verspätet einen Einstieg in das Berufsleben finden, sind Ältere bei Umstrukturierungen oder in Krisenzeiten als erste vom Verlust des Arbeitsplatzes betroffen. Dass dadurch Platz für die nachwachsende Generation geschaffen wird, hat sich allerdings als Irrtum erwiesen. Häufig bleiben frei gewordene Stellen unbesetzt oder die Aufgaben werden auf die verbleibenden Mitarbeiter verteilt. Die Tatsache, dass Länder mit einer höheren Anzahl älterer Menschen in Arbeitsverhältnissen eine niedrigere Jugendarbeitslosigkeit aufweisen, belegt, dass eine Senkung der Arbeitslosigkeit nicht durch die Frühpensionierung älterer Mitarbeiter erreicht werden kann: »Bei der überwiegenden Zahl der OECD-Staaten gilt [vielmehr], dass die Jugendarbeitslosigkeit gerade dort niedrig ist, wo lange gearbeitet wird.«[164]

163 Miegel (2001), Seite 36.

164 Eva-Maria Thoms: »Graue Zellen kneten. Lernen ältere Mitarbeiter noch dazu?«, in: *Die Zeit* 11/2001.

Ältere Mitarbeiter nicht weiter zu beschäftigen oder keine neuen einzustellen ist auch eine Folge der hohen Lohnnebenkosten. Dass jedoch gerade die »Ränder« der Bevölkerung um einen Arbeitsplatz kämpfen müssen, verweist darauf, dass Alt und Jung mit schlechteren Chancen und Voraussetzungen ausgestattet sind. Arbeitslosigkeit ist ein Phänomen, das vor allem Junge und Alte trifft. Sie gelten als weniger produktiv und als Investitionsrisiko, weil sie Unterstützungsleistungen wie Weiterbildung oder Einarbeitung benötigen.

Ein fundamentales Umdenken ist notwendig, um Lösungen für die Arbeitslosigkeit zu finden und Spannungen zwischen den Generationen vorzubeugen. Angesichts der demographischen Veränderungen und der dramatischen Zunahme von Informationen und Wissen müssen Weiterbildungsmaßnahmen für Mitarbeiter höheren und mittleren Alters fest etabliert werden – nicht zuletzt deshalb, weil ihre Arbeitskraft und ihr Know-how unverzichtbar sind, wenn in einigen Jahren der Mangel an jungen Fachkräften zum Problem werden wird. Anstelle der Frühverrentung müssen Alternativen gefunden werden, mit denen die Kompetenzen älterer Mitarbeiter erhalten und für die Betriebe genutzt werden können. Denkbar wäre zum Beispiel eine kontinuierliche Verringerung der Arbeitszeit in mehreren Schritten bei gleichzeitiger Entwicklung neuer und persönlicher Dienstleistungsnischen sowie einem flexiblen Ausscheiden aus dem Berufsleben. Solche Maßnahmen müssten durch materielle Anreize und steuerliche Vergünstigungen attraktiv gestaltet werden.

8.4   Eine neue Generationenperspektive

An dieser Stelle will ich gerne zugeben, dass sich der Generationenbegriff exakt nicht bestimmen lässt. Vielleicht war die 68er eine der letzten Generationen, die zeitlich, räumlich und vom Lebensgefühl den klassischen Begriffen der Soziologie entsprachen. Allerdings beschleicht mich die Ahnung eines Etikettenschwindels, denn die kleine Zahl damaliger Aktivisten scheint im Laufe der Zeit enorm angewachsen zu sein. »Die Achtundsechziger-Generation erfuhr in den achtziger Jahren eine erhebliche retrospektive Vermehrung. Je mehr die Jahrgangsgemeinschaft zum definierenden Merkmal erhoben wurde, um so mehr Angehörige meldeten sich. Am Ende gehörten gar die Modernisierer in der CDU zur Achtundsechziger-Generation.«[165] Zumindest ist man sich darüber einig, dass es sich um eine Generation handelt und sie so erfolgreich wurde, dass ihre damaligen Zuschauer nun an ihrem Erfolg teilhaben wollen.

Solche halbherzigen Folgemodelle wie die »Generation Golf«, die »Technogeneration« oder die »postsozialstaatliche Generation« gibt es bisher nur als Etikett und nicht als tatsächlichen Begriff für eine Generation. Leichter fällt es die »Generation@« als solche wahrzunehmen, denn der zeitliche Beginn von E-Mail-Nutzung und Homepage als Visitenkarte ist klar auszumachen. Aber warum gibt es keine »Generation Fax« oder keine »Generation Brief«, die auch auf einen eigenen Generationenbegriff pochen könnten? Ich will mir nicht anmaßen, eine wissenschaftliche Diskussion um die Zulässigkeit des Generationsbegriffs an dieser Stelle anzuzetteln, sondern lediglich darauf hinweisen, dass das Definitionsproblem auch auf paradoxe Strukturen zurückzuführen ist. Ich beispielsweise bin 1957 geboren und wüsste nicht, diese Generation mit einem Begriff zu belegen, der nicht völlig an den Haaren herbeigezogen wäre. Erst während der Recherche für dieses Buch habe ich von der großen Rentenreform 1957 erfahren, mit der die Renten angehoben und viele Rentner aus der Armut geholt wurden. Dieses Ereignis reicht allerdings nicht aus, eine Generation zu definieren. Was erfüllt in meinem Leben also die Bedingung, um von einer Generationenzugehörigkeit zu sprechen? Die Mondlandung, die Fußballweltmeisterschaft, die Oberstufenreform, die Wiedervereinigung oder der Jahrtausendwechsel? Ich bin genauso ratlos wie bei Klassentreffen, wenn im Gespräch kaum Gemeinsamkeiten aus Vergangenheit und Gegenwart gefunden werden. Oder waren es doch die Beatles mit »Yellow Submarine«, die mich mit anderen Menschen zu einer Generation verbinden? Vermutlich besitzen die Musik und die Gefühle, die sie aus-

---

165 Heinz Bude: »Die biographische Relevanz der Generation«, in: Martin Kohli und Marc Szydlik (Hrsg): *Generationen in Familie und Gesellschaft* (Opladen: Leske und Budrich, 2000), Seite 26.

Eine neue Generationenperspektive 8.4

löst, ein höchstes Maß an Gemeinsamkeiten für eine Generation. In der Musik und ihren Epochen kann ich mich eher wiedererkennen als in solchen Ereignissen, die nicht von und nicht mit mir verursacht worden sind. Ich bin ein generationsloser Mensch, empfinde dies aber nicht als Nachteil oder Belastung.

Gleichwohl dokumentiert dieses Buch aber auch, dass ich auf der Suche nach meiner verlorenen Generation bin. Ich möchte ihr aber nicht wie ein Hund hinterherlaufen, sondern helfen, sie zu konstruieren, ohne mir ein Ereignis auszusuchen, das mein Leben erklärt. Heutzutage müssen wir Generationen bewusst und gemeinsam herstellen, um die Gesellschaft gestalten zu können. Generationen sind kulturelle Partner, die kommunikative Lücken zwischen Vergangenheit und Zukunft schließen. Weil wir aus unserer alltäglichen Lebenswelt nur noch mit großen Schwierigkeiten auf die Zukunft schließen können, schwindet die Möglichkeit, sie zu gestalten. Diesen größer werdenden Riss durch die Generationen und durch die Welt dürfen wir nicht zulassen. Zumal es in der Menschheitsgeschichte bisher keine Zeit gegeben hat, in der so viele Angehörige verschiedener Altersgruppen gleichzeitig gelebt haben. Die Tatsache, dass heute Großeltern ihre Großeltern betreuen und pflegen, lässt eine Generationenvielfalt erahnen, die bisher einzigartig ist. Leider werden die neuen Chancen des Miteinanders nicht genutzt, ganz im Gegenteil stehen sich die Generationen in den Medien eher feindlich gegenüber.

Auch dabei handelt es sich um eine Paradoxie. Die veränderte Wirklichkeit wird durch das Nadelöhr einer von der Zeit überholten Vereinbarung ausgeblendet. Noch deutlicher wird die Widersprüchlichkeit, wenn wir daran denken, dass gerade der Tod der Eltern, der Gedanke an Erbschaft und Hinterlassenschaft ein so großes Thema ist. Und schließlich ist es für mich paradox, eine Lanze für einen neuen Altersbegriff zu brechen, obwohl die meisten Alten gar nicht von ihren Ketten befreit werden wollen. Das Paradoxe liegt in den Beziehungen zwischen Eltern und Jugendlichen, wenn letztere sich beim Erwachsenwerden abgrenzen, aber gleichzeitig Liebe und Verbundenheit nicht aufgeben wollen. Es war immer notwendig, verlässliche Bezie-

8 Dialog der Generationen

hungen zwischen den Generationen herzustellen. Deshalb müssen wir sie auch immer wieder neu interpretieren und organisieren. Aber einer unüberbrückbaren Zwiespältigkeit können wir nicht entfliehen: »So sehr sich Eltern und Kinder Zeit ihres Lebens verbunden sein können, so sehr sind sie in dieser Hinsicht immer auch verschieden. Nicht nur die Beziehungen sind prinzipiell unauflöslich, sondern auch die fundamentale Differenz.«[166] Wegen der Altersunterschiede werden Ereignisse und Erfahrungen unterschiedlich verarbeitet. Trotz aller Anstrengung zur Ähnlichkeit werden wir immer anders sein. Die Unaufhebbarkeit dieser fundamentalen Erfahrung liefert uns ein Generationenparadox, dass wir nur durch ethische und bewusste Entscheidungen überwinden können. Darin liegt durchaus ein Prinzip familiärer Veränderungsfähigkeit, solange die Beteiligten im Dialog und in der Auseinandersetzung verbleiben. Eine kulturelle Weiterentwicklung ohne solche Spannungen ist kaum denkbar.

Die gesellschaftliche Aufgabe besteht in der Überarbeitung des Generationenvertrages. Dieser kann nicht nur eine angemessene Verteilung von ökonomischen und sozialen Ansprüchen und Pflichten regeln, sondern muss beispielsweise in besonderer Weise Solidarität gegenüber Familien und Kindern einfordern, um ein lebenswertes Leben sicherzustellen. Verantwortung für die Zukunft bedeutet in diesem Zusammenhang, die Lebenswelten der Generationen in zwanzig oder fünfzig Jahren zu bedenken. Denn durch die Macht von Technik und Politik besitzen die heute lebenden Generationen die Möglichkeit, den Planeten beispielsweise durch biologische und chemische Waffen, die Ausrottung der Tier- und Pflanzenwelt, den Klimawandel, den Atommüll oder die Kernwaffenarsenale zu zerstören. Der Generationenvertrag sollte weit über die soziale Sicherung des Alters, der Überwindung der Arbeitslosigkeit und der Krankheiten hinausgehen und beispielsweise durch Umweltschutz lebenswerte Lebensbedingungen sichern, durch den Abbau der Staatsverschuldung Belastungen reduzieren sowie durch Bildung und Kultur den Nachfolgegenerationen lebenswerte Existenzbedingungen

---

166 Kurt Lüscher: »Die Ambivalenz von Generationenbeziehungen – eine allgemeine heuristische Hypothese«, in: Kohli und Szydlik (2000), Seite 141.

Eine neue Generationenperspektive 8.4

ermöglichen. Die historische Zäsur, dass wir unsere Lebenswelt endgültig zerstören können, macht die Frage der Generationengerechtigkeit zwischen Jung und Alt zu einer ultimativen Herausforderung, die sich nicht mit Lippenbekenntnissen beantworten lässt.

Wir müssen uns klar machen, dass wir für die Zukunft verantwortlich sind. Aus guten Gründen müssen wir fragen, ob unsere Volksparteien die Kraft besitzen, unterschiedliche Vorstellungen und Interessen einer modernen Zivilgesellschaft in eine nachhaltige Politik umzusetzen. »Weniger Wählerstimmen, wachsende Wahlenthaltungen, weniger Stammwähler, Stagnation oder gar Schrumpfen der Mitglieder und verbreitete Kritik und Parteiverdrossenheit signalisieren den Verlust an integrativer Kraft.«[167] Obwohl Einschränkungen unseres Wohlstandes notwendig sind, beharren große Bevölkerungsteile weiterhin auf ihre Ansprüche und Privilegien. Das paradoxe Verhältnis zwischen falschen Hoffnungen und unhaltbaren Versprechungen hat die Politik zum entscheidungsunfähigen Schiedsrichter auseinander treibender Interessen und Gruppen gemacht. Die Tagespolitik reicht deswegen über Kompromisse und die Befriedigung von Wählerwünschen nicht hinaus. Wir können die Probleme nicht lösen, ohne Besitzstände abzubauen. Wir brauchen Politiker, die bereit sind für die Wahrheit Wähler und Wahlen zu verlieren, um ihre Positionen glaubhaft und konsequent zu vertreten. Die Erneuerung der sozialen Marktwirtschaft braucht die Ressourcen aller Gesellschaftsmitglieder: »Vor allem muss bei diesem Zukunftsprojekt weniger als bisher auf die klassische Sozialpolitik im Sinne der Risikoabsicherung in sozialen Sicherungssystemen abgestellt werden, sondern stärker auf das, was häufig als Gesellschaftspolitik bezeichnet wird: Bildung, Ausbildung, Forschung, Wissenschaft und Technik.«[168] Dialogfähigkeit fordert vor diesem Hintergrund die Infragestellung eigener Interessen.

Es wäre sträflich, mangelnde Reformfähigkeit der Parteien anzuprangern, ohne die Rolle der Medien zu erwähnen, die wenig zur Lösung der Proble-

---

167 Detlef Grieswelle: *Gerechtigkeit zwischen den Generationen* (Paderborn, München, Wien, Zürich: Ferdinand Schöningh, 2002), Seite 244.

168 Ebenda, Seite 247.

8 Dialog der Generationen

me beitragen. Gerade die Darstellung der Politik im Fernsehen leidet darunter, dass Quote und Werbung die wichtigste Rolle spielen. Weil sich die Menschen in erster Linie über die Medien informieren, wird das dort vermittelte Bild zur Wirklichkeit. Dieser ungeheuren Verantwortung für Aufklärung, Fairness, Abwägung und Sinnstiftung sollte entscheidendes Gewicht beigemessen werden. Ehrlichkeit und die Konzentration auf Wesentliches sind keine Kürübung, sondern die letzte Chance, unsere Probleme gemeinsam zu lösen.

Wer nicht im Geist auf sein Alter eingestimmt ist, hat das ganze Ungemach seines Alters zu tragen.[169]

Voltaire

9. Doppeldeutigkeit des Jugendsyndroms

Wenn wir eine neue Einstellung zum Alter finden wollen, reicht es nicht aus, sich die Komplexität des Alterns zu vergegenwärtigen oder die ermutigenden Veränderungen zu betrachten. Vielmehr müssen wir unser Wertesystem und unsere kulturellen Denkmuster überprüfen, weil sie unseren vereinfachten Altersbildern zugrunde liegen. Das Bild vom Alter ist weder ein vorübergehendes Phänomen, noch lässt es sich schnell und einfach korrigieren. Dabei zeigt sich, dass es eng mit der westlichen Vorstellung von Leistung, Erfolg und Glück verbunden ist, die wiederum von unserem Jugendbild geprägt sind. Das negative Stigma des Alters und das übertriebene Bild der Jugend gehören zusammen wie Tag und Nacht und erinnern in ihrer Dynamik an das Wettrüsten. Je verlustreicher das Altern empfunden wird, desto verklärter ist der Blick auf die Jugend, die wir verzweifelt zu retten versuchen. Um diese wechselseitige Verstärkung zu überwinden, ist es wichtig, die Ursachen für den Zusammenhang negativer Altersbilder und der Glorifizierung der Jugend zu kennen.

Alt werden wir (fast) alle. Jeder weiß, jeder hofft das – und doch wird Alter als Last empfunden, manchmal sogar als persönliches Scheitern. Nichts kann über das Unbehagen hinwegtäuschen, wenn wir über das Alter nachdenken. Die Bereitschaft, mit der »Verjüngungsmittel« konsumiert und selbst unseriöse Versprechen wie das sprichwörtliche von der ewigen Jugend geglaubt werden, beweisen, welchen Stellenwert die früheren Jahre haben. Hormonbehandlungen, Sauerstoff-Bars oder Wellnessprogramme versprechen ein vi-

---

169 Qui n'a pas l'esprit de son âge, De son âge a tout le malheur. Voltaire, zitiert nach Schopenhauer (1987), Seite 183.

tales Alter. Der neue Anti-Aging-Begriff, der eigentlich ein positives Bild vom Alter (Pro-Aging) zeichnen will, verkehrt sich in Gegenteil. Dahinter stecken ausschließlich wirtschaftliche Interessen, die jeglichen Bezug zu einer neuen Sicht des Alters vermissen lassen. Niemand hat etwas gegen die Jugendlichkeit, im Gegenteil: Jeder erinnert sich glücklich, verklärt, bewundernd oder traurig an seine eigene Jugend. Man muss jedoch unterscheiden zwischen der Jugend als Lebenszeit und der missbräuchlichen Verwendung des Begriffs für Marketing und Werbung. Der krampfhafte Versuch, das Altern aufzuhalten, hat durchaus krankhafte Züge, weil dieser Jugendwahn Versprechen hinterherjagt, die die Naturhaftigkeit des Menschen in Misskredit bringt.

Das ausschließliche Interesse am Alter, um neue Zielgruppen mit neuen Produkten zu bedienen, die ganz bewusst mit Ängsten und haltlosen Versprechen arbeiten, ist für mich abstoßend. Der unschätzbare Wert der Jugend liegt vor allem in seiner Vergänglichkeit und der leidenschaftlichen und unökonomischen Vergeudung dieses unverschuldeten Wunders. Wenn wir versuchen, dieses Einmalige in vielen kleinen Tiegelchen zu konservieren, versuchen wir dorthin zurückzukehren, wo wir niemals mehr sein können. Nur das Alter kann das Ziel sein. Wir sollten uns vor Augen führen, das der Jugendwahn nur von denjenigen inszeniert werden kann, die selber nicht mehr zum erlauchten Kreis der Jugend gehören. Wir sollten von den Jugendlichen lernen, die auch nicht versuchen die Weisheit in neurotischer Eile vor ihrer Zeit in die eigenen Hände zu bekommen.

9.1 Über Abschied ohne Ankunft

Die Erkenntnis, dass wir die Lebensqualität des Alters verändern können, hat zu einem Altenbild beigetragen, das nicht Defizite, sondern Kompetenzen in den Vordergrund stellt. Grundsätzlich ist diese Umdeutung des Alters ein Gewinn. Sobald jedoch der »Jung-Senior« zum Maßstab des Alters wird, wird auch diese Neudefinition problematisch. Nur das Bild auszutauschen verkennt die Tatsache, dass es das Alter an sich nicht gibt. Die Alten bestehen aus ganz unterschiedlichen Gruppen und aus vielfältigen und ganz unterschiedlichen Lebenseinstellungen und Lebensweisen. Die Weltgesundheits-

Über Abschied ohne Ankunft 9.1

organisation empfiehlt deswegen ein Mehrphasenmodell, das in Ältere zwischen 60 und 75 Jahren, in Alte von 75 bis 90 Jahren, in Hochbetagte von 90 bis 100 Jahren und in Langlebige, die über 100 Jahre alt werden, unterscheidet.

Insbesondere in den Medien hat sich jedoch eine verkürzte und vereinfachte Darstellung durchgesetzt. Bilder von Wellen reitenden 80-Jährigen oder einem 70-jährigen Ironman sind wenig repräsentativ und vermitteln eine Jugendlichkeit, die das Alter eher diffamiert. Es kann nicht um die Festschreibung eines Talentes aus einer bestimmten Lebensphase gehen, sondern um die Ausprägung jeweils in die Lebensphase passender Fähigkeiten. Auch wenn die Begriffe »Neue Alte« oder »junge Alte« von der Altersforschung nicht mehr verwendet werden, haben sie sich außerhalb der Wissenschaft längst eingenistet.

Der stetige Hinweis auf die Kompetenz und Vitalität älterer Menschen ist ein wichtiger Schritt, um Vorurteile aufzubrechen. Dabei kann es aber nicht darum gehen, das Bild vom lebenslustigen »Best-Ager« zu verbreiten. Denn nicht jeder über 60-Jährige lebt in glücklichen Verhältnissen und nicht jede über 90-Jährige ist mit dem Bild »arm und alt« zutreffend beschrieben. Gelingt es dem Einzelnen nicht, die geforderten und verklärten Fähigkeiten eines falschen Altenbildes unter Beweis zu stellen, besteht die Gefahr, wiederum in eine ausgegrenzte Gruppe der Gesellschaft als »wirklich alt« abgeschoben zu werden. Der Zeitgeist, der das neue Alter mit Marketingetiketten aufrüsten will, macht doch nichts anderes, als das Bild der Alten einzuschränken, um Kunden nicht zu verprellen und um den Markt nicht zu verlieren. Der Philosoph Noberto Bobbio beschreibt, mit welcher Gemütsverfassung viele Ältere den Wirbel um sie als Zielgruppe wahrscheinlich bewerten. »[Wir] erblicken jetzt keinen alten Menschen mehr, sondern, wie es mit einem neutralen Begriff heißt, einen Senior, der sehr rüstig wirkt und lächelnd beteuert, wie glücklich er über sein Dasein ist, weil er endlich ein besonders kräftigendes Tonikum oder eine außergewöhnlich reizvolle Ferienreise genießen darf.«[170]

---

170 Noberto Bobbio: *Vom Alter. De senectute* (München: Piper Verlag, 1999), Seite 32–33.

9 Doppeldeutigkeit des Jugendsyndroms

Der Psychologe Wolfgang Schmidbauer weist darauf hin, dass der Hinweis »›Du bist so alt, wie du dich fühlst‹ einerseits dazu [ermutigt], jugendliche Impulse auch angesichts eines ›unpassenden‹ kalendarischen Alters auszuleben. Auf der anderen Seite kann die Ablehnung eines negativen Altersselbstbildes auch zu einer Zumutung werden. Unser gegenwärtiger Umgang mit dem Alter verlangt von uns, uns nicht alt zu fühlen und dem Klischee vom Alten nicht zu entsprechen, das die Jungen uns auferlegen. Die Alten sind gehalten, sich von den ›wirklich Alten‹ abzugrenzen, vielleicht ähnlich, wie Touristen begeistert von Ländern und Orten erzählen, die sie aufgesucht haben, weil sie noch nicht vom Tourismus verdorben seien.«[171] Wenn das Altern nur unter der Bedingung eines jugendlichen und dynamischen Alterns stattfindet, wird damit auch wieder nur ein falsches Bild vom Alter gezeichnet. Erst mit einer neuen Altersphilosophie kann der neurotische Zwang jung sein zu müssen auch im Alter aufgehoben werden.

Die Glorifizierung der Jugend zeigt nicht nur, wie angstbesetzt das Alter in unserer Kultur ist, sondern auch, dass wir keine alternativen Strategien haben, mit dieser Angst umzugehen. Noch gibt es keine anderen Konzepte als das Altern zu verzögern oder kosmetisch zu verdecken. Unsere postmoderne Kultur liefert mittlerweile sogar Vermutungen dafür, dass das Alter abgeschafft werden kann: »Das Alter – was für ein wahnwitziges Thema am Ende des zwanzigsten Jahrhunderts, wo alles so gut läuft. (...) Hier will ganz offensichtlich jemand Spielverderber sein, als wüsste er nicht, dass es inzwischen eine Creme gegen Falten gibt (...). Nehmen wir Elisabeth Taylor: Sie könnte glatt ihre eigene Tochter spielen. Oder Michael Jackson: Seit vierzig Jahren singt er für Zwölfjährige. Oder James Bond – abgesehen davon, dass er nicht mehr mit der Walter PPK schießt, ist alles beim Alten geblieben. (...) Rocky eins, zwei, drei, vier, fünf und sechs, ohne merklichen Formabfall. (...) Alter? Gibt´s nicht. Wird´s nicht geben. Ist abgesagt.«[172]

---

171 Wolfgang Schmidbauer: *Altern ohne Angst. Ein psychologischer Begleiter* (Reinbek bei Hamburg: Rowohlt Verlag, 2001), Seite 12.

172 Andrzej Stasiuk: »Wir Halbstarken. Unsere Existenz wird wieder tierisch«, in: Thomas Steinfeld (Hrsg.): *Einmal und nicht mehr. Schriftsteller über das Alter* (Stuttgart, München: Deutsche Verlags-Anstalt, 2001), Seite 123–124.

Über Abschied ohne Ankunft   9.1

So provokativ und überspitzt diese Aussage des Schriftstellers Andrzej Stasiuk auch ist, unsere moderne Kultur handelt durchaus nach dem Motto
»anything goes« an der Realisierung ewiger Jugend. Auch die Jungen korrigieren und entwerfen ihre Erscheinung immer wieder neu und selbst die
kosmetische Chirurgie wird als radikale Form der freien Körpergestaltung
bei allen Altersgruppen und Geschlechtern immer mehr akzeptiert. Eine der-
artig umfassende Lust an der Selbstinszenierung lässt auf eine Einstellung
schließen, die das Leben als Spiel begreift. Konsequenterweise werden alle
sicht- und unsichtbaren Altersunterschiede aufgehoben. In seinem Aufsatz
»Die alterslose Gesellschaft« zeichnet Norbert Bolz das Bild einer Kultur, in
der die älteren Generationen ebenso einen Anspruch auf Jugendlichkeit erheben wie die jungen. Jugend und Alter werden als Werte verstanden, die
frei verfügbar von allen in Anspruch genommen werden können: »Jugend
wird also zum spirituellen Wert, zur inneren Haltung, zum Emotional Pat-
tern.«[173]

Es entsteht ein vom Alter befreiter Raum, in dem analog zum Cyberspace
die Unterschiede zwischen Jung und Alt keine Rolle mehr spielen: »Fünfzig-
jährige intonieren den Jugendprotest, Multimillionäre verklären das Leben
im Ghetto. In diesem Recycling der Pop-Revolution wird ›Forever young‹
dann als Lebensgefühl frei transportierbar und übergreift die Generationen.
Mama und Papa gehen mit den Töchtern gemeinsam ins Konzert von Paul
McCartney.«[174] Das klingt beinahe so, als könne das Alter abgeschafft werden. Eine Gesellschaft ohne Alter setzt sich allerdings nicht mehr mit den
existenziellen Bedingungen und Grenzen des Lebens auseinander und kann
kein positives Verhältnis zu sich selbst entwickeln. Angenommen, wir würden den Jungbrunnen finden, würden wir das tatsächlich wollen?[175] Oder
besser gefragt: Dürfen wir das überhaupt wollen? Denn »(...) was tun wir

---

173 Bolz (1998), Seite 218.

174 Ebenda, Seite 217.

175 »Wenn wir bis in die Achtziger als ›jung‹ durchgehen und unser Älterwerden bis
    zum Tod verleugnen könnten, wenn wir nie ›alt‹ würden, wenn wir tatsächlich den
    Jungbrunnen fänden – würden wir das denn wirklich wollen?«, Friedan (1997),
    Seite 80 f.

uns selbst – und der Gesellschaft – an, wenn wir unser Alter verleugnen? (Peter Pan und Dorian Gray machten die Erfahrung, dass es die Hölle ist, ›ewig jung‹ zu sein.) Wird dadurch, dass das Alter als ›Problem‹ definiert wird, die menschliche Selbstverwirklichung gesellschaftlich und individuell nicht ernsthaft behindert? Wird da nicht Wertvolles vergeudet?«[176]

Diese Fragen plädieren für Vielfalt und Unterschiedlichkeit. Dabei müssen weder Selbstverwirklichung noch Individualität aufgegeben werden. Im Gegenteil wendet sich die Anerkennung aller Lebensalter gegen die Uniformierung kollektiv geltender Jugend-, Schönheits- und Erfolgsregeln und öffnet den Weg zu einer Vielzahl unterschiedlicher Altersformen. Nur so können die Möglichkeiten und die Besonderheiten des Alters gelebt werden. Die Aufhebung der Unterschiede von Jugend und Alter hingegen führt zum Verlust von sozialen Rollen, die Ältere beispielsweise als Lehrer und Vorbild sinnvoll ausfüllen könnten.

Es ist nicht damit zu rechnen, dass die Glorifizierung der Jugend zurückgehen wird. In der Vergänglichkeit wächst das Begehren und die Zunahme des Jugendwahns ist wahrscheinlich. Solange wir versuchen, das Alter aufzuhalten, nutzen wir nicht die Möglichkeiten der vor uns liegenden Jahre. Ohne die Akzeptanz realer Verluste und der gleichzeitigen Entwicklung neuer Werte und Stärken feiern wir permanent Abschied, ohne jemals wirklich anzukommen.

9.2 Über Todesfurcht und Jugendtraum

Zweifellos gibt es eine Reihe von tief verwurzelten Ängsten und Unsicherheiten, die das Alter zum Problem, wenn nicht gar zu einer Horrorvision machen. Die Angst vor der Sterblichkeit prägt unser Verhältnis zum Alter. Denn obwohl der Mensch um seine Endlichkeit weiß und der Tod eine der wenigen Gewissheiten ist, so vermag doch kaum jemand an sein eigenes Ende zu glauben und sich seine Nichtexistenz vorzustellen. Eine Folge ist die Verdrängung. Das Unleugbare wird aus dem Bewusstsein getilgt, wird

---

176 Ebenda, Seite 84.

Über Todesfurcht und Jugendtraum 9.2

kaschiert oder weggeschoben. Um angesichts der unfassbaren Wahrheit des »Nicht-mehr-da-seins« nicht in Todesangst oder Resignation zu erstarren, wurden Strategien der Verleugnung entwickelt. Der Tod wird aus dem Leben eliminiert und wird in die fernere Zukunft verschoben oder als Übergang in die Unsterblichkeit begriffen. Konfrontiert mit der Notwendigkeit des Todes ergreifen wir jede Möglichkeit, sei sie noch so unwahrscheinlich, »dem Unausweichlichen auszuweichen«.[177]

Die Angst vor dem Alter kann also durchaus als Angst vor dem Lebensende gelesen werden. Denn das Alter ist der Zeitpunkt im Leben, in dem sich die Verdrängungsleistungen über jedes Maß hinaus erhöhen müssen, um sich die eigene Unsterblichkeit noch einbilden zu können. Während in jüngeren Jahren die Endlichkeit des Lebens verdrängt und vom lauten Geschrei des Alltags mit seinen Verpflichtungen und Wünschen übertönt werden kann, steht im Alter der Tod mit unabdingbarer Wucht vor Augen. Weil das Alter dem Tod vorausgeht, hat es als Vorbote und als Symbol eine besondere Bedeutung: Das Alter und seine typischen Merkmale erinnern uns an das, was wir versuchen zu leugnen. Es ist die Lebensphase, in der der Tod auf plakative Weise ins Leben tritt und Gestalt annimmt. Jean Améry beschreibt das Altern als Zeit, in der wir mit dem Sterben leben müssen, als eine »skandalöse Zumutung«[178], die sich zurückführen lässt auf das »unbegreifliche Wirken des Todesvirus, mit dem wir in die Welt treten. Er war nicht virulent, als wir jung waren. Wir wussten wohl von ihm, aber er ging uns nichts an. Mit dem Altern tritt er heraus aus seiner Latenz. Er ist unsere Sache, unsere einzige, auch wenn er nichts ist.«[179]

Das Alter als unaufhaltbarer Verfall bis zum Tode hat in der Vergangenheit immer wieder die Suche nach dem mythischen Jungbrunnen inspiriert. Menschen haben immer wieder versucht, der Endlichkeit des Lebens zu trotzen und dem unergründlichen Geheimnis des Alterns auf die Spur zu kommen.

---

177 Jean Améry: *Über das Altern. Revolte und Resignation* (Stuttgart: Klett-Cotta, 2001), Seite 128.

178 Améry (2001), Seite 124.

179 Ebenda, Seite 134.

9 Doppeldeutigkeit des Jugendsyndroms

Die Anstrengungen, das Altern zu verlangsamen oder nach lebensverlängernden medizinischen und genetischen Möglichkeiten zu suchen, sind Strategien, den Tod aufzuschieben und ein »Mehr« an Lebenszeit zu gewinnen. Die märchenhafte Wirkung des Jungbrunnens eliminiert nicht nur den Tod, sondern verzaubert auch das Alter. Sie entspricht der als selbstverständlich akzeptierten Plattitüde, dass alle lange leben mögen, aber keiner alt werden will. Dass dieser sinnlose Satz immer noch Lächeln und Übereinstimmung hervorruft, belegt unsere Naivität in dieser existentiellen Frage. Wie eine Art Zauber soll der Jungbrunnen die Zeit aus den Angeln heben und die Naturgesetze außer Kraft setzen, um die Jugend zurückzugewinnen und die Spuren der späten Jahre rückgängig zu machen. Die Vorstellung, wir würden körperlich, intellektuell und gesellschaftlich immer weniger wert sein, wir würden immer mehr verlieren, erst die Arbeit, dann die Freunde, den Lebenspartner, die eigene Wohnung, ohne dass etwas hinzukommt, prägt unser negatives Bild vom Alter. Diese Altersphobie reagiert weniger auf die körperlichen Veränderungen als vielmehr auf die Furcht vor dem Aufhören-Müssen und dem Nicht-Mehr-Gebraucht-Werden.

Wir haben nicht nur große Angst vor den schleichenden Veränderungen und der Isolation in der letzten Lebenshälfte, sondern auch davor, wie die Gesellschaft diese Veränderungen bewertet. Unsere Ängste sind in einen gesellschaftlichen und kulturellen Wertekanon eingebettet, der Jugendlichkeit idealisiert und das Alter bestenfalls ignoriert. Unterhaltung, Erlebnis, Freiheit, Schönheit, Mobilität und Flexibilität sind die wichtigsten Ziele, über die die Jugend automatisch zu verfügen scheint und die zu Merkmalen eines gelungenen Gesellschafts- und Persönlichkeitsmodells geworden sind. Während Jugend mit solchen Werten gleichgesetzt wird, die in der heutigen Erlebnis- und Konsumgesellschaft als Bedingungen zum Erfolg gelten, ist das späte Leben Platzhalter für das Gegenteil. Alter und Jugend symbolisieren die zwei Hälften einer Medaille, die nie gleichzeitig in den Blick genommen werden können und wechselseitig ihre Existenz verbürgen. Als Gegenentwurf zu Vitalität, Innovation, Dynamik, Selbstverwirklichung, Geschwindigkeit, Leistung und Effektivität verweist das Alter auf die Grenzen des Erfolgs, auf das Ende des Wünschenswerten und das Scheitern des postmoder-

Über Todesfurcht und Jugendtraum 9.2

nen Lebensentwurfs. So erscheint es losgelöst von der eigentlichen Lebensphase als Verlust an Jugendlichkeit und stellt sich als Verkörperung des Anderen dar, der Ablehnung des Jugendideals. Derart gebrandmarkt will niemand alt sein oder alt aussehen. Unter den allzeit wachen Augen einer Gesellschaft, die Gewinn- und Verlustrechnungen auch anhand gelebter Jahre aufmacht, stehen wir unter dem permanenten Druck eines »Dorian-Gray-Syndroms«, das höflich und verständnisvoll zum Verschwinden auffordert: »Wenn man seine Schönheit, von welcher Art sie auch sei, verliert, hat man alles verloren. Jugend ist das einzige auf der Welt, das einen Wert hat. Wenn ich einmal merke, dass ich alt werde, bringe ich mich um.«[180] Wie viel Erschütterung strömt aus diesen Zeilen und wir ahnen, wie wenig Trost wir Menschen spenden können, die derart ans Irdische gefesselt sind.

In den letzten Jahrzehnten wurde systematisch eine ungewisse Darstellung verbreitet, man könne auf die Alterungsprozesse Einfluss nehmen. Auch dabei haben wir es mit paradoxen Momenten zu tun. Wir alle sind Tag für Tag mit Leiden und Sterben konfrontiert und haben deswegen die verschwommene Halluzination von der Unsterblichkeit als absurde Hoffnung in unserem Hinterkopf versteckt. Der Traum unendlichen Lebens wird in den Hexenküchen des Kommerz weiterhin mitleidslos instrumentalisiert und kehrt als salonfähiger Jugendwahn in unseren Alltag zurück. Aber es ist keine private Neurose, die zu Vereinsamung oder zu Scham rät, sondern eine laute Kampagne, die mit Gewalt einen Sieg des Äußerlichen über das Innerliche herbeiführen will. Dies entspricht keinerlei ideologischer Absicht, Weg und Ziel sind ausschließlich kommerziell bestimmt. Der Mensch wird als Produkt und Kunde entlarvt und mit all seinen Stärken und Schwächen dem Markt ausgesetzt. Diejenigen, die den Markt beherrschen, haben schnell erkannt, dass die Jugend als symbolisches Ersatzteillager dienen kann und eine Geschäftsidee verkörpert: Therapien und Produkte, die unendlich in Anspruch zu nehmen sind, weil ihr Ziel nie erreicht werden kann. Seitdem reagiert der Markt mit immer neuen Produkten, die das Altern verlangsamen oder

---

180 Oscar Wilde: *Das Bildnis des Dorian Gray* (Frankfurt am Main, Berlin: Ullstein, 1992), Seite 42.

zumindest seine Spuren zu verdecken versprechen. Die Geschäfte des Jungbrunnens laufen fast wie von selbst.

Diese Geschäftsidee wird mit einem hohen Preis bezahlt. Ältere Menschen kommen in dieser schönen, bunten und faltenfreien Welt nicht mehr vor. Trotz der steigenden Kaufkraft Älterer werben Unternehmen selbst für Produkte, die sich ausdrücklich an sie wenden, mit jüngeren Menschen. Die Antifaltencreme in aufwändig produzierten Spots pflegt die jugendliche Pfirsichhaut oder die Mittel zur Pflege der dritten Zähne werden vom strahlenden Gebiss einer 29-Jährigen belächelt. Ältere sind in der Werbung nicht nur unterrepräsentiert, sondern werden häufig auch der Lächerlichkeit preisgegeben oder als Hüter veralteter Traditionen ins Abseits gestellt. Wenn sie in der Werbung vorkommen, dann als der lächerliche Faxenmacher, der ewig Junggebliebene, der exzentrischer Kauz, der Aristokrat oder jene beschürzte Traditionsfrau, die die preußische Ordnung verkörpert. Auch wenn die Variationsbreite in der Werbung zugenommen hat, gibt es nur wenige Schubladen, die auf die ihnen zugeschriebenen Rollen und Möglichkeiten verweisen. Wir sind von einer der Alltäglichkeit entsprechenden Darstellung weit entfernt.

Auch die Wissenschaften, allen voran die Medizin und die Biotechnologie, sind auf den Verjüngungszug aufgesprungen. Sie versorgen uns mit Angeboten, die von chirurgischen Korrekturen bis hin zur Optimierung der körpereigenen Regenerationsfähigkeit reichen. Sie versprechen Hoffnung auf ein langes Leben in jugendlicher Frische und Gesundheit. Dabei zeigt die Sprache, dass mit Ernst und Disziplin zur Sache gegangen wird. Mit Anti-Oxidantien ziehen wir ins Feld gegen den Vandalismus der aggressiven freien Radikale, die unsere Haut und andere Organe altern lassen, oder so genannte Lifestyle-Medikamente versprechen neue Muskelkraft und dauernde Potenz. Und in einigen typisch amerikanischen Firmen und Sekten wird die Lebensverlängerung systematisch wie ein Mondfahrtprogramm betrieben. Im Wettkampf gegen die Zeit wird mit immer neueren Therapien und sich überschlagenden Verkündigungen der Weg in die unbegrenzte Verheißung geebnet. Alter ist kaum noch ein naturhafter Prozess, sondern ein nicht gewolltes Schicksal, das diejenigen verzögern können, die ihm mit den richtigen Waffen ausgestattet, den Kampf ansagen. Dieser Größenwahn, der die Potenz der Jugend eiskalt militarisiert, um die Alten dauernd unter Glücksbeschuss zu nehmen, ist sicherlich auch eine Karikatur des Paradoxen. Denn jenseits auflösbarer Widersprüche muss man erst einmal diejenigen finden, die solche Heilsversprechen für bare Münze nehmen.

Die Vertreibung der Alten aus den einsehbaren Gärten unserer Öffentlichkeit bewirkt einen Rausch der Verjüngung um jeden Preis. Wie die Arche Ertrinkende vor der Flut retten sollte, so leben einige in der Illusion, die sichtbaren Zeichen des Reifens retuschieren zu können. Doch das Unsichtbarmachen oder zeitweilig zum Verschwinden bringen bedeutet nicht, etwas ungeschehen zu machen. Dorian Grays Beschwörung ewiger Jugend wird zwar Wirklichkeit, aber das Porträt, um dessen dargestellter Blüte willen er alles hingeben wollte, altert an seiner Statt. Das im Geheimen gealterte Bild und der schön Gebliebene erweisen sich als Einheit; seine jugendlich attraktive Gestalt halluziniert nur Maskerade. Jenseits moralischer Überlegungen verführt die Verdrängung und Abspaltung des Alters dazu in Fallen zu tappen, die eigentlich nur dann gefährlich sind, wenn wir uns weigern die Dinge zu Ende zu denken. Wer nicht alt werden will, sollte sich vorerst einen anderen Planeten auswählen, auf dem der illusionäre Wunsch nicht früher oder später an der Realität zerbrechen muss. Etwas würdigen heißt es annehmen. Wir sollten uns diese Chance der Aussöhnung mit uns selbst und der Jugend nicht rauben lassen.

9.3 Über Ästhetik und Sexualität

Kaum ein anderer Lebensbereich ist so unter das Diktat des Marketings und der Jugendlichkeit geraten wie Erotik und Sexualität. Unter dem Einfluss der sexuellen Revolution der 1960er-Jahre, der Freizügigkeit und hautnahen Enthüllungslust sowie der vielfältigen Modellierungs- und Inszenierungsmöglichkeiten rückte der Körper, und vor allem der jugendlich frische, ins Blitzlicht der Aufmerksamkeit. Auf Bildschirmen, Plakaten und Kinoleinwänden, in Hochglanzzeitschriften und Schaufenstern werden dem öffentlichen Blick

9 Doppeldeutigkeit des Jugendsyndroms

makellos schöne, kaum verhüllte, verheißungsvoll lächelnde Menschen dargeboten. Jugendliche Schönheit gilt als Voraussetzung für Glück und Erfolg und für die Auslösung des Begehrens beim anderen Geschlecht. Die Verbindung zwischen Bild und Erotik wurde nicht erst von Freud entdeckt. »Alles Begehren kommt vom Sehn!« [181] rief Johanne Charlotte Unzer 1746 aus.

Doch die inflationäre Darstellung des perfekten, meist weiblichen Körpers kreist nicht nur um das sexuelle Begehren, sondern definiert das Begehrenswerte überhaupt und löst den Wunsch aus, dem Gesehenen ähnlich zu werden. Wer sich mit der mode(l)haften Schönheit einer Heidi Klum identifiziert, versucht sich ihre perfekte, glatte Haut, ihr Lächeln und ihre jugendhaft-erotische Ausstrahlung einzuverleiben. Bei der Nachahmung solcher Models hilft ein ins Gigantische angewachsener Markt. Ratgeber informieren, wie wir durch Diäten, Styling oder Fitness zu einer vorteilhaften, »sexy« Ausstrahlung kommen. »Vorher-Nachher-Fotos« dokumentieren die Verwandlung und vermitteln den Erfolg der Selbstkreation. Selbst ernannte Spezialisten bieten eine breite Palette von Produkten und Programmen zur Förderung von Schönheit und Wohlbefinden an und erzeugen das Gefühl, ihre Dienste in Anspruch nehmen zu müssen, um sich schön und wohl zu fühlen.

Entscheidende Voraussetzung für die Verbreitung der genormten Schönheit sind die Visualisierungs- und Medialisierungsprozesse des 20. Jahrhunderts. Durch die Allgegenwart des erotischen Körpers in der simulierten Welt wird der Eindruck erweckt, Schönheit ist allgegenwärtig, sei ein reproduzierbares und von jedermann(frau) herstellbares Gut. An der Verbreitung dieser Illusion sind die Massenmedien und ihre konstruierte Wirklichkeit aus zweiter Hand maßgeblich beteiligt. Wenn Attraktivität beim Aussehen beginnt und endet, verliert das Ästhetische jedoch seine Exklusivität und seinen dialogischen Charakter. So hat die Vorstellung, dass Schönheit von innen kommt und in der Vorstellung des Betrachters erst Wirklichkeit wird, für viele an Glaubwürdigkeit eingebüßt. Welche Bedeutung die Macht des perfekten Kör-

---

181 Johanne Charlotte Unzer, zitiert nach Thomas Kleinspehn: *Der flüchtige Blick. Sehen und Identität in der Kultur der Neuzeit* (Reinbek bei Hamburg: Rowohlt Taschenbuch Verlag, 1991), Seite 109.

Über Ästhetik und Sexualität 9.3

pers für den Einzelnen entwickeln kann, kommt in der Erzählung einer jungen Frau zum Ausdruck: »Ich musste herausfinden, was es war, das nicht stimmte mit mir. Was fehlte in meinem Gesicht? Also schnitt ich auf den Bildern mein Gesicht entlang der Profillinie aus und korrigierte es mit einem Filzstift. Ich versuchte mir vorzustellen, wie es aussehen könnte, mein neues Gesicht. So, wie sie es in den Krimis im Fernsehen mit Phantombildern machen – auf der Suche nach dem richtigen Profil. Ich machte mich auf den Weg. Das Ziel: Schönheit. Schönheitsoperationen sind manchmal vielleicht auch ein bisschen wie eine Sucht. Die Sucht, im Ideal zu verschwinden. Denn am allerwichtigsten: Niemand soll mir ansehen können, dass ich in die Natur eingegriffen habe.«[182]

Wenn jugendliche Schönheit Gradmesser für Attraktivität, Voraussetzung für Begehren und Geliebtwerden ist, beginnt damit auch die Auflösung großer und sexueller Gefühle. Wenn jugendliche, samtweiche Haut ein Kriterium für sexuelle Anziehungskraft ist, ist der alte Körper entsexualisiert und im erotischen Sinne unsichtbar. Das Alter ist also nicht nur ein der Jugend entgegengesetztes Symbol für Vergänglichkeit, sondern auch ein Zeichen für Geschlechtslosigkeit und sexuelle Enthaltsamkeit. Vor allem Frauen, die in besonderem Maße über ihr Äußeres definiert werden, haben unter diesen Aspekten des Älterwerdens zu leiden. Denn im Unterschied zum Mann gelten bei ihr körperlicher Verfall als abstoßend und unliebenswürdig. Deswegen versucht »die kluge Frau«, das Alter so lange es geht zu verbergen und die verräterischen Falten zu verdecken. Weil bei Frauen das Aussehen zählt und sie Objekte der Begierde sind, werden sie mit dem Ende der Jugend ihrer geschlechtlichen Wertschätzung beraubt. »Ältere Frauen werden übersehen, ignoriert, nicht mehr beachtet, sie werden zu unsichtbaren Frauen und verlieren sich selbst aus den Augen, da ihr Aussehen ein tragendes Element ihrer Identität bildet. Somit wird der älteren Frau jegliche Sexualität abgesprochen, sie wird zum Neutrum und dabei sexuell disqualifiziert.«[183]

---

182 Fiona Ehlers: »Schönheit ist machbar«, in: *KulturSpiegel* 11/2001.

183 Uta Tschirge und Anett Grüber-Hræan: *Ästehtik des Alters. Der alte Körper zwischen Jugendideal und Alterswirklichkeit* (Stuttgart, Berlin, Köln: Kohlhammer, 1999), Seite 105.

9 Doppeldeutigkeit des Jugendsyndroms

Obwohl äußerliche Altersmerkmale bei der Beurteilung von Männern eine weit geringere Rolle spielen, haben auch sie mit Ängsten zu kämpfen, die den Kern ihrer Identität treffen. Zwar bestimmt sich Männlichkeit nicht wesentlich über ein Schönheitsideal, doch die Abnahme von Leistungsfähigkeit, Kraft und Potenz ist eine vergleichbare Verunsicherung ihrer Identität und markiert eine Grenze für den Verlust sozialer und sexueller Anerkennung. Erotisches Älterwerden kann bei beiden Geschlechtern Krisen auslösen und stellt eine fundamentale Kränkung dar, die zu den menschlichen Grundverletzungen zählt.

Weil der Zusammenhang von Jugend und Sexualität immer wieder hergestellt wird, ist der Mythos vom Verschwinden der Lust im Alter nur schwer zu durchbrechen. Hartnäckig halten sich Klischees, die alten Menschen Sexualität absprechen: Alte Menschen haben kein sexuelles Interesse, die Menopause töte die Lust, mit dem Alter schwindet die Potenz, sexuelle Aktivität schwächt den Körper und ist nicht mehr angemessen. »Sexualität scheint im Alter kein Thema mehr zu sein, wird in der Gesellschaft nicht zur Kenntnis genommen oder mit Unverständnis und mit stigmatisierenden Vorurteilen überschüttet. Sexualität im Alter ist nach wie vor ein Tabu.«[184] Trotz neuer wissenschaftlicher Erkenntnisse und einer zumindest vordergründig offeneren Einstellung zur Sexualität sind die Vorbehalte gegenüber der Alterserotik immer noch weit verbreitet. Auch in ernst zu nehmenden Filmen[185] und Büchern stoßen wir auf Reglementierungen und Diskriminierungen von Liebe und Sexualität im Alter.

So erzählt der amerikanische Autor Philip Roth in seinem Roman »Der menschliche Makel«[186] wie sein Held Coleman Silk in das hysterische Räder-

---

184 Ebenda, Seite 107.

185 In dem Film »Innocence« von Paul Cox treffen sich Claire und Andreas fünfzig Jahre nach Beendigung ihrer leidenschaftlichen Affäre wieder und verlieben sich erneut ineinander. Claires Mann John setzt alle Hebel in Bewegung, um »diesem Wahnsinn« ein Ende zu bereiten. Eifersüchtig und bestürzt von den sexuellen Aktivitäten der beiden vertritt er die Meinung, Claire sei verrückt und müsse in ärztlich-psychologische Behandlung. Buch und Regie: Paul Cox, eine Produktion von Illuminator Films (Australien 2000), Arsenal Filmverleih Stefan Paul KG, Tübingen.

186 Philip Roth: *Der menschliche Makel* (München, Wien: Carl Hanser Verlag, 2002).

Über Ästhetik und Sexualität   9.3

werk von Vorwürfen gerät. Selbst seine Familie begegnet ihm mit Unverständnis, Intoleranz und Aggressivität, als sie von seiner leidenschaftlichen Affäre mit einer wesentlich jüngeren Frau erfährt. Ähnlich reagieren seine ehemaligen Arbeitskollegen und sein Umfeld. Stellvertretend für alle verfolgt ein Anonymus Coleman Silk schließlich als perversen Lüstling und schreibt die Liebesgeschichte in ein monströses Abhängigkeitsverhältnis um. Die von Vorurteilen belastete Alterssexualität lässt im Rothschen Milieu fast nur eine ausbeuterische und verbrecherische Deutung zu. Die Lesart der Affäre als Skandal, als nicht tolerierbare, nicht nachvollziehbare und nicht entschuldbare Entgleisung zeigt, dass Triebverzicht und sexuelle Abstinenz für das Alter immer noch prägend sind: »(...) sexuelle Wünsche im Alter sind abartig, krankhaft, unanständig und pervers, ganz besonders dann, wenn sie einem jüngeren Menschen gelten. Der ›Lustgreis‹ – oder um zeitgemäß zu bleiben – der ›geile Bock‹ ist ein bösartiges, aber weit verbreitetes Klischee.«[187]

Solche Denunziationen beruhen nicht nur auf der engstirnigen Ablehnung des als hässlich empfundenen alten Körpers, sondern auch auf der moralistischen Forderung nach einem geläuterten Alter, das sich von Leidenschaften befreit und sich dem Höheren, dem Geistigen zuwendet. Dabei gründet sich die Erwartung, die älteren Menschen haben sich in sexueller Zurückhaltung zu üben, auf die Annahme, im Alter bilde sich das sexuelle Verlangen automatisch zurück. Bei dieser Annahme handelt es sich weniger um eine realistische Einschätzung oder überprüfte Tatsache als um eine unbegründete Vermutung. »Den alten Spruch ›Ich bin zu alt zum Sex‹ kann man übersetzen in ›Ich mache mir zu große Sorgen über den gegenwärtigen Stand meiner sexuellen Leistung‹, die man mit der funktionalen Leichtigkeit des Zwanzigjährigen vergleicht, als realistischerweise von der Perspektive eines Sechzigjährigen auszugehen.«[188]

---

187 Tschirge und Grüber-Hræan (1999), Seite 108.

188 William H. Masters und Virginia E. Johnson: »Sex and the aging process«, in: *Journal of the American Geriatric Society*, zitiert nach Ingelore Ebberfeld, »*Es wäre schon schön, nicht so allein zu sein*«. *Sexualität von Frauen im Alter* (Frankfurt, New York: Campus Verlag, 1992), Seite 82.

9 Doppeldeutigkeit des Jugendsyndroms

Die Vorstellung, dass Sexualität im Alter keine Rolle mehr spielt, folgt einer naiven Denkweise, die ihren Nährboden in der Angst vor dem Alter und in der Verdrängung und Tabuisierung des Themas Sexualität findet. Wir leiden offenbar unter einem gespaltenen Realitätsbewusstsein. Denn unser Verstand weiß, dass es Sexualität auch in reiferen Jahren in irgendeiner Form geben muss. Aber unsere Gefühle können dies nicht akzeptieren. Das Ergebnis ist die vage Vorstellung, »(...) dass von einem bestimmten Alter an, wobei niemand zu sagen weiß, wann das eigentlich ist, sexuelle Bedürfnisse obsolet werden, auch wenn niemand genau weiß, was da eigentlich verschwindet oder nachlässt: das Bedürfnis nach Geschlechtsverkehr, die Fähigkeit einen Orgasmus zu erleben, Wünsche nach Zuneigung, Zärtlichkeit, nach Liebesbeziehung überhaupt?«[189] Die in diesem Zitat beschriebene Unbestimmtheit entlarvt eine Auffassung vom Ende der sexuellen Aktivitäten, die überhaupt nicht zu fundieren ist und unbewältigt hinter den Grenzen eines Tabus lauern.

Es gibt Anzeichen, dass vor allem Jüngere an solchen Klischees festhalten, um die eigene sexuelle Unsicherheit auf andere zu übertragen. Außerdem vermuten Psychologen, dass das Bild vom Liebesakt zweier älterer Menschen an die verdrängte elterliche Sexualität erinnern. »Die Vorstellung, dass Vater und Mutter oder gar die Großeltern geschlechtlich miteinander verkehren, löst Unbehagen und Peinlichkeit aus und übersteigt bisweilen auch die Vorstellungskraft.«[190] Ebenso müssen wir davon ausgehen, dass das Schweigen der Älteren über dieses delikate Thema von den Jüngeren als Zeichen nicht vorhandener und nicht praktizierter Sexualität umgedeutet wird.

Eine Befragung von Frauen zwischen 60 und 83 Jahren hat ihr Liebesleben unter der Prämisse der verschwiegenen Lust thematisiert und eine heillose Kombination aus Schweigen und Tabus entschleiert. Wie geradezu kindlich und verstockt ein Gespräch mit Älteren ablaufen kann, dokumentiert ein Beispiel aus der Befragung: »›Wozu schreibst du das eigentlich?‹, fragt Tan-

---

189 Ursula Koch-Straube: »Junge Liebe ist von Erde – späte Liebe ist vom Himmel. Einstellungen zur Sexualität im Alter«, in: *Zeitschrift für Gerontologie* 15, Seite 220, zitiert nach Tschirge und Grüber-Hræan (1999), Seite 107.

190 Tschirge und Grüber-Hræan (1999), Seite 109.

Über Ästhetik und Sexualität 9.3

te Klara. ›Das ist doch die banalste Sache der Welt. Natürlich haben wir ein Liebesleben, natürlich ist es nie vorbei. Das ist doch gar nicht erwähnenswert.‹ ›Und warum wissen wir dann nichts davon?‹ ›Weil man es tut und nicht darüber spricht. Weil nur die Schamlosen, die Geschiedenen und die Künstlerinnen ihr Liebesleben vor Fremden ausbreiten.‹ ›Und was ist mit uns, euren Kindern? Sind wir auch Fremde?‹ ›Nein‹, sagt die Mutter. ›Aber mit Kindern redet man über so etwas nicht.‹«[191]

Der vermuteten Asexualität im Alter steht eine von Sexualwissenschaftlern und Gerontologen übereinstimmend festgestellte Sehnsucht nach Liebe und Lust gegenüber. Sexuelle Bedürfnisse lassen keineswegs nach, sondern werden häufig in späteren Jahren als besser und intensiver beschrieben. Das gilt übrigens auch für die Erlebensfähigkeit von Orgasmen. Die überwiegende Mehrheit der 60-Jährigen bekundet ihre kontinuierliche sexuelle Aktivität. Im Rahmen der Befragung eines Pharmakonzerns von insgesamt 26.000 Frauen und Männern wurde nicht nur das Vorurteil, dass körperliches Verlangen und sexuelle Fähigkeit abnehmen, widerlegt, sondern der positive Einfluss sexueller Zufriedenheit auf die Gesundheit im Alter bestätigt. Im Verlauf dieser Untersuchung gaben 80 Prozent der 40- bis 80-jährigen Männer und über zwei Drittel der Frauen an, wie wichtig ihnen regelmäßige sexuelle Betätigung sei, und etwa drei von fünf befragten Personen gaben an, dies mindestens einmal pro Woche in die Tat umzusetzen.[192] Auch wenn die Ergebnisse durch das Abfragen der Koitusfrequenz sowie der Masturbations- und Orgasmushäufigkeit nur bedingt Aussagefähigkeit besitzen, wird die generelle Behauptung, Sexualität verabschiede sich mit dem Alter aus dem Leben, eindrucksvoll widerlegt. Ich möchte daher an dieser Stelle ins Gedächtnis rufen, dass sich intime Begegnungen nicht nur auf den Geschlechtsakt reduzieren lassen, sondern auch komplementäre, gefühlsbedingte und rein zärtliche Berührungen einschließen.

---

191 Renate Daimler: *Verschwiegene Lust. Frauen über 60 erzählen von Liebe und Sexualität* (Wien, München: Piper Verlag, 2002 [1991]), Seite 23.

192 Regine Schulte Strathau: »Weltweit mehr Lust als Frust«, in: *Psychologie Heute* 8/2002, Seite 11.

9 Doppeldeutigkeit des Jugendsyndroms

Die Ängste, dass körperliche Veränderungen wie die Menopause ein Versiegen der Sexualität, ein Abflauen der Lust oder einen Verlust der sexuellen Funktionsfähigkeit zur Folge haben, werden auch von Sexualwissenschaftlern entschieden zurückgewiesen. In einer amerikanischen Studie wird betont, dass weder hormonelle Schwankungen bei der Frau noch die verminderte Erektionsgeschwindigkeit beim Mann, weder eine veränderte vaginale Elastizität noch der flachere Anstieg der Erregungskurve die Liebesfähigkeit beeinträchtigen. Selbst die Impotenz, die ohne Zweifel als häufigster Hinderungsgrund angegeben wird, ist in vielen Fällen eine vorübergehende und therapierbare Erscheinung. Deswegen sind Erektionsstörungen nicht unbedingt Teil des natürlichen Alterungsprozesses. Häufig liegen altersunabhängige Erkrankungen vor.

Das sexuelle Interesse geht im Alter also nicht verloren. Vielmehr kann in der späteren Lebensphase eine neuen Sprache der Sexualität gefunden werden, können »Liebe und Sexualität ihr größtmögliches Potential entfalten«.[193] Denn auf Basis der lebenslangen Erfahrungen sind völlig andere Voraussetzungen für eine Weiterentwicklung sexuellen Erlebens gegeben. Solange jedoch eine jugendliche Potenz als Kriterium für ein erfülltes Liebesleben gilt und Sexualität eine messbare Angelegenheit ist, kann die Alterssexualität nur ein spätes Echo, ein Schatten ehemaliger Leistungsfähigkeit sein. Rekordversuche und jugendlicher Schönheitswahn sind – auch für junge Menschen – die denkbar schlechtesten Voraussetzungen, um die vielschichtigen Dimensionen der Sexualität auszuloten.

---

[193] Siehe Robert N. Butler und Myrna I. Lewis: *Alte Liebe rostet nicht. Über den Umgang mit Sexualität im Alter* (Bern et al: Huber, 1996), Seite 222.

Ein jegliches hat seine Zeit, und alles Vorhaben unter dem Himmel hat seine Stunde: geboren werden hat seine Zeit, sterben hat seine Zeit; pflanzen hat seine Zeit, ausreißen, was gepflanzt ist, hat seine Zeit; töten hat seine Zeit, heilen hat seine Zeit; abbrechen hat seine Zeit, bauen hat seine Zeit; weinen hat seine Zeit, lachen hat seine Zeit; klagen hat seine Zeit, tanzen hat seine Zeit; Steine wegwerfen hat seine Zeit, Steine sammeln hat seine Zeit; herzen hat seine Zeit, aufhören zu herzen hat seine Zeit; suchen hat seine Zeit, verlieren hat seine Zeit; behalten hat seine Zeit, wegwerfen hat seine Zeit; lieben hat seine Zeit, hassen hat seine Zeit; Streit hat seine Zeit, Friede hat seine Zeit.[194]

Der Prediger Salomo, Die Bibel

10. Werte und Chancen des Alters

Wir haben immer wieder festgestellt, dass neue Sichtweisen über das Alter notwendig sind und dass es durchaus positive Anzeichen in den Wissenschaften und der Gesellschaft gibt. Außerdem zeigen uns die Lebensläufe heutiger Pioniere eines neuen Alters, dass sich ein Umdenken vom defizitären Altersbild zu einem positiven bereits vollzieht. Dagegen stehen aber auch solche Prozesse wie beispielsweise Geschwindigkeit und Beschleunigung unserer Lebensprozesse, Ausgrenzung sozialer und ethnischer Minderheiten oder die Erzeugung künstlichen Lebens. Ausgelöst durch tief greifende Ängste, die heute nicht mehr durch Glauben und Religion gemildert werden, setzen sich Verdrängungsstrategien durch, die im Extremfall zu einem Bild von der alterslosen Gesellschaft führen können.

Auch wenn es eine der wichtigen Aufgaben der Zukunft ist, die Bilder vom Alter positiv und realistisch zu gestalten, erschweren bestimmte Einstellun-

---

194 Der Prediger Salomo 3.1 bis 3.8, in: *Die Bibel* nach der Übersetzung von Martin Luther (Stuttgart: Deutsche Bibelgesellschaft, 1985).

10 Werte und Chancen des Alters

gen und Entwicklungen diese Aufgabe. Die Vielschichtigkeit der Erfahrungen im Alter widersprechen einem generalisierenden, ausschließlich positiven Begriff vom Alter. So wie nicht jedem Jugendlichen alle Türen zum Glück offen stehen und nicht jeder über die gleichen Voraussetzungen – seien sie physischer, psychischer oder materieller Art – verfügt, ist die Altersrealität von einer enormen Spannbreite gekennzeichnet. Ein allzu positives Altersbild ist ebenso falsch wie ein idealisiertes Bild von der Jugendlichkeit. Denn wir alle leben und altern anders. Angesichts dieser großen Variationsbreite können die negativen Mutmaßungen nicht einfach durch beschönigende ausgetauscht werden. Noberto Bobbio schildert in seinen Gedanken zum Alter: »Wer unter alten Menschen lebt, weiß, für wie viele von ihnen der letzte Lebensabschnitt nicht zuletzt dank der medizinischen Fortschritte, die in vielen Fällen eher am Sterben hindern, statt das Leben angenehm zu machen, zu einem langen, oft sehnlichen Warten auf den Tod geworden ist.«[195] Achten wir solche Erfahrungen, die immer auch die eigenen sein können, ist ein bedingungsloses Loblied auf das Alter und das Versprechen von Weisheit, Gesundheit oder Glück geradezu ein Hohn. Richtig ist hingegen eine Sichtweise über das Alter als Zeit von Verlusten und Gewinnen für den Einzelnen und für die Gesellschaft.

Tabuisierung, Entstellung, Diffamierung und Maskierung sind nicht nur kulturell und psychologisch nachvollziehbare Reaktionen, deren Ursachen wir mit Feingefühl und Verständnisbereitschaft hinterfragen sollten. Sie sind auch Reaktionen auf Entwicklungen, die uns ratlos machen, weil sie uns an die Grenzen unseres Verstandes führen. Trotzdem fordert das Alter immer wieder zur Konfrontation mit sich selbst auf. Die Sehnsucht nach Antworten ist vermutlich größer als die Sehnsucht nach ewigem Leben. Auf den folgenden Seiten möchte ich Ideen und Modelle vorstellen, die auf eben dieser Sehnsucht nach Antworten beruhen. Wenn sie auch keine endgültigen Antworten geben können, weisen sie doch auf Chancen und Schätze hin, die die Möglichkeit haben, das überholte Altersbild zu revolutionieren.

---

195 Bobbio (1999), Seite 32.

10.1 Über Lebenszeit und Zeiterleben

»Restzeit«, »Herbst des Lebens« oder »Lebensabend« sind Begriffe, die uns spontan einfallen, wenn wir über das Alter nachdenken. Mit dem Verweis auf die Zeit, genauer gesagt, den Mangel an Zeit, gewinnen wir eine Vorstellung vom Alter als einem Zeitraum mit nur einer Perspektive: dem ausweglosen und schicksalhaften Zusteuern auf das Lebensende. Das Wissen um die tägliche Abnahme von Zeit erzeugt ein Verlustgefühl, das unsere Vorstellung vom Alter prägt. Weil dieses Zeitempfinden unsere Einstellung vom Alter trübt und entscheidend prägt, möchte ich mich damit etwas ausführlicher beschäftigen. Mein Ausgangspunkt ist die Beobachtung, dass alten Menschen zugeschrieben wird, sie hätten keine Handlungsspielräume, verfügten über keine Entwicklungsmöglichkeiten und könnten nicht mehr am gesellschaftlichen Leben teilnehmen, weil sie keine Zeit hätten. Dieses Vorurteil basiert auf der Fehleinschätzung, dass die Zeit dafür ein Gradmesser ist.

Bestimmte Vorgaben für den Lebenslauf eines Menschen steuern seine zeitliche Planung und stellen bestimmte Erwartungen an Lebensinhalte und Beschäftigungen. Der einzelne Mensch muss sich in diese zeitlichen Vorgaben einfügen. Das Denken in solchen Zeitkategorien zeigt sich beispielsweise daran, dass jeder Mensch sich schon bei seinem Berufseinstieg mit seiner Altersvorsorge beschäftigen muss. Im Vorgriff auf die Zukunft wird die mögliche Erwerbslosigkeit und der Ruhestand vorweggenommen. In der Gegenwart ist die Zukunft bereits präsent. Auch die Biografiepflicht bei einer Bewerbung lässt einen potenziellen Arbeitgeber eine sinnvoll strukturierte Lebensplanung erkennen und zeigt die Bereitschaft, die eigene Biografie in eine klare zeitliche Struktur einzupassen. Durch die Kenntlichmachung wichtiger Knotenpunkte im Lebenslauf wird der Zeitfluss im Leben eines Menschen gestaltet. Es zeigt eine für den Adressaten nachvollziehbare und für den Verfasser erzählbare Historie. Ein solcher Lebenslauf spiegelt nicht nur Eckdaten und Wendepunkte der Vergangenheit, sondern beschreibt auch den Status quo des Schreibenden. Auf dieser Grundlage können auch Tendenzen der weiteren Entwicklung vermutet werden.

Bei Lebensläufen handelt es sich also um die Beschreibung von genutzter Zeit in Vergangenheit, Gegenwart und Zukunft. Immanuel Kant sah im Phänomen der Zeit eine Bedingung menschlicher Erkenntnis. Unser Bewusstsein kann sich keinen Gegenstand außerhalb von Zeit und Raum vorstellen. Deswegen stellen wir alles in ein zeitliches Koordinatensystem. Erst dadurch bekommen die Ereignisse eine gewisse Folgerichtigkeit und Bedeutung. Ohne zeitliche Strukturierung gibt es kein Muster, keine Erkenntnis und keine Historie, die erzählt werden könnte. Andererseits erleben wir den Ablauf der Sekunden, Tage, Wochen und Jahre als fortlaufende Entwicklung.

Diese Widersprüchlichkeit der gleichzeitigen Kontinuität und Diskontinuität wird beim Hören von Musik besonders deutlich. Die Dynamik erweckt den Eindruck zeitloser Kontinuität, eines Versinkens im Jetzt. Gleichzeitig strukturieren wir das Gehörte in kleine Einheiten. Wir erinnern uns beispielsweise an ein Motiv oder erkennen bereits das Finale. Das Erleben von Musik ist also beeinflusst von der Gegenwart des Vergangenen (durch die Erinnerung) und der Vorwegnahme des Noch-nicht-Seienden. In der Gegenwart wird also die Vergangenheit und die Zukunft mitgedacht. Dies ist auch auf den Lebenslauf des Menschen übertragbar. So wie die Musik sich als zusammenhängender Ablauf präsentiert und von uns in Einzelteile zerlegt wird, ist auch der Lebenslauf von der Gestaltung und Strukturierung und vom Erleben der Kontinuität bestimmt. Betrachten wir unser Leben rückblickend, wird die zeitliche Abfolge durch persönlich bedeutsame Entwicklungen oder Einschnitte, wie zum Beispiel der Tod eines Elternteils, eine Trennung oder der Wechsel des Arbeitsplatzes, gegliedert und derart geordnet, dass ein Zusammenhang erkennbar ist.

Auch die durch gesellschaftlich definierte Lebensphasen unterteilte Existenz wie der Übertritt vom Erwerbsleben in die Rente oder der Wechsel vom Schüler zum Studenten hat prägenden Charakter. Die gesellschaftlich und individuell strukturierte Zeit bekommt jedoch erst in Abhängigkeit vom Empfinden des Menschen ihre Bedeutsamkeit. Die subjektive Interpretation des Vergangenen beeinflusst die Gegenwart sowie die Erwartungen und Gestaltungsmöglichkeiten der Zukunft. Vergangene Ereignisse sind in der Gegenwart präsent, indem sie Verhalten und Erleben des Menschen beeinflussen, und steuern gleichzeitig seine Pläne und Wünsche. Wer viele Pläne und Wünsche hat, dokumentiert die Überzeugung, eine Zukunft zu haben und diese gestalten zu können. In diesem Fall besitzt die Gegenwart einen Aufforderungscharakter und stellt eine Leerstelle dar, die gefüllt werden kann. Die Einstellung zur Zukunft ist unabhängig vom kalendarischen Alter und entscheidend für das psychische Gleichgewicht: »So ist festzustellen, dass Depressionen auch auf die Überzeugung des Menschen zurückgehen, die eigene Situation nicht mehr verändern, die Zukunft nicht mehr gestalten zu können. Die Überzeugung mangelnder Kompetenz oder Selbstwirksamkeit bildet den Kern des depressiven Syndroms.«[196]

Mit zunehmenden Lebensjahren nehmen auch Erfahrungen zu, die in die Gegenwart hineinragen und Geschichten produzieren. Gleichzeitig nehmen die Erwartungen an die Zukunft ab. Das Wissen um die abnehmende Lebenszeit kann Depressionen oder ein Gefühl der Sinnlosigkeit hervorrufen. Das ist allerdings keine zwangsläufige Folge des Alters. Das Wissen um die Begrenztheit des Lebens muss nicht zwangsläufig ein Gefühl von Perspektivlosigkeit erzeugen. Ob man gegenüber der Zukunft eher offen oder verschlossen ist, ist nicht abhängig vom Alter, sondern von den Möglichkeiten, die sich bieten. Das Thema Tod ist bei 30- bis 40-Jährigen zwar wichtig, hat aber nicht zwangsläufig ein negatives Zukunftsbild zur Folge. Welches Verhältnis ein Mensch zu seiner Zukunft hat, ist abhängig von der Persönlichkeit, der Bewertung der eigenen Vergangenheit und den Möglichkeiten für die Zukunft. Dabei spielen die von der Gesellschaft angebotenen Freiräume und Vorstellungen über das Alter eine wichtige Rolle.

Wir können aus der Biografie das künftige Erleben oder Verhalten eines Menschen nicht ableiten. Sie ist eng mit seinem Charakter und seiner Interpretation der Vergangenheit verknüpft. Jeder Mensch hat eine unendliche Anzahl von Deutungs- und Gestaltungsmöglichkeiten, die das Leben beispielsweise

---

196 Andreas Kruse: »Zeit, Biographie und Lebenslauf«, in: *Zeitschrift für Gerontologie und Geriatrie* 33, Supplement 1 (2000), Seite 95.

als eine Plattform, als ein Netzwerk oder eine Treppe deutet. Mehr noch: In der Erfahrung der Zeit erfährt sich der Mensch als Mensch und bildet sich heraus. Ohne den denkenden, fühlenden, erlebenden Menschen ist Zeit nicht denkbar. Dass die erlebte Zeit ausschließlich in Abhängigkeit vom Menschen existiert – anders als die Messbarkeit durch eine Uhr nahe legt – belegt beispielsweise die Erfahrung der Zeit beim Zahnarzt. Abhängig vom Eingriff erleben wir sie als kurz oder lang. Daran lässt sich nachvollziehen, dass das »Ich« selbst den Zeitverlauf eines Ereignisses herstellt. Im Zeiterleben wirkt das Subjekt und durch das Subjekt wird Zeit erst geschaffen. Diese Erfahrung verweist auf ein schöpferisches Element: Das Ich ist Herr über die Zeit, füllt sie mit Erfahrungen und Zukunftsvorstellungen und ist dafür verantwortlich, dass es sich in jedem Moment neu erfährt.

Vorgegebene Lebensmuster dienen zwar der Orientierung, schränken jedoch auch die Handlungsfreiheit ein. Auch wenn Kontinuität und Diskontinuität stets nebeneinander existieren, ist das Gefühl von Unfreiheit oder sogar Sinnlosigkeit bei einem festgezurrten Lebensplan eine Mahnung, die Leerstellen auszufüllen und festgefügten Schablonen zu widerstehen. Gerade Ältere sind in der Gefahr, den klischeehaften Vorstellungen von Erstarrung, Stagnation, Verzögerung und Ereignislosigkeit zu unterliegen. »Nach meinen bisherigen Erfahrungen mit dem Älterwerden verhält es sich eher umgekehrt, sofern man die einzelnen Lebensetappen überhaupt miteinander vergleichen will. Unmöglich aufzuzählen, was das Verschieben von Gesichtskreisen und Sinnesempfindlichkeiten im Fortschreiten der Jahre mit sich bringen könnte. (...) Da man die ›Welt‹ aus früheren Blickwinkeln kennt, die doch nur partiell ins Vergessen abtauchen, kann sie jetzt, nachdem man diverse Lebensstadien absolviert hat, viel plastischer werden, polyperspektivisch, neuartig zusammengesetzt.«[197] Brigitte Kronauers Vision zeigt, welche Chancen Älteren mit zunehmenden Jahre vergönnt sein könnten. Es handelt sich keineswegs um eine letzte Station auf der Reise, sondern um einen Fundus einzigartiger Wahrnehmungen, in die das bereits Erlebte einfließt.

---

197 Brigitte Kronauer: »Wie Leguane und Krokodile. Altern muß jeder auf eigene Rechnung«, in: Steinfeld (2001), Seite 61/62.

10.2 Über Zeitschöpfung und Zeitgewinn

Die Strukturierung des Lebens durch Zeit ist eine Form, Dingen und Ereignissen gegenüberzutreten. Sie verhilft dem Menschen zu einem Standpunkt, ermöglicht die Beziehung und Deutung von Dingen und Ereignissen. Die Geschichte, die den Zeitfluss strukturiert, und die Epochen geben historischen Prozessen einen Namen. Dadurch können gesellschaftliche, ökonomische oder kulturelle Zusammenhänge hergestellt werden, wird »Reden über Geschichte« und »Lernen aus Geschichte« erleichtert, vielleicht sogar erst möglich. Auch ein Mythos stiftet Sinn und gibt dem Menschen einen Raum, den er gestalten kann. Geschichte und Geschichten haben einen unschätzbaren Wert für jede Gesellschaft, weil sie Erfahrungen bewahren, sie in die Gegenwart tragen und den Reichtum der Vergangenheit für das Heute erhalten. Wir haben nicht wirklich etwas hinter uns. Vielmehr ist das, was hinter uns liegt in der Gegenwart anwesend und verweist in die Zukunft. Auch Familiengeschichten zeigen eine nicht durch Zufall zu erklärende Häufung ähnlicher Lebensgeschichten innerhalb eines »Clans«.[198] Die Wiederkehr des Vergangenen in immer gleichen Verhaltensmustern und Chroniken zeigt sich zum Beispiel eindrucksvoll in den Familien Mann oder Kennedy. Ähnliche Schicksale in der Generationenfolge illustrieren die Macht der Voraussetzungen. Grenzt man Alte aus, grenzt man auch Geschichten früherer Generationen, die für die Gegenwart und die Gestaltung der Zukunft von Bedeutung sind, aus. Ohne die Vergangenheit gibt es keine Zukunft, oder wie es Odo Marquard formuliert: »Zukunft braucht Herkunft.«[199]

Dem Wissen um die Bedeutung der Vergangenheit für Gegenwart und Zukunft steht die Forderung nach immer effizienterem Zeitmanagement gegenüber, eine Forderung, die das Vergangene beziehungsweise das Alte zugunsten der Zukunft beziehungsweise des Neuen opfert. Die Zeiterfahrung im letzten Jahrhundert ist geprägt von der Arbeit und der arbeitsteiligen Produktion, die auf Zeitersparnis zum Zwecke der Produktionssteigerung setzt.

---

198 Siehe Hania Luczak: »Die unheimliche Macht des Clans«, in: *GEO* 3/2000, Seite 16–40.

199 Marquard (2000), Seite 66–79.

10   Werte und Chancen des Alters

»Die Beschleunigung der Arbeitstakte an Fließbändern wurde zur Messgröße für die allgemeine Lebensdynamik.«[200] Sie gipfelt in einem Geschwindigkeitsrausch, in dem das Neue dem schnellen Altern ausgesetzt ist und schnell als wertlos empfunden wird. Auf dem Weg der Beschleunigung wird die Jugend zum Träger von Innovationen und der Wert des Alten gering geschätzt. Dahinter steht ein Verständnis von Zeit, das optimales Zeitmanagement zum alleinigen Maßstab hat. Stellen wir Zeit derart in den Dienst von Leistung, wird ihre Vielschichtigkeit ignoriert und werden die Möglichkeiten von Zeit auf das Ökonomische verkürzt. Benjamin Franklins 1784 an einen Kaufmann ergangene Mahnung »time is money« beeinflusste nicht nur die Organisation von Unternehmen, sondern auch die Lebensrhythmen der Menschen: Selbst unsere Freizeit ist vom Zeitdruck geprägt. Der Mensch ist stolz »up to date« zu sein, die neuesten Produkte zu kennen und zu besitzen und mitreden zu können. Doch diesem inflationären »Muss« steht eine kaum zu bewältigende Vielheit von Informationen und technischen Neuerungen gegenüber, die genauso schnell wieder alt sind. Die Furcht vor dem Zu-Spät-Kommen führt zu immer mehr Effizienzsteigerung, die zum Scheitern verurteilt ist und in der Konsumformel »größer, schneller, besser und mehr« schon anachronistisch anmutet. Die Steigerung des Konsums entspricht dem Zeitdruck, sich in kürzester Zeit so viel wie möglich Wissen anzueignen. Aber auch Konsum konsumiert Zeit. Sie nimmt in dem Maße ab, in dem wir den Konsum steigern. In der Konsequenz nehmen wir uns immer weniger Zeit für Dinge, die viel Zeit in Anspruch nehmen. Beobachtungen des Wandels der Lebensgewohnheiten ehemaliger DDR-Bürger zeigen beispielsweise, dass zeitaufwändige Beschäftigungen wie zum Beispiel »Briefe schreiben« oder »über wichtige Dinge reden« deutlich zurückgegangen sind.

Der »Fast-Food-Stil« stößt nicht nur an Grenzen von Umwelt (Müll), Ökosystem (Klima und Wasser) und Psyche (Erschöpfung), er erzeugt auch das ständige Gefühl bedrohlicher Zeitknappheit. Auch wenn der Gestresste die Zeit maximal auszunutzen versteht, hat er keine Zeit. Er ist nicht in der Lage, sich Zeit zu nehmen. Innehalten ist jedoch die Voraussetzung des ent-

---

200 Bazon Brock: »Die Alten als Zeitschöpfer«, in: Brock (1998), Seite 14.

Über Zeitschöpfung und Zeitgewinn 10.2

spannten und konzentrierten Sichversenkens und Nachdenkens (im Unterschied zur Zerstreuung), was sich beispielsweise beim Lesen, Hören oder Betrachten zeigt. Zeit ist es, die den Wert der Geschichte zutage fördert. Erst beim Hören oder Lesen wird eine Geschichte lebendig. Scheinbar paradox ist die Konsequenz: Erst wer Zeit verliert, gewinnt Zeit. Wer zwischen Zerstreuung und Hektik immer das Gefühl in sich trägt, nicht genug Zeit zu haben, verharrt nicht im Erleben, sondern nimmt mit dem Blick auf das »Mehr« bereits das »Nachher« vorweg. Er vergisst darüber das Verbleiben im Augenblick und klammert das Vergangene aus. Die gestiegene Lebenserwartung verschafft in diesem Zusammenhang durchaus Erleichterung. Doch weder mehr Zeit noch die Fähigkeit, diese sinnvoll zu nutzen, vermitteln das Gefühl, genug Zeit zu haben. Entscheidend für die subjektive Einstellung zur Lebenszeit ist die Möglichkeit, Zeit nicht nur für die Planung des Lebens oder des Terminkalenders zu nutzen, sondern Zeitschöpfung zu betreiben: »Zeitmanagement ermöglicht bessere Ausnutzung des Zeitvorrats, Zeitschöpfung überschreitet die Zeit der Stundenpläne. Sie stellt die Zeit still und befreit uns vom Terror der Uhren und Kalender. Sie nimmt uns die Angst, zu früh oder zu spät, unzeitgemäß oder veraltet zu sein.«[201]

Uns steht nicht zu wenig Zeit zur Verfügung, sondern wir haben zu viel Zeit, ohne sie zu nutzen. »Auch zur Vollbringung der größten Dinge ist das Leben lang genug, wenn es nur gut angewendet wird«[202], sagt Seneca. Zeitschöpfung ermöglicht einen Hinzugewinn, die Aneignung und Einverleibung von Zeit, durch die das Geschöpfte in die Hände des Schöpfenden übergeht. Schöpfen ist so gesehen verwandt mit der Bewahrung oder Aufbewahrung, durch den der Wert des Seienden oder Gewesenen auf den Schöpfenden übertragen wird und durch ihn erhalten werden kann. Aus dem so Erhaltenen kann in einem zweiten Schritt durch das Subjekt etwas Neues entstehen. Auf diese Weise kann der Schöpfende zum Schöpfer werden, zu jemanden, der aus dem Vorhandenen etwas Eigenes formt. Den Aufbruch des Denkens zwischen alt und neu, bekannt und fremd, vertraut und anders

---

201 Brock (1998), Seite 15.

202 Seneca: *Vom glückseligen Leben* (Stuttgart: Alfred Kröner Verlag, 1978), Seite 90.

10 Werte und Chancen des Alters

vermittelt die Paradoxie. Sie zwingt uns aus dem festgefahrenen Widerspruch schöpferisch durch Neugestaltung aufzusteigen. Wir müssen nur in den sich bietenden Stoff hineingreifen, beispielsweise in Geschichten, in Alltagsgegenstände oder Bilder, die in Museen ausgestellt sind. Es handelt sich um Ideen und Vorstellungen der »Alten«.

Das zentrale Medium der Vermittlung ist unsere Erinnerung. Alt zu sein, bedeutet für die Zeitschöpfung kein Hindernis. Ältere verfügen über den Stoff, der jeder Erinnerung notwendig vorausgeht. Die Erinnerung ist in diesem Sinne reine Zeitschöpfung. Denn weil das Vergangene von Vergessen bedroht ist, muss es aufbewahrt werden, in Bildern und Worten festgehalten, mitgeteilt und weitergegeben werden. Der direkte Weg des Erzählens verläuft von Mund zu Ohr. Andere Formen sind Bücher, Museen, Theater, Filme oder Fotografien, die das Gewesene festhalten und sich dem interessierten Auge nicht entziehen. Weil die Alten »erinnerungsmächtiger [sind] als die Jungen«[203], haben sie die kulturelle Aufgabe, ihre Erfahrungen und ihr Wissen an die ihnen folgenden Jahrgänge weiterzugeben. Damit dies möglich ist, muss ihnen Gehör verschafft und ihnen mit Wissbegier begegnet werden. Das steht jedoch dem ungeschriebenen Gesetz entgegen, dass Alte zugunsten des Neuen zu verdrängen. Wir müssen den Generationen Raum und Zeit für einen Dialog schaffen, in dem die Jungen aus den Erinnerungen der Alten schöpfen können. Dabei sind die Jungen nicht nur Zuhörer. Denn in ihnen wird das Vergangene aufgehoben und bewahrt – unabhängig davon, wie dies geschieht und wie das Alte bewertet wird. Im Dialog der Generationen findet ein Wissens- und Erfahrungstransfer in beide Generationenrichtungen statt, aus dem immer wieder Beiträge für die Bibliothek unserer Zukunft gewonnen werden.

Ein weiterer Gewinn dieser Übertragung besteht in der Erweiterung der Lebenszeit. Denn wer am kulturellen Erfahrungsschatz der Vergangenheit teilhat und aus unterschiedlichsten Lebensentwürfen schöpft, der erweitert sein Zeitkontingent unabhängig von einem langen Leben: »Je weiter Sie in der Imagination zurückgreifen können, desto umfassender wird Ihr Lebenskreis.

---

203 Brock (1998), Seite 15–16.

Die Seele wird genährt von der Üppigkeit der Bilder; ja, mehr noch, sie versenkt sich in eine andere Imagination, die Sie über die Grenzen Ihrer tatsächlichen Situation hinausträgt.«[204] Die Teilhabe an der Lebenszeit anderer erweitert die begrenzten Möglichkeiten des individuellen Erlebens: »Je weiter Sie in der Geschichte nach hinten reichen, je weiter Sie nach unten greifen zu dem, was nach Ihnen kommt und was unter Ihnen liegt, und je weiter Sie nach außen vordringen zu dem, was Sie nicht sind, desto umfassender ist Ihr Leben. Dann ist ein langes Leben frei von der Zeitkapsel und wird damit zu einem wahren langen Leben, einem Überdauern, das ewig dauert, denn es gibt keine Haltestellen.«[205] Diese Vermittlung von Erinnerungen ist die Basis der Beziehungen zwischen Menschen und prägt die Kultur im Wechsel der Generationen. Notwendig ist eine offene und neugierige Haltung für das Alte und die Alten, um nicht von vereinfachten und tonnenschweren Altersbildern erdrückt zu werden. In der Anerkennung der Leistung anderer eröffnen wir uns eine kulturelle Quelle, deren Versiegen zum Stillstand führen würde.

10.3 Vom Sinn des langen Lebens

Betrachten wir das Leben als Sanduhr, als messbare Zeitverschiebung mit Anfang, Verlauf und Ende, reduzieren wir es auf das Formale. Wir versuchen von einem erhöhten Standpunkt die Lebenszusammenhänge zu erkennen und fragen unentwegt nach dem tiefer liegenden Sinn. Um uns selbst von außen zu beobachten, brauchen wir die Fähigkeit zur Abstraktion und distanzierter Selbstbetrachtung. Aber ohne einen Sinnzusammenhang, ohne das Gefühl der Zugehörigkeit zu einer Familie, einer Gemeinschaft oder einer Kultur werfen wir unsere Netze in die Dunkelheit. Aufgrund der Brüchigkeit traditioneller Wertvorstellungen, angesichts der Individualisierung und des Verlustes religiöser Bezüge münden die Fragen nach dem Sinn in Mutmaßungen über die Absurdität des Seins und in verzweifelte Sinnlosig-

---

204 James Hillman: *Vom Sinn des langen Lebens. Wir werden, was wir sind* (München: Kösel-Verlag, 2000), Seite 69.

205 Hillman (2000), Seite 71.

keit. »Von außen betrachtet wäre es ganz egal, wenn es uns überhaupt nicht gegeben hätte. Und wenn es uns einmal nicht mehr gibt, so wird es egal sein, dass es uns gegeben hat.«[206]

Der Philosoph Thomas Nagel findet keine befriedigende Antwort auf die Frage nach dem Sinn der Existenz jenseits von Glauben und Religion. Er glaubt, dass der Mensch sich selbst zu wichtig nimmt, vor allem aus der äußeren Perspektive. »Zum Teil liegt das Problem [des Sinns] in unserer unheilbaren Neigung, uns selbst ernst zu nehmen. Wir wollen uns selbst ›von außen betrachtet‹ etwas bedeuten.«[207] Von außen meint hier die Beschreibung einer Fluchtlinie aus zeitgebundenen Zusammenhängen, die uns zumindest theoretisch unabhängig macht. Diese Anforderung an die Bedeutsamkeit des einzelnen Lebens – unabhängig von der Zeit – kollidiert mit dem Wissen von der Endlichkeit alles Existierenden: »Selbst wenn Sie ein großes literarisches Werk hervorbringen, das auch in tausend Jahren noch gelesen wird, irgendwann wird das Sonnensystem erkalten, und jede Spur Ihrer Bemühungen wird verschwinden.«[208] Die Verlässlichkeit dieser Aussage legt es nahe, die unheilbare Sehnsucht des Menschen nach Unsterblichkeit aus dem philosophischen Kontext zu lösen. Denn die Frage des Sinns hat nur eine Berechtigung im Privaten und Persönlichen, um vor allem anderen unserem eigenen Handeln und Denken einen Sinn zu geben.

Der Vorgang der Sinnstiftung ist ein menschliches Grundverhalten, um an der Komplexität und Unerklärbarkeit der Welt nicht zu verzweifeln. Sinngebung ist immer kulturell geprägt und besitzt den unabänderlichen Nachteil, auch willkürlich sein zu können. Weil auch im Altern kein Sinn gefunden werden konnte, wurde er vom jeweiligen Zeitgeist ganz unterschiedlich gestiftet.

---

206 Thomas Nagel: »Der Sinn des Lebens«, in: *Was bedeutet das alles? Eine ganz kurze Einführung in die Philosophie* (Stuttgart: Philipp Reclam, 1990), Seite 81.

207 Ebenda, Seite 84.

208 Ebenda, Seite 80.

Vom Sinn des langen Lebens 10.3

Aus der gesellschaftlich anerkannten Produktivität entlassen, sieht sich der Ältere herausgefordert, gegen den Vorwurf einer diesseitigen Wert- und Sinnlosigkeit aufzubegehren. Doch Produktivität ist ein zu enger Maßstab für Nützlichkeit, Erwerbsunfähigkeit eine zu begrenzte Vorstellung von Hilflosigkeit. Eine ausschließlich ökonomische Nutzenrechnung greift nicht nur zu kurz, sie ruft eine emotionale Reaktion der Furcht und Missachtung des Alters hervor, die der Publizist und Psychologe James Hillman so skizziert: »Im Allgemeinen hassen wir das Altwerden, und wir hassen die Alten dafür, dass sie es uns vor Augen führen.«[209] Wir gewinnen einen solchen Eindruck, weil wir selbst in erster Linie auf Äußerlichkeiten achten. Denn die Schönheit der Seele ist schwerer zu sehen als die des Körpers. Auf äußere Merkmale des Alters zurückgeworfen, stellt sich die Frage des Sinns unmittelbar und jederzeit. Aber wir sollten erkennen, dass das Alter nicht zufällig ist, sondern einem Zustand entspricht, der von der Evolution und unserer Seele im höchstem Maße gewollt wird.

Eine mögliche Antwort auf den Wert des verlängerten Lebens finden wir im Charakter, in der Persönlichkeit, die sich im Laufe eines Lebens entwickelt und verfeinert. Der Charakter als das Wesentliche und als Erklärung des Alters ermöglicht eine Loslösung des Lebenssinns von der Leistung und bricht mit der Orientierung an ökonomischen und biologischen Erscheinungen. Stellen wir uns ein Gedankengebäude vor, in dessen Zentrum das Altern als notwendige Voraussetzung zur Ausbildung des Charakters steht. Um das zu tun, brauchen wir den Mut, das Altwerden zu akzeptieren, es vom Tod zu lösen und ihm mit Neugierde zu begegnen. Das Alter will als neues Land mit der Begeisterung eines Pioniers entdeckt werden.

Dieses Denkmodell gründet auf der Beobachtung einer substanziellen Kontinuität der inneren Existenz: »Was wirklich die ganze Zeit und bis zum Ende zu bleiben scheint, ist eine fortdauernde psychologische Komponente, die Sie als Wesen prägt, das sich von allen anderen Wesen unterscheidet: Ihr individueller Charakter.«[210] Obwohl unsere Persönlichkeit Veränderungen

209 Hillman (2000), Seite 53.
210 Ebenda, Seite 38.

10   Werte und Chancen des Alters

unterworfen ist, bleiben wir doch unverwechselbar als einzigartiges Individuum identifizierbar. Diese nicht zu leugnende Tatsache belegt, dass die vorrangige Beschäftigung mit dem physischen Verfall eine vorsätzliche Verurteilung des Alters ist, die an einem entscheidenden Punkt vorbeigeht. Viele Wissenschaftler, die sich in Laboratorien dem Kampf gegen das Altern verschrieben haben, träumen den Traum vom ewigen Leben in ewiger Jugend. Von Werbung und Medien betäubt führen sie einen Feldzug gegen das Alter, anstatt es zu gestalten und seine Möglichkeiten wahrzunehmen. Wer das Alter als Krise definiert und ausschließlich in die Hände der Forschung und des Marketings legt, verkennt das Wesentliche des Menschseins und verschenkt seine Möglichkeiten. Zudem erklären solche Diagnosen nicht die Faszination, die von den Lebensläufen älterer Menschen ausgeht. Wir »interviewen alte Maler, Schriftsteller und Dichterinnen [, denn] als Zeugen des Charakters sind sie größer als das Leben.«[211]

Auch der Begriff des Charakters unterliegt im Zusammenhang mit dem Alter vereinfachten Vorstellungen. Wir charakterisieren ältere Menschen schnell als »mürrisch«, »ängstlich«, »uninteressant« oder »habsüchtig«. Worte wie Altersgeiz, Altersweisheit oder Altersstarrsinn legen nahe, dass Starrsinn, Geiz oder Weisheit im Wesen des Alters liegen. Ist ein älterer Mensch tatsächlich starrsinnig, schreiben wir dies seinem Alter zu, während ein starrsinniger junger Mensch aus anderen Gründen so sein muss. Anstatt etwas über ältere Menschen auszusagen, demaskiert der Vorwurf des Altersstarrsinns die Überschätzung der Jugend und die gleichzeitige Entwertung des Alters. Mehr noch: Gemäß des Prinzips sich selbst erfüllender Prophezeiungen wirkt die Zuschreibung des »Starrsinns« und wird übernommen. Jede Schablone ist nur schwer zu verändern und birgt in diesem Fall zwei Mängel: Zum einen ist die Versuchung groß, je nach Eigeninteresse ein vorgefertigtes Urteil zu fällen. Zum anderen ist es schwierig, alt von jung oder Starrsinn von Standhaftigkeit zu unterscheiden. Teenager mögen einen 30-Jährigen für alt halten, die Weigerung eines Vaters, das Unternehmen dem Sohn zu übergeben, kann je nach Standpunkt als starrsinnig oder standhaft bewertet werden.

---

211 Ebenda.

Vom Sinn des langen Lebens 10.3

Offensichtlich handelt es sich um subjektive Urteile, die in Abhängigkeit von der Perspektive des Urteilenden gefällt werden. Psychologen wissen, dass angesichts eines trotzenden Kindes oder eines pubertierenden Teenagers »sich der Starrsinn der Alten nicht vom Starrsinn der Jungen unterscheidet.«[212] Vielmehr handelt es sich um einen Schutzmechanismus, der unabhängig vom Alter mit dem Todstellreflex eines Käfers vergleichbar ist: »Wenn unserem Selbstgefühl eine Gefahr droht, die uns übermächtig erscheint, dann erstarren wir. Wir werden lernunfähig, wiederholen immer dieselben Argumente, ziehen uns in ›bockiges‹ Schweigen zurück.«[213]

Aus Beobachtungen eines vermeintlichen Altersstarrsinns ließe sich belegen, dass Eigenschaften, die dem Alter zugeschrieben werden, nicht darauf beruhen, sondern Charaktereigenschaften sind. Solche Charaktereigenschaften prägen Menschen in jedem Lebensalter. Ein Kind kann überängstlich sein, eine Frau sich einsam fühlen und tagtäglich ihre Kinder oder ihren Ehemann kritisieren. Ist jemand im Alter von Geiz zerfressen oder von Ehrgeiz angetrieben, ist dies nicht im Alter, sondern in seinem Charakter begründet. »Der Charakter hat Ihr Gesicht geprägt, Ihre Gewohnheiten, Ihre Freundschaften, Ihre Eigenarten und das Maß Ihres Ehrgeizes mit seinen Karrieren und Misserfolgen. Der Charakter beeinflusst Ihre Art zu geben und zu nehmen; beeinflusst Ihre Kinder und Ihre Art zu lieben. Er geleitet Sie nachts nach Hause und kann Sie lange wach halten.«[214]

Im Unterschied zu Begriffen wie Persönlichkeit und Bewusstsein, die in erster Linie menschliche Eigenschaften beschreiben, verweist der Begriff Charakter auch auf Dinge und Gegenstände. Beim Besuch von alten Kulturstätten meinen wir zum Beispiel, dort noch den Geist eines anderen Jahrhunderts spüren zu können, eine Art Magie, die auf ihrer unverwechselbaren Ausstrahlung beruht. Charakter ist untrennbar mit Unverwechselbarkeit und Einzigartigkeit verbunden und ist wegen seines Facettenreichtums und sei-

---

212 Wolfgang Schmidbauer: »Von wegen sturer Kauz«, in: *Die Zeit* 15/2001, Seite 9.

213 Ebenda.

214 Hillmann (2000), Seite 12.

10 Werte und Chancen des Alters

ner Bedeutungsschwere zeitlos. Ein alter Gegenstand muss nicht automatisch mehr Charakter besitzen als ein neuer. Tut er es dennoch, dann deswegen, weil in ihm bestimmte Vorstellungen und Erinnerungen zusammenströmen, die der Imagination und der Fantasie des Betrachters entspringen. Ein Talisman ist beispielsweise unabhängig von seiner Nützlichkeit oder Schönheit angefüllt mit Ereignissen und Bedeutungen aus der Geschichte. Das Vergangene ist prägend und übernimmt eine wichtige Zeugenfunktion.

Wir können deswegen durchaus sagen, dass der ältere Mensch ein Abbild seines Charakters ist, der schicksalhaft vorgegeben ist und dem das Alter entspricht. Die Ereignisse seines Lebens prägen ihn und führen zu unnachahmlichen Besonderheiten. »Der Charakter nötigt mich, jedes Ereignis auf meine ganz eigene Art und Weise zu betrachten. Er zwingt mich, anders zu sein als die anderen.«[215] Im Alter stellt sich die Aufgabe, diese Einzigartigkeit und Originalität zu vervollkommnen und zu leben. Im Rückblick auf das gelebte Leben bietet sich das Alter an, Leben und Charakter zu bilanzieren. Ältere Menschen kennen die Chronik ihrer einzigartigen Geschichte, analysieren das Gewesene und untersuchen, ob ihre Taten angesichts ihres Charakters Bestand haben.

Der Sinn eines langen Lebens kann in der Ausformung und dem Sichtbarwerden des Charakters eine besondere Bedeutung und würdige Erklärung finden. Gerade die späten Jahre ermöglichen es, sich in zunehmender Freiheit ganz und gar auszudrücken. So in eine günstige Position versetzt und mit größerer Distanz auf die Erfahrungen und das Leben, auf die Geschehnisse in den Ebenen zu blicken, ermöglicht die Chance, Weisheit auszubilden. »Wer nichts mehr will, gewinnt – kompensatorisch – die Fähigkeit, viel zu sehen. Man braucht sich den Lebens- und Handlungsnotwendigkeiten nicht mehr zu beugen, nicht mehr dem, was – in Zukunft – noch zu erledigen ist. Theorie ist das, was man macht, wenn nichts mehr zu machen ist. (...) Das Alter ist in besonderem Maße theoriefähig.«[216]

---

215 Ebenda, Seite 278.

216 Odo Marquard: »Am Ende, nicht am Ziel. Mit dem Alter wächst die Lust zur Theorie«, in: Steinfeld (2001), Seite 54.

Vom Sinn des langen Lebens 10.3

Ein Teil der Besonnenheit im hohen Alter liegt paradoxerweise auch in den körperlichen Einschränkungen begründet. Die Beschwerden des Alters werden ausgehalten und mit der Zeit selbstverständlicher Teil ihres Lebensalltags. »Merkwürdigerweise sind wir stärker gebunden, weil wir uns diese Zustände immer noch vor dem Hintergrund des Idealbilds unseres kontrollierenden Ichs vorstellen, von dem diese Menschen sich schon vor langer Zeit trennen mussten, so dass sie jetzt frei davon sind.«[217] In der erzwungenen oder frei gewählten Auseinandersetzung mit sich selbst, werden wir unabhängig von den Urteilen anderer und in höchster Instanz sogar unabhängig von unseren eigenen Urteilen. Mit einer solchen Geisteshaltung kann es gelingen, eine anspruchsvolle Ebene der würdevollen Distanz zu den Dingen zu erlangen. In dieser Position am Rand der Gemeinschaft können ältere Menschen aus den gesellschaftlichen Pflichten von Zurückhaltung, Anpassung oder Gefälligkeit heraustreten und es riskieren, aus ihren Lebenserfahrungen Einsichten zu formulieren, die der Verteidigung und Erhaltung von Werten dienen.

In der Loslösung von kurzzeitigen Emotionen, weit reichender Berufsplanung und entwürdigendem Opportunismus könnten ältere Menschen die Rolle des Shakespearschen Narren übernehmen, um den tatsächlich närrischen Vertretern von Charakterlosigkeit, Profitgier und Selbstüberschätzung den Spiegel vorzuhalten. Ganz in diesem Sinne hat Jacob Grimm in seiner berühmten Rede über das Alter die Befähigung und Pflicht älterer Menschen hervorgehoben, die Wahrheit zu sagen: »Zu also ungetilgter arbeitsfähigkeit und ungetrübter forschungslust gesellt sich aber ein anderer und höherer vorzug der zusamt mit dem alter wachsenden und gefestigten freien gesinnung. in wem (und welchem menschen sollte das versagt sein?) schon von frühe an der freiheit keim lag, in wessen langem leben die edle pflanze fortgedieh, wie könnte anders geschehen, als dasz sie im herzen des greises tief gewurzelt erscheine und ihn bis ans ende begleite? (...) je näher wir dem rande des grabes treten, desto ferner weichen von uns sollten scheu und bedenken, die wir früher hatten, die erkannte wahrheit, da wo es an uns

---

217 Hillman (2000), Seite 168.

kommt, auch kühn zu bekennen.«[218] Freiheit, Unbestechlichkeit, Theoriefähigkeit und Wahrheitssinn nehmen im Alter zu und ihre Vermittlung ist eine Voraussetzung dafür, dass Irrtümer nicht von Generation zu Generation weitergetragen werden. Nicht von jedem Menschen kann im späteren Leben dementsprechende Einbringung erwartet werden. Aber das hohe Plateau des Erreichbaren adelt jede Biografie, solange sie über sich selbst und die anderen hinausdenkt.

Die Frage nach dem Sinn des Alters konzentriert sich auf Autorität und Würde, den Charakter und die Aufgaben derjenigen, die dort angekommen sind. Der Charakter kann den Sinn eines langen Lebens beschreiben und wir erkennen, dass dem Alter nichts Zufälliges anhaftet, sondern für die menschliche Entwicklung unverzichtbar ist. Selbst wenn sich in zweitausend Jahren niemand mehr an einen bestimmten Menschen erinnern sollte, lebt er doch und mit ihm sein Charakter im Ganzen fort. Denken wir an solche Persönlichkeiten wie Jesus, Buddha, Gottesmutter Maria, Hildegard von Bingen, Mutter Theresa oder Sokrates, deren Lebensweg Grundstein von Religionen und Philosophien wurde. Die Charaktere, die in ihrem Leben zum Ausdruck kommen, haben Kulturen und Werte geschaffen, auf die sich die heutigen Gesellschaften immer noch berufen können. Martin Luther King, Mahatma Gandhi oder Albert Schweitzer – wir könnten eine endlose Reihe von Vorbildern auflisten, deren innere Stärke ihre Zeit überdauert hat.

10.4 Die Generativität oder das Erbe des Alters

Generativität bezeichnet den Wunsch, über das eigene Leben hinauszuweisen, Spuren zu hinterlassen und etwas an die nachfolgenden Generationen weiterzugeben. Der Psychoanalytiker Erik H. Erikson, der den Begriff in den 1950er-Jahren geprägt hat, definierte Generativität als das »Interesse an der Stiftung und Erziehung der nächsten Generation.«[219] Doch statt dieser Er-

---

218 Jacob Grimm: »Rede über das Alter«, in: ders.: *Selbstbiographie. Ausgewählte Schriften, Reden und Abhandlungen* (München: Deutscher Taschenbuch Verlag, 1984), Seite 231.

219 Erik Erikson: *Kindheit und Gesellschaft* (Stuttgart: Klett-Cotta, 1987), Seite 261.

Die Generativität oder das Erbe des Alters 10.4

kenntnis rückte in den folgenden Jahrzehnten das »Ich« mit all seinen Bedürfnissen und Entwicklungsmöglichkeiten in den Vordergrund des psychologischen Interesses. Schlagworte wie Identität, Selbstfindung, Selbstverwirklichung und die Konzentration auf das Selbstgefühl im Hier und Jetzt standen im Zentrum der Beschäftigung mit der Psyche des Menschen. Heutzutage geraten solche wundersamen Begriffe wie »Ich-AG« oder »Spaßgesellschaft« zunehmend in die Kritik. Man bescheinigt der »Generation Golf« einen ausgeprägten Hang zum Narzissmus, beklagt ihre mangelnde Bereitschaft, Bindungen einzugehen und warnt vor den negativen Auswirkungen von Vereinzelung. Der infantile Glaube, »dass Gesellschaft funktioniert, ohne dass man etwas dafür tun muss, so als hätte man einen ewigen Dauerauftrag aufgegeben«[220], berührt im Kern die mangelnde Bereitschaft erwachsen zu werden und Verantwortung zu übernehmen.

In dieser Kritik zeigt sich die Suche nach neuen Wertesystemen, die den Entfaltungswünschen Einzelner etwas Universales entgegensetzen bzw. hinzufügen können. Der wieder aufgegriffene Begriff der Generativität trifft in diesem Zusammenhang ins Mark der feuilletonistischen und sozialwissenschaftlichen Gesellschaftskritik und bietet eine Lösung. Die Akzentuierung der Eingebundenheit des Individuums in einen umfassenderen Zusammenhang beruft sich dabei nicht nur auf die Momentaufnahme der Gesellschaft (wie sie ist), sondern wird weiter gefasst als Abfolge der Generationen (wie sie werden kann).

Ein weiterer Faktor, der die Idee der Generativität wieder aktuell werden lässt, ist die demographische Umstrukturierung der Gesellschaft. Durch das höhere Alter der Bevölkerung weltweit und insbesondere in den Industrieländern wächst das Interesse an Untersuchungen und Visionen zu solchen Fragen, die sich im Alter zunehmend stellen. Eine davon ist die nach den Spuren, die wir hinterlassen – also nach dem, was bleibt, wenn wir gehen. Der Ursprung der Generativität ist eng verknüpft mit dem Wissen um die eigene Sterblichkeit und mit der Notwendigkeit, die Ergebnisse eines Lebens

---

220 Florian Illies: *Generation Golf. Eine Inspektion* (Berlin: Argon Verlag, 2000), Seite 191.

10 Werte und Chancen des Alters

beziehungsweise einer Zeit an die folgenden Generationen weiterzugeben: »Ohne Niedergang und Tod, ohne die Grenzen unserer individuellen Existenz – welche Notwendigkeit bestünde denn da, uns mit denen zu befassen, die folgen werden? Welche Notwendigkeit gar, sich fortzupflanzen?«[221]

Da wir die Sehnsucht des Menschen, über sich selbst hinauszuweisen, als menschliches Grundbedürfnis identifizieren können, lässt das Herauslösen des Einzelnen aus den Grenzen des Egos die Emanzipation des Selbst, eine Leistung unseres Jahrhunderts, unangetastet. Der Begriff Generativität weist über die Grenzen des Ich hinaus – ohne dabei seine Integrität oder seinen Anspruch auf Selbstverwirklichung anzugreifen. Die Spannung zwischen dem Ich und dem Anderen gelangt hier zu einer Synthese, zur Assimilation des Persönlichen in der Gemeinschaft, ohne dabei das Eigene aufzugeben: »Jeder Einzelne von uns hat eine einzigartige Lebensgeschichte und eine einzigartige Kulturgeschichte, und so wird es jeder auf seine eigene Weise angehen.«[222] Wir haben gesehen, dass der Begriff der Generation umgedeutet werden muss, denn er besagt mehr, als die bloße Zugehörigkeit zu einer bestimmten Altersgruppe. Der Erfahrungshorizont wird nicht nur von zeitgeschichtlichen Ereignissen, sondern auch von kulturellen, sozialen und moralischen Determinanten gespeist, ist abhängig von familiären Prägungen, technologischen Berührungspunkten und persönlichen Erfahrungen. Der generative Prozess ist daher in höchstem Maße individuell.

Generativität darf als ein Bedürfnis angesehen werden, »die eigene Substanz in Formen von Leben und Werk einzubringen, die das Selbst überleben.«[223] Dies kann der Einzelne auf mehreren Ebenen verwirklichen, die häufig miteinander verknüpft sind und unbewusst in Gang gesetzt werden können. Man unterscheidet zwischen biologischer, elterlicher, technischer und kultureller Generativität. Die biologische Generativität bezieht sich auf die Vererbung im engeren Sinn, also auf die Zeugung, das Gebären und Stillen von

---

221 John Kotre: »Der Wunsch Spuren zu hinterlassen«, in: *Psychologie Heute* 2/2001, Seite 31.

222 Kotre (2001a), Seite 22.

223 Ebenda.

Die Generativität oder das Erbe des Alters 10.4

Kindern, die Übertragung von Lebenssubstanz beispielsweise durch die Gene oder die Muttermilch. Die elterliche Generativität muss nicht unbedingt auf biologischer Elternschaft beruhen. Sie kann sich auch durch eine Adoption vollziehen und bezeichnet die Übernahme von Verantwortung für die Erziehung und Integration eines Kindes in die Familie. Mit elterlicher Generativität ist nicht nur die Versorgung der Kinder gemeint, sondern auch die Weitergabe von Traditionen, sozialem Verhalten und emotionalen Mustern. Die technische Generativität bezieht sich auf die Vermittlung von praktischen Fertigkeiten und Alltagswissen, beispielsweise wie man einen Kuchen backt, eine Mikrowelle benutzt oder wie man Zündkerzen wechselt. Diese Form der Generativität wirkt zum Beispiel zwischen Mentor und Schüler, Lehrer und Lehrling oder Schreibendem und Lesendem. Schließlich ist mit kultureller Generativität die »Bewahrung, Erneuerung oder Schaffung eines Bedeutungssystems und dessen Weitergabe an andere [gemeint]. Ein Bedeutungssystem ist der ›Geist‹ eines Gemeinwesens, wie Fertigkeiten sein ›Körper‹ sind. Man bringt nicht nur bei, wie Dinge getan werden (technische Generativität), sondern auch, von welchen Überzeugungen sie geprägt sind, von welchen Werten sie getragen werden, welche Theorie ihnen zugrunde liegt, wofür sie ›stehen‹, welche ›Seele‹ oder welcher ›Geist‹ sie animiert.«[224]

Diese vier Typen von Generativität sind miteinander verwoben. Sie können gleichzeitig auftreten, sich überschneiden und in einer Wechselbeziehung stehen. Mit Ausnahme der Übertragung von genetischer Substanz ist Generativität nicht an die biologische Reproduktion gebunden. Häufig wissen wir gar nicht, welche generativen Folgen bestimmte Handlungen haben können. Offenbar wirkt Generativität auch ohne Willensbekundung und gründet auf der Überzeugung, dass das eigene Leben nie wirkungslos bleibt, sondern weit reichende Konsequenzen haben kann.

Elterliche Generativität spielt für Menschen über 60 im Unterschied zu denen mittleren Alters keine Rolle mehr. Dennoch spielen auch und gerade in der nachelterlichen Phase Rollenmodelle eine wichtige Rolle, die explizit die elterliche Generativität betreffen. In diesem Fall spricht man von der »Groß-

224 Ebenda, Seite 26.

Generativität«, die nicht über die körperlichen Merkmale und die Veränderungen des Umfeldes im Alter hinwegsieht, sondern sie einbezieht. Mit Groß-Generativität ist hauptsächlich die Fürsorge für Jüngere zum Beispiel von Großeltern gemeint. Außerdem meint sie die Mentorenrolle oder beispielsweise die beratende Funktion emeritierter Professoren oder Ärzte im Ruhestand.

Anders als der Drang nach Selbstverwirklichung ist der generative Prozess von dem Verlangen gekennzeichnet, Verantwortung für nachfolgende Generationen zu übernehmen und Spuren über das eigene Leben hinaus zu hinterlassen.

Um den Unterschied zwischen mittlerer und Groß-Generativität anschaulich werden zu lassen, vergleichen wir den Krieger mit dem Berater: In jungen Erwachsenjahren hofft man, Heldentaten zu vollbringen. Man fühlt sich berufen, wie im »Krieg der Sterne« in die Haut von Luke Skywalker oder von Prinzessin Leia zu schlüpfen und für das Gute in der Welt zu kämpfen. Im späten Erwachsenenalter hingegen »(...) kennt man die Grenzen seines Standorts und weiß, wie unermesslich das Universum in Wahrheit ist. Und statt etwas Großes zu tun, hofft man folglich, ein bisschen innerhalb des großen Plans und im Zusammenhang mit diesem zu bewirken. Man hofft der Yoda zu sein, der in seiner kleinen Behausung lebt.«[225] Tatsächlich ermöglicht Yoda in seiner Funktion als Lehrmeister erst die vollständige Entfaltung der Kräfte des jungen Helden und vermittelt Luke außerdem das Wertesystem, für das es sich zu kämpfen lohnt. Die generative Kraft, über die der uralte Yoda verfügt, gründet auf seiner Erfahrung und dem Wissen um die Zusammenhänge. Das sind beides Perspektiven, die dem Jüngeren Luke fehlen.

Alte Menschen können durch eine Vielzahl von Aktivitäten einen Beitrag für das Gemeinwesen leisten. Sie können ihre kulturellen, technischen, emotionalen und kreativen Fähigkeiten an Jüngere weitergeben. Voraussetzung dafür ist das Bewusstsein, über Einflussmöglichkeiten sowie wertvolles Wissen und Fähigkeiten zu verfügen und der Wunsch, sie weitergeben zu wol-

---

225 Ebenda, Seite 255.

Die Generativität oder das Erbe des Alters   10.4

len. Allerdings sind ältere Menschen auf Einflussmöglichkeiten und ein positives Image in der Gesellschaft angewiesen: Ohne ein solches Bewusstsein können entsprechende Initiativen und Maßnahmen sich erst gar nicht entwickeln.

Generativität ist eine Angelegenheit jeden Alters. Sie wirkt sich nicht nur auf den Einzelnen, die Familie oder die Gesellschaft aus, sondern prägt auch die Geschichte, die Entwicklung des Menschen und den Zustand des Planeten. Mit Blick auf die Menschheitsgeschichte oder auf die Beschaffenheit der Erde gesellt sich ein ethischer Gedanke zu dem Prinzip der Generativität. So wie ein Alkoholiker seinen Kindern und Kindeskindern ein negatives Erbe hinterlässt, hat das Handeln der Menschen auch auf die Gestalt der Erde Einfluss. Die Menschheit ist deswegen dazu aufgerufen, sich der Wirkungen ihres Tuns bewusst zu sein, denn: »(...) wir, die wir diese Erde bewohnen, [haben] die Verpflichtung (...), im Sinne künftiger Generationen zu handeln.«[226] Gerade ältere Menschen sollten in der Gesellschaft Einfluss haben, denn sie können, freigestellt von vielen Pflichten des Lebens, auf die Notwendigkeit kulturellen und ethischen Denkens hinweisen. So gesehen besteht in den demographischen Veränderungen auch eine Chance: »Wir sollten guten Gebrauch von jenen ›postreproduktiven‹ Jahren machen, die jetzt die Alterswelle auf der Welt zur Folge haben.«[227] In der Generativität liegt die Chance, aus sich heraus in eine Beziehung, eine Familie, eine Gemeinschaft, eine Gemeinde, ein Land und eine Welt einzutreten und dort neue Inspiration für die eigene Lebensgestaltung zu erfahren. Gerade an der Altersgrenze sollten die sichtbaren Bedrohungen auf ihre positiven Möglichkeiten überprüft werden. Denn nach der paradoxen Methodologie verbirgt sich darin der Ansatz zu einer positiven Entwicklung. Generativität ist Übung und Lehre, um Grenzerfahrungen zu erweitern und Verantwortung zu übernehmen. Halten wir es mit Mahatma Gandhi und werden wir selbst zur Veränderung, die wir in der Welt sehen möchten.

226 Ebenda, Seite 300.
227 Ebenda, Seite 301.

Welches Glück ich doch hatte, mit Menschen
zusammenzutreffen und zu sprechen, die
wirklich davon überzeugt waren, dass der Rest
des Lebens das Beste des Lebens sei![228]

Connie Goldman

11. Neues Alter – Neues Leben

Wir alle kennen Menschen, die zwischen 60 und beispielsweise 85 Jahren
Außergewöhnliches leisten und denen irrtümlich das Glück einer längeren
Jugend unterstellt wird. Das ist Unsinn und keine ausreichende Erklärung,
sondern eine vorsätzliche Inanspruchnahme des Schicksals, um nicht selbst
in die Pflicht des Außergewöhnlichen zu geraten. Bisher ist ein entscheidender Aspekt zu kurz gekommen: In den letzten Jahrzehnten haben sich unsere Lebensmöglichkeiten grundlegend gewandelt, wir haben zusätzliche Jahre
gewonnen, die einem Lottogewinn gleichkommen. Aber der überwiegende
Teil der Menschen über 50 verhält sich so, als hätten sie vergessen ihren
Lottoschein abzugeben. Wir stehen vor einer Revolution der Lebensdauer,
der die Entdeckung und Entwicklung eines bislang unter aller Augen ver-
borgenen Potenzials für ein erweitertes Leben ermöglicht. »Zu diesem historischen Zeitpunkt haben wir nicht nur die Chance, wesentlich länger zu
leben als alle Generationen vor uns, sondern auch die Möglichkeit, eine neue
Form persönlichen Wachstums zu initiieren, die diese zusätzlichen Jahre un-
geheuer bereichern kann.«[229]

Die bis in die 70er-Jahre des 20. Jahrhunderts dominierende Vorstellung der
Entwicklungspsychologie, dass die Entfaltung der Persönlichkeit mit dem Ende

---

228 Connie Goldman und Richard Mahler: *Es ist nie zu spät für einen neuen Anfang.
Über die Kunst, im Ruhestand aktiv, kreativ und vital zu bleiben* (München: Wilhelm
Heyne Verlag, 2001), Seite 361.

229 William A. Sadler: *Fliegend in die Fünfziger. Die zweite Lebenshälfte als Chance*
(Düsseldorf, Zürich: Patmos, 2001), Seite 13.

der Pubertät weitestgehend abgeschlossen ist, wurde von dem Gedanken lebenslanger Entwicklung abgelöst. Im Gravitationsfeld ständigen gesellschaftlichen Wandels, ungleichzeitiger beruflicher Werdegänge und neuer Familienstrukturen ist das Erwachsenenalter unsicherer geworden. Deswegen ist ein flexibler Menschentypus gefordert, der solche Veränderungen in seine Persönlichkeit und seine Weltsicht integrieren kann und die ihm gestellten Gestaltungsaufgaben kreativ bewältigt. Auf das Alter als Phase der Um- und Neuorientierung kann angesichts dieser Veränderungen nicht mit eingespielten Verhaltensmustern reagiert werden. Mit dem Ruhestand muss ein neuer Tagesrhythmus gefunden, müssen neue Kontakte geknüpft, neue Rollen, Inhalte und Ziele definiert werden. Ohne Rückbezug auf die eigene Identität, ohne die Auseinandersetzung mit Wünschen und Träumen und ohne einen kreativen Selbstentwurf können solch tief greifende Umbrüche nicht bewältigt werden. Es ist notwendig, das Ende vom Mythos der fertigen Persönlichkeit nachdrücklich zu verkünden. Leben heißt Veränderung und Entwicklung und ist ohne Älterwerden nicht denkbar. »Die Psyche befindet sich in einem Zustand endlosen Werdens – ein Selbst, das sich nie vollendet.«[230] Grundlage für die folgenden Kapitel ist die Erkenntnis der Entwicklungspsychologie, »dass mit dem Eintritt in die Lebensperiode des Alters die persönliche Entwicklung einer Person nicht abbricht, sondern – wie in den Jahren vorher – kontinuierlich oder diskontinuierlich weiterverläuft. Der ältere Mensch ist dabei nicht Spielball seiner äußeren Lebensumstände oder biographischen Erfahrungen, sondern hat die Möglichkeit, seinen Alternsprozess aktiv mitzugestalten.«[231]

Auf der historischen Grenze zwischen Altem und Neuem muss sich der Mensch entscheiden, ob er nach vorne denken oder vom Jugendwahn verwirrt in den ausgetretenen Pfaden der Gewohnheit vergreisen will. Diese historisch einmalige Chance bietet sich nur den Älteren, beginnend mit Mitte vierzig. Bereits in diesem Alter ist der Wunsch nach Rückgewinnung von

---

230 Richard Sennett: *Der flexible Mensch*, (Berlin, Berlin Verlag, 1998), Seite 182.

231 Faltermaier et al.: *Entwicklungspsychologie des Erwachsenenalters* (Stuttgart, Berlin, Köln: Verlag W. Kohlhammer, 2002), Seite 168.

Die Pioniere des Zweiten Reifungsprozesses **11.1**

Jugendlichkeit und der Verlängerung von Jugend die Frischluftzufuhr abge-
schnitten. Jugend ist kein Übernahmeobjekt für die neue Lebensunterneh-
mung. Für das neue Alter ist sie ein wichtiger biografischer Lebensabschnitt,
ein immer währender Bestandteil der Seele und eine dauernde Orientierung
für die Zukunft. Sie ist Mahnung und Verpflichtung, den kommenden Generationen einen lebbaren Boden zu bereiten. Sie ist der erste große Versuch, das weiße Blatt des Lebens zu beschreiben. Sie ist die Grundlage für
die Entscheidung, weitere selbstverantwortliche und weise Kapitel dem Buch
des Lebens hinzuzufügen.

Mir scheint es kein besonderes Wagnis zu sein, von einem neuen Alter und
von einem neuen Leben zu sprechen. Es gibt eine evolutionäre Bestimmt-
heit, die dies unaufschiebbar auf die Tagesordnung gesetzt hat. Und in diesem Fall folgt die Theorie der Praxis. Es gibt Menschen, die diese Notwendigkeit durch ihr Handeln bereits leben und bestätigen. Lassen wir ihr muti-
ges Vorbild zu Eintagsfliegen werden, ereilt uns das Schicksal derselbigen.

11.1 Die Pioniere des Zweiten Reifungsprozesses

Längere Zeit habe ich in einem internationalen Netzwerk[232] gearbeitet, das
sich um die Zusammenführung herausragender Persönlichkeiten kümmerte.
Es waren Menschen, die sich als Kulturschaffende, Künstler, Politiker von
Weltruf, Querdenker oder als spirituelle Vordenker verdient gemacht haben.
Dieser illustre Kreis von männlichen und (leider viel zu wenig) weiblichen
Herzens- und Geistesgrößen soll Brücken bauen zwischen Kultur und Politik, Kultur und Wissenschaft, Kultur und Ökonomie, um ein vernetztes Bewusstsein für die Abhängigkeit und Verantwortung der Weltgemeinschaft
zu schaffen.

Ich habe außergewöhnliche und vorbildliche Menschen kennen gelernt. Diejenigen aber, die wirklich den Unterschied in Lebenserfahrung, Engagement

---

232 Siehe Ervin Laszlo: *You can change the world. Gemeinsam eine bessere Welt schaffen.
Ein praktischer Leitfaden (Stuttgart: Horizonte Verlag, 2002).

11 Neues Alter – Neues Leben

und Einfluss verkörperten, sind fast alle zwischen 60 und 80 Jahren gewesen. Viele Musiker waren in diesem Umfeld anzutreffen, allen voran Yehudi Menuhin[233]. Aber gerade Yehudi Menuhin oder Sir George Solti waren Individuen, denen man trotz ihres Alters eine besondere und unverwechselbare Aura zubilligte. Dabei käme niemand auf die Idee, sie müssten sich krampfhaft an ihrer Jugendlichkeit festhalten oder gar kosmetische oder esoterische Wunderwaffen einsetzen. Es handelt sich um Menschen, die mit sich selbst identisch sind, die unentwegt an neuen Zielen gearbeitet haben. Durch ihre Kunst, Kreativität und Persönlichkeit haben sie den späteren Jahren ihres Lebens einen Stempel aufgedrückt und sie genutzt.

Das Bewusstsein der eigenen Identität berührt das Selbstverständnis der Menschen, ihre Beziehung zu anderen und die Fertigkeiten, die eine Kultur braucht, um zu überleben. Es ist belegt, dass große historische Persönlichkeiten wie Pablo Picasso, Marion Gräfin Dönhoff, Albert Schweitzer, Astrid Lindgren, Winston Churchill, Katherine Hepburn, Sir John Gielgud[234] oder Henri Matisse über jene Identität und Alterskreativität verfügten und ihre Zeit prägten.

William A. Sadler hat in seinem zwölfjährigen Forschungsprojekt mit weniger bekannten, aber nicht minder inspirierenden Pionieren gearbeitet, um die historische Einmaligkeit der zusätzlichen Lebensjahre zwischen 50 und 75 Jahren zu erkunden. Jenseits des anekdotischen Charakters seiner biografischen Untersuchungen und Interviews hat Sadler ein theoretisches Modell entwickelt, das den von ihm beobachteten Entwicklungsprozess erklärt und strukturiert. »Diesen Erneuerungsprozess bezeichne ich als Zweite Reifung. Der Begriff bezieht sich darauf, dass diese Menschen ihr Leben umgestalten, um eine neue Option im Lebenslauf zu nutzen. Wenn wir in den Bannkreis

---

233 Yehudi Menuhin (*22.4.1916, †12.3.1999) war nicht nur einer der größten Geiger des 20. Jahrhunderts, sondern auch Förderer junger Künstler, ein Humanist und Philanthrop. Zeitlebens hat er sich für die Bekämpfung von Vorurteilen, für Menschenrechte und Völkerverständigung eingesetzt.

234 Englands Königlicher Schauspieler brillierte bis ins hohe Alter in zahllosen Theater- und Filmrollen, Oscar-Preisträger, geb. am 14.4.1904, gest. am 20.5.2000.

Die Pioniere des Zweiten Reifungsprozesses 11.1

der herkömmlichen Auffassung vom Altern geraten, geben wir Ehrgeiz, Zukunftsträume, Leidenschaft, Idealismus und Abenteuerlust auf. Ausgehend von den Ereignissen meiner Untersuchung behaupte ich, dass wir das Alter nicht leugnen, aber durch einen neuen Reifungsprozess transformieren sollten.«[235]

Es geht also um die Transformation oder Erhebung des Alters in einen neuen Entwicklungs- und Reifungsprozess. Dieser Prozess ist erst seit einigen Jahrzehnten möglich, denn er basiert auf gewonnenen und zusätzlichen Jahren, die Menschen in der Vergangenheit nicht gehabt haben. Die medizinischen, hygienischen und sozialen Fortschritte haben im letzten Jahrhundert, wie wir in den vorausgegangenen Kapiteln gesehen haben, die durchschnittliche Lebenserwartung zum Beispiel in den USA von 47,3 Jahren im Jahr 1900 auf 75,5 Jahre im Jahr 1975 anwachsen lassen. Mittlerweile liegt sie bei über 80 Jahren und darüber hinaus machte der Anstieg der 100-Jährigen in den USA zwischen 1960 und 1996 einen Sprung von 3.000 auf 55.000 Menschen.

Für unser Thema der Zweiten Reifung ist der Lebensbonus der etwa dreißig gewonnenen Jahre wichtig. Es scheint wie das Erwachen aus einem kollektiven Schlaf, in dessen Verlauf alle ihren vorzeitigen Tod geträumt haben und nach dem Aufwachen ungläubig die Gunst zusätzlicher Lebensjahre erfahren dürfen. Welch paradoxe Situation: Wir sind in Besitz einer Fülle zusätzlicher Jahre, haben aber noch keine Möglichkeiten und Verhaltensweisen, um sie als längste und vielleicht beste Lebensphase zu erkennen und zu nutzen.

Sadlers Modell der Zweiten Reifung ist das Ergebnis von Beobachtungen real existierender Menschen, die als Pioniere des neuen Lebens- und Altersbewusstseins begriffen werden können. Was haben sie (revolutionär) anders gemacht? In dem Moment, als die erste Reifung, also Kindheit, Jugend, Erwachsenenalter, Ausbildung, Aussehen, Freundschaft, Identität, Familie, Lie-

---

235 Sadler (2001), Seite 16.

be, Beruf etc. sich veränderte, stagnierte oder drohte verloren zu gehen, haben sie den Schalter umgelegt. Sie haben ihre Lebensweise und die vereinfachte Wahrnehmung ihres Alters verändert.[236] Sie haben sich dem Abschwung, dem negativen Mythos, den Auflösungsimpulsen entzogen und sind in ein unbekanntes Land aufgebrochen.

Ich will diesen Moment noch konkreter fassen: Wenn die geradlinige und geordnete Lebensentwicklung in der Lebensmitte ihre Dynamik verliert, und unsere Fähigkeiten verblassen, setzt langsam ein Auflösungsprinzip des Gewohnten ein. Jahrhunderte lang trat diese Auflösung nach dem Ende des Arbeitslebens ein. Einen ähnlichen Einschnitt nennen wir bei Männern »Midlife-Crisis« und bei Frauen »Menopause«, obwohl viele Untersuchungen bestätigen, dass diese Phasen durchaus auch als Zeit des kreativen Umbruchs gesehen werden können. Genau an diesen Schnittstellen ergeben sich die Chancen für eine Zweite Reifung. Die Zweite Reifung ist eine Gegenkraft, die sich den Herbstwinden des Erwachsenenlebens widersetzt und das Altern in neue Wachstumszonen überführt.

Historisch ist dies erst seit etwa zwanzig Jahren möglich. Die Zweite Reifung entstand im Fadenkreuz zwischen gewonnenen Jahren und dem demographischem Wandel, zwischen intergenerativer Flexibilität und integrativer Paradoxie, das heißt im Umfeld entkrampfter Verhaltensfreiheit zwischen den Generationen und der Anerkennung der Widersprüchlichkeit als Realitätsprinzip. Dieser Zweite Reifungsprozess erhöht die Lebensqualität genau in dem Moment, in dem wir befürchten, sie zu verlieren und führt zur Entfaltung unserer komplexen menschlichen Möglichkeiten. Die bereichernde Wirkung entsteht zum Teil durch das Herausfinden neuer Interessen, Begabungen und geistiger Herausforderungen, die unsere emotionale, zwischenmenschliche und kreative Intelligenz anregen.

---

236 Die hier beschriebene Lebenszäsur kann natürlich in allen Lebensphasen als spezifische Krise auftreten. Ihre Bedeutung hat sie jedoch nur in der vermeintlichen Lebensmitte, also in diesem gravierenden Generationssprung.

11.2 Die Überwindung des Widerspruchs

Im ersten Kapitel habe ich gezeigt, dass die Paradoxie eine Radikalisierung des Widerspruchs darstellt, die entgegengesetzte Thesen auflöst und sie in ein Gleichgewicht auf höherer Erkenntnisebene treiben will. Diese zu überführende Widersprüchlichkeit ist ein zentrales Entwicklungsprinzip der Zweiten Reifung. Sadlers Untersuchungen belegen, dass Widersprüche den Kern der Erfahrung seiner Interviewpartner bilden. Dieses Ergebnis stimmt mit vielen Erkenntnissen der Astronomie, der Religionen, der Philosophie und der Managementlehre in Bezug auf paradoxe Phänomene überein. Eines der ältesten und bekanntesten Symbole des fernöstlichen Denkens ist das Prinzip von Yin und Yang. Es besagt, dass sich unsere Persönlichkeit aus zwei gegensätzlichen Kräften, der männlichen und der weiblichen, speist, und wir sie in ein Gleichgewicht bringen sollten. Andere Widersprüche dieser Art sind uns allen vertraut: Bei der Entstehung unseres Universums walteten gegensätzliche Kräfte in Form von Schwerkraft und Abstoßung, Vielfalt und Homogenität, Struktur und Chaos und in der Bibel erfahren wir, dass die Ersten die Letzten und die Letzten die Ersten sein werden. Schließlich stellt Sokrates fest, dass die Weisheit mit der Wahrnehmung der eigenen Unwissenheit beginnt.

Seitdem Wissenschaftsautoren wie Fritjof Capra[237], Ilja Prigogine[238] oder Francesco Varela[239] eine Änderung des Denkens in Richtung Überwindung der

---

237 Der Systemtheoretiker und Physiker Fritjof Capra gilt als Vordenker einer ökologisch ganzheitlichen Weltsicht. Einer seiner zentralen Gedanken besteht in der These, dass Gegensätze auch zusammengehörig sein können. Literatur zum Beispiel: *Lebensnetz und Wendezeit – Bausteine für ein neues Weltbild.*

238 Der Chemiker Ilja Prigogine gilt als Mitbegründer der modernen Chaostheorie, für die er in den 70er-Jahren des 20. Jahrhunderts mit dem Nobelpreis ausgezeichnet wurde. Die zentrale These Prigogines ist, dass die traditionellen Naturgesetze die Vielschichtigkeit der Systeme nicht abbilden können. Literatur: *Die Gesetze des Chaos.*

239 Der chilenische Biologe Francesco Varela gilt als Vertreter des radikalen Konstruktivismus. Im Zentrum seiner Überlegungen steht die Auflösung der Unvereinbarkeit zwischen objektivem Wahrheitsanspruches und Subjektivität. Auch er vertritt eine systemische Weltsicht. Literatur: *Der Baum der Erkenntnis,* gemeinsam mit Humberto Maturana.

11 Neues Alter – Neues Leben

Geradlinigkeit und des Bewusstseins für die Unteilbarkeit in unseren westlichen Vorstellungen gefordert haben, erkennen viele von uns, dass Widersprüche zum Wesen unserer Realität gehören. Aus dem Zusammenspiel dieser Widersprüche und dem kreativen Versuch, sie in ein Gleichgewicht zu bringen, ist das Modell der Zweiten Reifung entstanden.

Zum besseren Verständnis für die Wechselwirkungen der verschiedenen Lebensalter und zur zeitlichen Verortung der neuen Reifungsprozesse wird der menschliche Lebensweg in vier Lebensalter eingeteilt. Im ersten Lebensalter dominieren das Lernen und die Fremdbestimmtheit, im zweiten Beruf, Familie und Rollenbewusstsein, im dritten die Selbstüberwindung und die persönliche Erfüllung und im vierten das tatsächliche Altern mit absolut individuellen Ausprägungen. Selbstverständlich begleitet uns zum Beispiel das Lernen ein Leben lang. Diese groben Kategorien dienen deswegen lediglich als Koordinatensystem, um eine Vorstellung vom Lebensalter zu gewinnen.

Was müssen wir überwinden, um dieses neue Land der Zweiten Reifung zu erreichen? Die Antwort ist einfach. Wir müssen die überlieferten und verinnerlichten Negativbilder über das Alter und den Mythos lebenslanger Jugendlichkeit überwinden. Das Tor zur Zweiten Reifung ist mit schweren Widerspruchsschlössern verhangen. Die Idee der Zweiten Reifung und das wettbewerbsorientierte Siegerprinzip der Jugend sind nicht zu vereinbaren. Es handelt sich um zwei in sich geschlossene Erfahrungsbereiche, die absolut eigenen Entwicklungen unterliegen. Es gibt durchaus Ähnlichkeiten und Wechselwirkungen, aber zu vereinbaren sind sie nicht. Jeder diesbezügliche Etikettenschwindel entlarvt und bestraft sich selbst. Jeder Vergleich, jede Instrumentalisierung, jedes Kopieren und jeder Neid infiziert die eigene Lebensphase. Wir haben es hier mit einer ehemals gültigen und heute anachronistischen Altersnorm zu tun, die zwar ihre Berechtigung, aber nicht ihren strafenden Mythos verloren hat. »Dunkelheit wird oft als Abwesenheit von Licht definiert – und genauso wird das Alter als Abwesenheit der Jugend gesehen. Das Alter wird nicht nach dem bewertet, was es tatsächlich ist, sondern nach dem, was es *nicht* ist.«[240]

---

240 Friedan (1997), Seite 133.

Die Gleichsetzung des klassischen Altersbegriffs mit dem Dritten Lebensalter ist falsch und unangemessen. Dass die veralteten Altersbilder eine gewisse Berechtigung in der Vorhersage des Vierten Lebensalters besitzen, kann niemand bezweifeln: »Doch ich bin auf meiner Lebensreise weit genug gekommen, um zu wissen, dass es sinnlos und fatal wäre zu leugnen, dass das Alter gewisse physische Schwächen, Behinderungen, chronische oder akute Beschwerden mit sich bringt – und dass es mit dem Tod endet.«[241] Um die Wahrheit dieses Satzes mit Zahlen zu belegen: In Deutschland sind von den über 60-Jährigen 5 Prozent pflegebedürftig und bei den über 80-Jährigen 27 Prozent. Selbst das Vierte Lebensalter rechtfertigt also keine einseitige Dämonisierung.

Den extremen Zusammenhang zwischen Altersbild und Todesfurcht kann ich an dieser Stelle nicht untersuchen, wenngleich er für das Vierte Lebensalter unverzichtbar ist. Meine Konzentration gilt nun dem Dritten Lebensalter und der Zweiten Reifung, deren bewusstes Durchleben und Gestalten zweifelsohne auch die psychische und physische Realität des alten Alters verändern wird.

11.3 Die Prinzipien der Zweiten Reifung

Bekanntlich führen alle Wege nach Rom. Ähnlich verhält es sich auch mit der Zweiten Reifung. Wer sich entschieden hat, den Gang in diese neue Dimension anzutreten, wer den Mut aufbringt, wird unweigerlich unterschiedliche Pfade dorthin entdecken. Ich konzentriere mich auf das aus der Praxis entstandene Modell von William Sadler, weil es einige entscheidende Erkenntniswege eröffnet. Ob wir durch Autogenes Training, Yoga, Psychosynthese, Gesprächstherapie oder Bergsteigen, durch das Schicksal selbst oder den eigenen Willen die Ängste überwinden und die Neugier entwickeln, um diesen Prozess der Selbstveränderung zu beschreiten, ist zweitrangig. Auch die sozialen Voraussetzungen, die das Privileg einer solchen persönlichen Entwicklung erlauben, müssen an dieser Stelle unberücksichtigt bleiben.

---

241 Ebenda, Seite 543.

Erstes Prinzip: Gleichgewicht von Reflexion und Risikobereitschaft

Der Grundgedanke der Zweiten Reifung ist das Nachdenken über eine Widersprüchlichkeit von zwei gegensätzlichen Aussagen und die Herstellung eines kreativen Gleichgewichts mit dem Ziel einer neuen Lebensperspektive. Um überhaupt in die Situation aufmerksamer und kritischer Selbstreflexion zu kommen, muss man sich konsequent von Klischees und eigenen Vorurteilen lösen. Die Bereitschaft zur Bewusstseinsveränderung setzt eine erhöhte Risikobereitschaft voraus, um Gewohnheiten aufzugeben und eine überholte Lebensanschauung zu überwinden. Es geht um eine Zäsur, die es ermöglicht, sich aus einem betriebsamen, konkurrenzorientierten und hektischen Umfeld zu lösen. Außerhalb vertrauter Zusammenhänge, an Orten der Besinnlichkeit, Einsamkeit oder Schönheit, ist der Raum, der den Menschen erst in die Lage versetzt nachzudenken, in sich zu gehen und Klarheit zu gewinnen. Aber jeder Wandel und jede unkalkulierbare Veränderung erfüllt uns mit Angst und Abwehr. Also stehen wir tatsächlich vor einer großen Herausforderung, die eine enorme Risikobereitschaft erfordert. Und schon wieder haben wir es mit einem Widerspruch zu tun: Unser Nachdenken drängt zur inneren Einkehr und unser Mut fordert den Aufbruch. Im Sinne der Zweiten Reifung unterstützen wir beide Ansätze und verinnerlichen Nachdenken und Risiko. Die Integration beider Einstellungen in ein kreatives Gleichgewicht erleichtert eine Erneuerung in der Lebensmitte. Damit können auch Ängste überwunden werden. Um sich weiter zu motivieren und um die richtige Entscheidung zum Wandel treffen zu können, muss ein weiterer Schritt gegangen werden. Die in der Fantasie vorweggenommene Vision vom eigenen Traum einer lebenswerten Zukunft ist der mentale Schrittmacher, um die Zweite Reifung anzugehen.

In Sadlers Forschungsprojekt sind die hier vorgestellten Thesen als tatsächliche Lebenserfahrungen und biografische Tatsachen verbrieft. Aus dem gesammelten Material hat er sechs Prinzipien entwickelt, deren erstes ich kurz skizziert habe. Bei dem ersten Prinzip geht es um ein ausgewogenes Verhältnis zwischen Reflexion und Risikobereitschaft. Eine schnelle Gebrauchsanleitung lautet wie folgt: »Um mit dem ersten widersprüchlichen Prinzip der

Die Prinzipien der Zweiten Reifung 11.3

Zweiten Reifung zu beginnen, können Sie für eine Situation sorgen, in der Sie etwas Abstand gewinnen, um Ihr Leben kritisch zu betrachten und in Frage zu stellen; auf Ihre kreative Kraft hören und sich vorstellen (visualisieren), wie Sie leben möchten; Ihre Werte klären und über den Sinn/Zweck Ihrer zweiten Lebenshälfte reflektieren; einschränkende kulturelle Normen durchbrechen und die alten Drehbücher in Frage stellen; die richtigen Herausforderungen suchen und Ihre Erwartungen klären; die notwendigen Risiken eingehen, um Neues auszuprobieren; offen auf die kreative Spannung reagieren, die sich aus der doppelten Vision ergibt, das heißt aus dem Bild von der Person, die Sie jetzt sind und dem Bild der Person, zu der Sie werden wollen; die notwendigen Fähigkeiten entwickeln, um die gewählten Herausforderungen erfolgreich zu meistern; sich engagiert für die Verwirklichung Ihrer angestrebten Ziele einsetzen.«[242]

Zweites Prinzip: Die Entwicklung eines realistischen Optimismus

Dieses Prinzip fußt auf dem Widerspruch von Realismus und Optimismus. Im Kern lautet die Aussage: Wie hoch die realistischen Widerstände auch sein mögen, der aufgeklärte Optimismus verleiht sich selbst belebende Kraft, den Widrigkeiten zu trotzen und die richtigen Schritte der Erneuerung zu wagen. Dieser Optimismus, der sich aus eigenem Selbstvertrauen und Entschlossenheit und externer Hilfe und Ermutigung speist, durchdringt die realistischen Facetten des schwierigen Alters und etabliert einen eigenen neuen Standpunkt.

Drittes Prinzip: Die Entwicklung einer positiven Identität im dritten Lebensalter

Der Widerspruch dieses Prinzips lautet: positive Identität und negatives Altersimage. Die Sozialisationsprozesse der Jugend und des Erwachsenenlebens zwingen häufig zu Kompromissen zwischen der eigenen Persönlichkeit und der Gesellschaft. Mit der hier beschriebenen positiven Identität werden die

---

242 Sadler (2002),S.83

Altersvorurteile kritisch hinterfragt und selbstbewusst überwunden. Gleichzeitig werden verdrängte Eigenschaften wie maskuline, feminine und jugendliche, das innere Kind und der eigene Tod in die persönliche Neubestimmung einbezogen.

Viertes Prinzip: Neue Definitionen von Arbeit, Freizeit und Spiel in Einklang bringen

Der grundlegende Widerspruch dieses Prinzips ist Arbeit und Spiel. Der Arbeitsbegriff hat sich in Zeiten der Globalisierung, Technisierung und Mehrfachbeschäftigung über die bloße Erwerbstätigkeit hinaus entwickelt. Zu einer persönlichen Neubestimmung gehört deshalb auch eine Neudefinition der eigenen Arbeitssituation. Es wird empfohlen, die wichtigsten Hauptinteressen in einer Arbeitssammlung zu bündeln, die bezahlte Arbeit, Pflicht aus Vergnügen, Hausarbeit, ehrenamtliche Tätigkeiten und kreatives Lernen beinhalten. Für diese persönliche Neuorientierung wird dem Spiel und der konstruktiven Freiheit eine Schlüsselfunktion zugewiesen, um bewusster und freier mit den eigenen Ernsthaftigkeiten umgehen zu können.

Fünftes Prinzip: Das Gleichgewicht von persönlicher Freiheit und Intimität

Der hier beschriebene Widerspruch beschreibt die Zunahme persönlicher Freiheit bei gleichzeitiger Intensivierung partnerschaftlicher Verbundenheit. Es geht um die Entwicklung und den Ausbau der eigenen emotionalen Intelligenz, die Umsetzung eigener Überzeugungen sowie die Erfüllung eigener Selbsterwartung. Diese Einlassungen sind riskant und rufen Existenzängste hervor. Durch die Qualität der Beziehungen zu Partnern und Freunden können diese Ängste aufgefangen und als dynamischer Teil der unverwechselbaren Identität gewürdigt werden. Letztendlich rankt dieses Prinzip um die Gratwanderung zwischen Liebe und Freiheit, die durch Erfahrung, Charakter und Mut hohe Chancen der Umsetzbarkeit besitzt.

Die Prinzipien der Zweiten Reifung 11.3

Sechstes Prinzip: Der Aufbau eines fürsorglichen Lebens – Mehr Interesse für sich selbst und andere

Bei diesem Prinzip stehen sich die Verpflichtung zum fürsorglichen Umgang mit sich selbst und das nachhaltige Interesse am Wohl der anderen gegenüber. Auf der einen Seite dokumentiert der Schutz, die Pflege und die Weiterentwicklung des eigenen Lebens auch eine wechselseitige Auseinandersetzung mit den verfügbaren Ressourcen einer Gesellschaft. Dieses Bewusstsein beinhaltet das Wissen, dass beispielsweise die Belastung der Gesundheitssysteme oder die häufigsten Todesursachen mehr von der eigenen Lebensweise beeinflusst werden als durch Alter und Krankheit. Gleichzeitig bedeutet die Zunahme der älteren Bevölkerung eine Chance vermehrten Engagements für das Gemeinwesen. Dies kann ein kulturell entscheidender Überlebensfaktor werden, drohen doch die individualistischen, hedonistischen und konsumistischen Tendenzen zu einer gewissen moralischen Selbstzerstörung beizutragen. Wenn die Mehrheit der Menschen ihr Drittes Lebensalter zur Zweiten Reifung oder – wie ich gerne sage – zur Zweiten Biografie nutzen würde, hätten wir die Chance auf eine fürsorgliche, sich selbst entwickelnde Gesellschaft des kreativen Gleichgewichts.

Diese sechs skizzierten Prinzipien, sind die Brücken des Paradigmenwechsels von einem defizitären zu einem sich ergänzenden Altersbild. Das Dritte Lebensalter ist die längste Phase des menschlichen Lebens. Die mögliche Zäsur zwischen dem Zweitem und dem Drittem Lebensalter ist der entscheidende Wendepunkt. Ein wesentlicher Teil unserer Erwachsenenidentität beruht auf Rollen und Statussymbolen, also äußerlichen Fremdbestimmungen, die das eigene Leben inszenieren. Um nun die Person zu werden, die wir eigentlich sein könnten, müssen wir zur inneren Reife und zur eigenen Wahrheit finden. Die aufmerksame Reflexion der eigenen gelebten Inszenierungen und die Aufgabe, der nicht gut tuenden Rollen, bilden die lohnenswert-riskante Herausforderung auf dem Weg in die Zweite Biografie. Vielleicht kommt diese ungeheure Chance sogar einer zweiten Geburt gleich – in dem Sinne, dass wir aufgrund unserer Erfahrungen, unseres Charakters und unserer Vision eine eigene Idee des Besserwerdens haben.

11.4 Der Angriff auf den Lebenszyklus

Der von mir als sensationell und spektakulär eingeschätzte persönliche und gesellschaftliche Zugewinn des Dritten Alters ist gleichzeitig ein Faktor tief greifender Eruptionen. Ich sehe unseren Lebenszyklus nachhaltig bedroht.

Ich beginne vorsichtig mit jener Unwucht vom drastischem Rückgang der effektiven Beschäftigungszeit und den gewonnenen Lebensjahren. Die Verringerung der Beschäftigungsquote von Männern zwischen 55 und 64 Jahren in den großen Industriegesellschaften in den Jahren 1970 bis 1998 ist enorm. »1998 betrug sie in den USA nur noch 68 Prozent, in Großbritannien 64 Prozent, in Deutschland 56 Prozent, in den Niederlanden 48 Prozent und in Frankreich 41 Prozent.«[243] Ungeachtet der Ursachen – ob Frühverrentung, Dauerarbeitslosigkeit oder Entmutigung – verlassen beinahe die Hälfte der Erwerbstätigen mit Anfang 50 für immer den Arbeitsmarkt. So reduziert sich die Lebensarbeitszeit praktisch auf einen Zeitraum von etwa dreißig Jahren in einer Zeit vom 24. bis zum 54. Lebensjahr. Dem stehen dreißig gewonnenen Jahre des Dritten Alters gegenüber. »Im Zeichen steigender Lebenserwartung können wir ziemlich sicher sein, bis zu einem Drittel unseres ganzen Lebens in jener nicht genau definierten Lebensspanne zu verbringen, die wir ›Ruhestand‹ nennen. Dabei ist jedoch der ehrwürdige 95-Jährige vom soeben mit 65 in den Ruhestand gegangenen chronologisch genauso weit entfernt wie das fünfjährige Vorschulkind vom auf Karriere bedachten Mittdreißiger. Das müsste zum Thema Verallgemeinerungen über Senioren eigentlich genügen.«[244] So positiv die letztgenannte Altersphase auch für die Zukunft ist, die Tatsache, dass die Lebensarbeitszeit ihre zentrale Stellung in unserem Leben und in unserer Gesellschaft zu verlieren droht, wird bis jetzt beängstigenderweise kaum wahrgenommen. Der große Einfluss auf die sich dramatisch verändernden Renten- und Gesundheitssysteme wurde ebenfalls unterschätzt. Ich kann Fachleute und Politiker nur dringend aufru-

---

243 Manuell Castells: *Der Aufstieg der Netzwerkgesellschaft,* Teil 1 der Trilogie *Das Informationszeitalter* (Opladen: Leske und Budrich, 2001), Seite 500.

244 Goldman und Mahler (2001), Seite 174.

Der Angriff auf den Lebenszyklus 11.4

fen, diesen gravierenden Problemen mit grundlegenden Überlegungen und Maßnahmen entgegenzuwirken. Die Neigung, pragmatisches Handeln durch den Einsatz von Expertenkommissionen und Symbolhandlungen zu kompensieren, zeigt nur Entscheidungsunfähigkeit und verschärft die Probleme.

In den vielen Jahrtausenden unserer Zivilisationsentwicklung war der Rhythmus des menschlichen Lebens eng mit den natürlichen und biologischen Rhythmen im Einklang. Da schien es sinnvoll, dass Lebensrhythmus und Gesellschaftsgestaltung übereinstimmend miteinander verzahnt waren. So verlief die Geschichte, »(...) in der die meisten Neugeborenen als Kleinkinder sterben, in denen die reproduktive Kraft der Frauen frühzeitig genutzt werden musste, in der Jugend nur ein Augenblick war, in der alt zu werden ein solches Privileg darstellte, dass es den Respekt mit sich brachte, der einer einzigartigen Quelle von Erfahrung und Weisheit gebührte, und in der Epidemien periodisch große Teile der Bevölkerung vernichteten.«[245] In den letzten zweihundert Jahren erlebten wir industrielle, wissenschaftliche und technologische Revolutionen, die uns von ehemals bio-sozialen zu sozio-biologischen Prägungen führten. Die Menschen besaßen nachvollziehbare Lebensmuster wie Arbeit, Familie, Freizeit, Geschäft, Hobby oder Ruhestand. Dieses Fundament verinnerlichter Orientierungen und Gewohnheiten befindet sich in einer schleichenden Auflösung – wir stehen am Anfang einer kulturellen Eiszeit. »Ich behaupte, dass die Netzwerkgesellschaft durch den Zusammenbruch der biologischen ebenso wie der gesellschaftlichen Rhythmen gekennzeichnet ist, die mit der Vorstellung von einem Lebenszyklus verbunden sind.«[246] Die Veränderung der Lebensarbeit und das Dritte Alter sind zwei maßgebliche Faktoren dieses nachhaltigen Wandels der uns bekannten Bedingungen. Ich stimme mit dem Soziologen Manuel Castells in seiner Vorstellung einer aus den Fugen geratenen Gesellschaft[247] vollkommen überein. Die von ihm beschriebene Transformation des Altersbildes vom »letzten Lebensstadium« zum pluralen Universum der Selbst- und Fremdsteigerung do-

---

245 Castells (2001), Seite 501.

246 Ebenda, Seite 502.

247 Siehe ebenda, Seite 501.

Neues Alter – Neues Leben

kumentiert die neue Beziehung zwischen sozialer Lage, biologischer Befindlichkeit und milieubedingtem Ansehen. Die bekannten Grundlagen unseres Lebenszyklus werden aufgebrochen. Im Dritten Lebensalter tummeln sich unterschiedliche Generationen, von denen einige noch ein halbes und völlig unbestimmtes Leben vor sich haben. Die Unterschiedlichkeit sozialer Attribute ist so zahlreich, dass exakte Definitionen des Alterns immer häufiger ihre Gültigkeit verlieren. Gewinn und Irritation könnten mit gegenwärtigen Augen betrachtet kaum größer sein.

Ein dritter schwerer Angriff auf den Lebenszyklus kommt aus den veränderten Familien- und Reproduktionsgewohnheiten. In den ökonomisch fortgeschrittenen Gesellschaften ist die Geburtenrate unterhalb der Reproduktionsquote gefallen, so dass die Bevölkerungszahl sinkt. Gleichzeitig sind Lebensalter und biologische Verfassung keineswegs mehr notwendige Voraussetzungen für Fortpflanzung und Elternschaft. Unsere Lebensmuster sind derart ins Wanken geraten, dass ihre Analyse geistige Trunkenheit erzeugt. »60-jährige Eltern mit Kleinkindern; Kinder aus unterschiedlichen Ehen, die das Vergnügen haben, 30 Jahre ältere Brüder und Schwestern ohne mittlere Altersgruppe zu haben; Männer und Frauen, die mit oder ohne Sexualkontakt in einem beliebigen Lebensalter zu zeugen beschließen; Großmütter, die ein Kind gebären, das aus einer Eizelle der Tochter stammt – ebenfalls Fälle aus dem wahren Leben; posthume Kinder; und eine zunehmende Lücke zwischen gesellschaftlichen Institutionen und reproduktiver Praxis – unehelich geborene Kinder machen etwa 50 Prozent aller Geburten in Schweden und etwa 40 Prozent in Frankreich aus. Es ist entscheidend, dass wir mit dieser Beobachtung kein Werturteil verbinden. Was aus traditionalistischer Sicht der Herausforderung des Zornes Gottes gleichkommt, bedeutet aus kulturrevolutionärer Perspektive den Triumph individueller Wünsche und vor allem die endgültige Bestätigung des Rechts von Frauen auf ihren Körper, auf ihr Leben.«[248]

---

248 Ebenda, Seite 505.

Der Angriff auf den Lebenszyklus 11.4

Die Beanspruchung unserer Belastbarkeit ist angesichts dieser Entwicklungen enorm. Gleichwohl gilt es dem Druck standzuhalten und nach neuen Wegen für einen aus dem Rhythmus gekommenen Lebenszyklus zu suchen. Das Ordnungssystem unserer Eltern jedenfalls hat sich bis zum Schmelzpunkt erwärmt und Salvatore Dalis zerlaufende Uhren erscheinen eindrucksvoll und präzise unsere Realität zu beschreiben.

Der vierte Überfall auf den Lebenszyklus ergibt sich aus der Verleugnung des Todes. »Die herrschende Tendenz in unseren Gesellschaften ist es, als Ausdruck unseres technologischen Ehrgeizes und entsprechend unserer Feier des Augenblicks den Tod aus dem Leben auszulöschen oder ihn durch seine wiederholte Darstellung in den Medien bedeutungslos zu machen, wobei er dort immer der Tod der anderen ist, so dass unser eigener uns mit der Überraschung des Unerwarteten trifft.«[249] Der Tod ist ohne Zweifel das zentrale Thema der Kulturen in der Geschichte. Als oberste Bemessungsgrenze von Zeit und Leben war er auch erster Ordnungsfaktor in der Wahrnehmung des Lebenszyklus. Wie auch immer die Strategien seiner Hinnahme aussahen – Flucht, Bekämpfung, Verdrängung oder Demut – er besaß als Einziger die Qualität der Gewissheit. Ermutigt und geblendet durch immer neue Entwicklungen in Biologie, Medizin und Gentechnologie halluziniert der Markt eine Überwindung des Todes. Um die Absurdität dieser Anmaßung nicht geschäftsschädigend werden zu lassen, beschränkt man sich auf die Ermutigungspropaganda »forever young« und entzieht sich ansonsten der Bedrohung des Todes durch Leugnung und Verschweigen. »Die Lebensverlängerungsindustrie geht von einem Körnchen Wahrheit aus, vermischt es aber dann mit pseudowissenschaftlichen Annahmen, die eher als unseriös anzusehen sind.«[250]

Der Antrieb dieser funktionierenden Verdrängungsmaschinerie ist kein ethischer oder fürsorglicher, sondern basiert auf ökonomischen Überlegungen

---

249 Ebenda, Seite 509.

250 Jay Olschansky und Bruce Carnes: *Ewig jung? Altersforschung und das Versprechen vom langen Leben* (München: Econ, 2002), Seite 13.

11 Neues Alter – Neues Leben

und Interessen, die zur Entstehung eines riesigen Dienstleistungsmarktes gegen Alter, Krankheit, Übergewicht und Sorgen führen. Industrie und Medien haben den Produktcharakter von Todesfurcht und Lebenshoffnung längst flächendeckend vermarktet. Gesundheitskampagnen, Nahrungsmittel, Kuren und Vitaminphilosophien aller Art werden durch Marketing- und Journalistenheere hinausgeblasen. In diesem Delirium stört der natürliche Tod außerordentlich und wird entsorgt. »Die zeitliche und räumliche Abschottung des Todes ist so stark, dass die überwiegende Mehrzahl der Todesfälle (80 Prozent in den USA und ein steigender Prozentsatz in allen Ländern (...)) im Krankenhaus stattfindet, sehr oft in besonderen Intensivstationen, wo die Körper bereits aus ihrer sozialen und emotionalen Umwelt herausgenommen sind.«[251] Der Tod, der uns täglich in den Nachrichten schockiert und in die Kinos lockt, ist ein anderer. Dort werden meistens Fremde in einem Todesspiel geopfert, um die Machtkämpfe feudaler Minderheiten[252] zumindest ansatzweise auf die Ebene des Publikums zu bringen. Ich spreche von der Verleugnung des natürlichen Todes als fundamentale Irritation des Lebensrhythmus. Es ist vermutlich müßig über die Zukunft des Todes zu spekulieren. Trotzdem möchte ich mich auf das Urteil berufener Wissenschaftler beziehen: »Wir werden das Altern im nächsten [in diesem] Jahrhundert verstehen, wir werden es bekämpfen, und reiche Länder werden sich schneller, als sie darauf reagieren können, in Gebiete mit immer mehr gesunden Höchstbetagten verwandeln. Damit kommen wir dem medizinischen und sozialen Traum der sich stets verbessernden Lebensqualität ein weites Stück näher. Ob es allerdings immer gut ist, wenn sich Träume erfüllen, sei dahingestellt. Noch etwas ist vorhersagbar. Den Tod werden wir niemals besiegen. Streng

---

251 Castells (2001), Seite 509.

252 »Soziologisch oder ökonomisch gesprochen gibt es so etwas wie eine globale kapitalistische Klasse nicht. Sondern es gibt ein integriertes globales kapitalistisches Netzwerk, dessen Bewegungen und variable Logik in letzter Instanz die Wirtschaft bestimmen und Gesellschaften beeinflussen. Oberhalb einer Vielfalt von Kapitalisten aus Fleisch und Blut und auch kapitalistischen Gruppierungen gibt es also einen gesichtslosen kollektiven Kapitalisten, der aus Finanzströmen besteht, die durch elektronische Netzwerke in Gang gehalten werden.« Castells (2001), Seite 532.

Der Angriff auf den Lebenszyklus 11.4

biologistisch und gesellschaftlich ist der Kampf um ewige Jugend, abgesehen vom Wissensgewinn, ohnehin komplett sinnlos.«[253]

Die Anstrengung, den Tod zu verdrängen, führt nicht nur zu einer Störung der Lebensorientierung, sondern ist angesichts des Gewinns einer neuen Lebensphase geradezu widersinnig. Die Unaushaltbarkeit des Todes scheint auch der Motor für die Verleugnung des Alters zu sein. In der Wahnvorstellung uns neu erfinden zu müssen, liegt die Ursache für diese Verdrängungskrise. Es geht nicht nur darum, das nicht zu tun, was wir können, sondern das Mögliche erst gar nicht zu wollen. Mir ist die Vorstellung eines 150-jährigen Lebens grauenhaft. Wenn wir die uns zur Verfügung geschenkte Zeit weiter mit Ungerechtigkeit, Unrecht und Missachtung verbringen, sollten wir mehr über die Pflichten der Alltäglichkeit nachdenken als ständig über die Verlängerung des Lebens. Solange wir den Tod in seiner Gnade nicht erkennen und seine Umstände so humanistisch und humanitär wie nur denkbar gestalten, bleibt auch unsere Lebenskompetenz unvollkommen. In diesem Sinne traue ich den Menschen die Zweite Reifung zu und erwarte von ihnen Pionierleistungen in der Neugestaltung unseres Lebensrhythmus. »Wenn uns unsere Begegnungen mit eindrucksvollen Senioren auch nur etwas gelehrt haben, dann dies: Die Einstellung zum Tod, die jemand hat, reflektiert seine Einstellung zum Leben – und umgekehrt. Wenn wir lernen wollen, wie man stirbt, müssen wir erst einmal lernen zu leben.«[254]

Wir wissen, dass das Gen die Grundeinheit der Evolution ist. Ihre Aufgabe ist die Weitergabe ihres genetischen Lebensrezeptes. Die Gene bewegen sich durch die Zeit und bedienen sich sterblicher Körper. Sie sind Träger eines 130.000 Jahre alten Codes und ihr Befehl lautet: Sicherstellung der Fortpflanzung. Die Überbringer dieser Botschaft sind dabei sekundär oder sogar »Wegwerfartikel«[255]. Würden die Menschen über ihre Fortpflanzungsfähigkeit hin-

---

253 Mark Benecke: »Der Tod bleibt immer Sieger« [Serie: Die Gegenwart der Zukunft (7)], in: *Süddeutsche Zeitung am Wochenende* 42/1999, Seite III.

254 Goldman und Mahler (2001), Seite 351.

255 Olschansky und Carnes (2002), Seite 48.

11 Neues Alter – Neues Leben

aus immer älter auf Kosten des Nachwuchses, wäre unser Evolutionsprojekt in ernster Gefahr. Dies ist eine Paradoxie von höchster Bedeutung, denn der Tod ist die Voraussetzung unseres Lebens schlechthin. »In letzter Konsequenz ist jeder einzelne Mensch entbehrlich. Der Tod ist der Preis, den wir für die Unsterblichkeit unserer Gene zahlen.«[256]

Die Gefahr einer nachhaltigen Störung unseres Lebensrhythmus nimmt weiter zu. Derzeit symbolisiert nichts unsere Gestaltungskrise so sehr wie das ethische Dilemma, ob eine Technologie potenzielles Leben zerstören muss, um existierendes zu retten und auszudehnen. Die Genforschung instrumentalisiert menschliches Leben im Frühstadium, um neues Leben zu kreieren oder organische Ersatzteile zu produzieren. Ist das ethisch vertretbar? Wenn ethische Entscheidungen zu Abfallprodukten wissenschaftlicher und wirtschaftlicher Machbarkeitsfantasien werden, ist nicht nur unser Lebenszyklus bedroht. Die Haltlosigkeit bisher schützender Tabus zeigt meiner Meinung nach auf die Angst des Menschen vor seinem Untergang. »Die Angst vor Alter und Tod ist ein bestimmendes Gefühl, das selbst bei den klügsten Menschen den Sieg über die Vernunft davontragen kann, insbesondere wenn ihnen eine angebliche Wunderheilung versprochen wird, die Alter oder Krankheit auslöscht.«[257]

Die Angst ist ein Instrument unserer Fantasie. Sie kann schützen und sie kann ängstigen. Sie entstand in der Evolution als Voraussetzung überleben zu können, um uns vor bedrohlichen Situationen zu bewahren. Sie war konkret und überschaubar wie der Alltag unserer sammelnden und jagenden Vorfahren. In der Vielfalt unserer Zivilisation ist die Angst aber kein Mittel physischer Differenziertheit, sondern eher ein Element der Vereinfachung. Die klassische Angst vor dem Alter ist eine schwerwiegende Verlustangst. Sie wird von einem ewig jugendlichen Ich-Bewusstsein gefördert, das die Aussicht Kompetenzen zu verlieren unerträglich macht. Deswegen liegt in der Überwindung der Angst auch der Schlüssel für die Überwindung von

---

256 Ebenda, Seite 49.
257 Ebenda, Seite 180.

Der Angriff auf den Lebenszyklus 11.4

falschen Illusionen und Selbstüberschätzung. Angst überwindet man durch Auseinandersetzung und Gewöhnung, während die Flucht vor ihr ihre Macht unberührt lässt. »Wir bekämpfen unsere Angst vor dem Alter mit dem Wunsch, nicht alt zu werden, wohl wissend, dass wir keine Aussicht auf einen Sieg haben. Dieser Wunsch ist unerfüllbar, er ist kindlich, aber er ist keineswegs töricht. Er ist vielen nachdenklichen Menschen nahe. Aber gegen das Alter hilft nicht die Jugend, das Jungbleiben, das Training oder die Vorsorgeuntersuchung. Sie alle zögern es nur hinaus. Wirkliche Hilfe bringt allein der Tod. Aber den Tod fürchten die meisten von uns noch mehr als das Alter.«[258]

Um die Angriffe auf den Lebenszyklus und die Verleugnung des Todes erfolgreich zu bekämpfen, ist eine Strategie und sind Persönlichkeiten notwendig, die den Mut und den Charakter haben, diese Herausforderung anzunehmen. Das Konzept um dies zu tun heißt für mich »Eigenalter« (dazu später mehr) und die Protagonisten sind diejenigen, die das neue Altersbild durch ihre selbstbewusste Zweite Reifung leben.

---

258 Schmidbauer (2001a), Seite 19.

Man gibt immer den Verhältnissen die Schuld für das, was man ist. Ich glaube nicht an die Verhältnisse. Diejenigen, die in der Welt vorankommen, gehen hin und suchen sich die Verhältnisse, die sie wollen, und wenn sie sie nicht finden können, schaffen sie sie selbst.[259]

George Bernard Shaw

12. Alter – Krönung des Lebens

Als ich zu Beginn dieses Buches vom Alter sprach, hatte ich noch die landläufige Vorstellung von Menschen zwischen 60 und 100 Jahren oder eine Art Gesamtbegriff für alle Menschenalter im Kopf. Nun weiß ich, dass dies falsch und unakzeptabel ist. Es gibt viele Lebensalter und ebenso viele Versuche, sie in einer überschaubaren und angemessenen Struktur zu fassen. Keines ist allgemein gültig. Dies wird auch weiterhin nicht der Fall sein, denn Leben und Alter befinden sich in ständiger Veränderung und entziehen sich in ihrer Vielfalt jeder einfachen Beschreibung. Wir können uns dem nur annähern, ihren Status quo und ihren Wandel beschreiben. Insofern stehen Leben und Alter in einem Verhältnis zueinander wie Meer und Fluss, denn das Leben fließt unweigerlich in das unergründliche Meer des Alters hinein. Ob wir wollen oder nicht.

Was alltagssprachlich für »alt« als Bezeichnung »der alten Menschen« gehalten wird, betrachte ich mit Schelsky als das »eigentliche Alter«: »Alter in einem aus der Normalität und Lebensfülle der Erwachsenheit ausgegliederten Sinne wird von älteren Menschen heute erst mit dem Beginn schwerer Alterskrankheiten erlebt und zugestanden; so wird erst ›die Krankheit zum Tode‹ das ›eigentliche Alter‹, eine Auffassung die sehr vielen Äußerungen zum Alter heute zwingend zugrunde liegt.«[260] Dieses eigentliche Alter, das

---

259 George Bernard Shaw, zitiert nach Reinhard K. Sprenger: *Das Prinzip Selbstverantwortung. Wege zur Motivation* (Frankfurt am Main, New York: Campus Verlag, 1996), Seite 5.

260 Schelsky (1965), Seite 209.

12 Alter – Krönung des Lebens

von vielen Autoren auch als Viertes Alter bezeichnet wird, ist nicht mein zentrales Thema. Aber die Drohung dieses krankheitsvollen und todesnahen eigentlichen Alters hat sich über alles gelegt, was mit Altern und Älterwerden zu tun hat. »Der grundlegende Fehler, die kleine Zahl der problematischen Alten – also der chronisch Kranken, derjenigen, die nicht für sich selbst sorgen können, die in Heimen leben müssen oder die dem Tod nahe sind – für die Gesamtheit der im Ruhestand Lebenden zu halten, ist das schädlichste Überbleibsel der Vergangenheit.«[261] Bis zum Beginn des letzten Jahrhunderts entsprach dieses Vierte Alter dem Alterserleben, das Jahrtausende Gültigkeit besaß. Dabei ist eine weitere Paradoxie zu bedenken: In der Geschichte der Lebensverlängerung hat sich der Tod vom jungen auf den alten Menschen verlagert. Der Tod war in der Menschheitsgeschichte vorwiegend eine Erscheinung frühester Kindheit und Jugend. Das Altwerden war in der Vergangenheit ein überaus seltenes Phänomen. »Wir Menschen befinden uns in einem der umfassendsten Experimente zur Lebensverlängerung aller Zeiten, und jeder von uns ist dabei ein Versuchsobjekt.«[262]

Der darauf beruhende widersinnige und negative Altersmythos bestimmte unser Altersbild auch noch, als sich im 20. Jahrhundert die Lebenserwartung nahezu verdoppelt hatte. An dieser Stelle verstehen wir die Paradoxie des Alters, das Auseinanderklaffen von überholtem Altersbild und sich wandelnder Altersrealität. Die Paradoxie des Alters liegt in seinem Widerspruch von Geschichte und Gegenwart. Im Verstehen dieses Widerspruchs und in einer individuellen Überprüfung der eigenen Widersprüche steckt die Chance der Überwindung durch Akzeptanz. Indem ich meinen Einschränkungen mit neuen und ungewohnten Herausforderungen begegne und beide Realitäten annehme und versöhne, gerate ich in ein konstruktives Gleichgewicht neuen Wachstums. Aus dem Tunnelblick wird eine zweifache Perspektive. Diese kreative Übertragung der subjektiven Vorteile aus objektiven Nachteilen ist vielleicht jene Kraft, die wir Weisheit nennen. Und bei Sokrates, dem Weisen, der weiß, dass er nichts weiß, schließt sich der Kreis paradoxer Denk-

---

261 Laslett (1995), Seite 33.
262 Olschansky und Carnes (2002), Seite 106.

figuren. Erst durch die rationale und ästhetische Operation paradoxer Bewusstseinserscheinungen kann sich das Alter seinem selbst erzeugten Vorurteil entziehen und es überwinden. Denn in der Akzeptanz des Widerspruchs zwischen Rettung und Untergang, in der Bejahung beider Pole, liegen die Voraussetzung zur Auflösung jenes Dilemmas und die Entdeckung einer neuen Lebenszeit mit veränderten, selbst zu gestaltenden Vorzeichen.

Dieses Privileg und die Nutzung der gewonnenen Jahre kommt biografisch und kalendarisch nur den mittleren Altersgruppen zugute. Die Inanspruchnahme einer Zweiten Reifung oder einer Zweiten Biografie ist ihnen vorbehalten. Wenn in der Vergangenheit der negative Altersmythos auch auf die zusätzlich gewährten Jahre wirkte, wollen wir nun den Spieß umdrehen und von den gewonnenen Jahren ausgehend den neuen Altersbegriff positiv füllen.

12.1 Das Dritte Alter

Das Alter(n) der Gesellschaften wird zu einem gravierenden und einschneidenden Umbruch der Bevölkerungsstrukturen auf der ganzen Welt führen. Gerade jetzt befinden wir uns in einer Übergangszeit, die die Auseinandersetzung mit dynamischen Gegensätzen und konstruktiven Paradoxien erzwingt. Sie sind Vorläufer eines Brückenschlages zwischen überlebten Gewohnheiten und zukunftsweisenden Einsichten. Diese Wendezeit befördert einen ultimativen Bedeutungswandel des Alters. Dabei handelt es sich um eine Phase von erheblicher Länge für den überwiegenden Teil der Bevölkerung, die selbstverständlicher und eigenständiger Teil der Normalbiografie ist. Diese Ausdehnung der Lebensphase macht eine neue Definition des Begriffs Alter notwendig. Sie sollte inhaltlich und formal über die hilflosen 50plus-, 65plus- und 80plus-Stigmatisierungen hinausgehen. Gedanklich habe ich die Lebensphase jenseits der fünfzig in zwölf Abschnitte eingeteilt, die jeweils vier oder fünf Jahre umfassen.[263] Denn das hohe Maß an Individuali-

---

263 50–55, 56–60, 61–65, 66–70, 71–75, 76–80, 81–85, 86–90, 91–95, 96–100, 101–105, 106–110.

tät kann nicht angemessen wahrgenommen werden, wenn sich hinter einer Zahl 65 zum Beispiel undifferenziert ein großes Loch der Anonymität eröffnet.

Die entscheidende Zäsur für das Alter ist der Wechsel vom Erwerbsleben in den Ruhestand. Weil die Berufstätigkeit immer noch Grundlage der sozialen Orientierung und des Selbstbildes ist, ist der Ausstieg aus dem Berufsleben der soziale Akt des Altersbeginns. In dieser Lebensphase vermehren sich die Widersprüche geradezu pilzartig. Die positive Kraft des produktiven Altersbegriffs steht in einem offensichtlichen Widerspruch zu den Erwartungen. Die Kompetenz und das Erfahrungspotenzial der jungen Ruheständler steht in krassem Widerspruch zu ihrer gesellschaftlichen Ausgliederung und zu ihrer selbstgewählten Frühverrentung. Das negative Bild kollidiert mit dem Paradox der überwiegend positiven Schilderungen der eigenen Situation von älteren Menschen, die auch unter widrigen Umständen ein deutliches Maß an subjektivem Wohlbefinden bekunden. Dadurch werden auch krisenhafte Lebensphasen erfolgreich bewältigt. Wenn wir uns besser fühlen, sind wir widerstandfähiger, aber vor allem positiver gestimmt.

All dies schreit nach Umkehr, nach Neuanfang und nach Bewusstseinsänderung. Die historisch einmalige Aufgabe lautet: »Es wird die Notwenigkeit geben, das Verhältnis von Arbeitsleben und Ruhestand neu auszubalancieren, die Leitbilder des Alters und der Beziehungen zwischen den Generationen neu zu bestimmen und eine gesellschaftliche Infrastruktur zu schaffen, die an die gestiegene Zahl der älteren Menschen angepasst ist.«[264] Ich interessiere mich vorwiegend für jene Übergangszeit des Dritten Alters, die früher ins eigentliche Alter führte, heute aber die Perspektive eines fast neuen Lebens eröffnet.

Trotz der Fülle von Literatur, die in den letzten dreißig Jahren zum Thema Alter veröffentlicht wurde, gibt es ganz offensichtlich ein großes Defizit zu den Stichworten Altersphilosophie und Altersvision. Eines der wenigen Bücher ist das über die Theorie des Dritten Alters von Peter Laslett. Die engli-

---

264 Martin Kohli: »Der Alters-Survey als Instrument wissenschaftlicher Beobachtung«, in Kohli und Künemund (2000), Seite 18.

sche Originalausgabe »A Fresh Map of Life« erschien im Jahre 1989, die deutsche Ausgabe 1995. Laslett schlägt die Einteilung des Lebenslaufes in vier Altersstufen vor. Das Erste Alter steht grob für eine Zeit der Abhängigkeit, Sozialisation und Erziehung; das Zweite Alter für Verpflichtungen im Berufs- und Familienleben; das Dritte Alter für Selbsterfüllung und das Vierte Alter für Alterschwäche zum Tode hin, also vergleichbar mit dem eben verwendeten Begriff des eigentlichen Alters. Im Mittelpunkt steht jedoch das Dritte Alter als Antwort auf die Struktur- und Rollenlosigkeit, auf die Ideenlosigkeit im Umgang mit den gewonnenen Jahren. Laslett gelingt es, die Vision eines eigenständigen Lebenstiles zu entwerfen, die Neuheit zu beschreiben, die gleichzeitig für den Wandel offen bleibt. Diese Aspekte des Dritten Alters instrumentalisieren nachhaltig und konstruktiv die demographische Revolution als einen Paradigmenwechsel. Ein solches Konzept ist mit der Ökologiebewegung vergleichbar, die von Greenpeace oder dem Club of Rome maßgeblich initiiert wurde, und zeigt, wie eine globale Einstellungsveränderung vollzogen werden kann.

Die Herausbildung des Dritten Alters begann in der ersten Hälfte des 20. Jahrhunderts, als Lebensspannen und Lebenserwartungen in den ökonomisch fortgeschrittenen Ländern sich enorm ausdehnten. Der Beginn des Dritten Alters im persönlichen Leben hat wohl mehr mit einer Option als einem bestimmten Stichtag im biologischen, sozialen oder kalendarischen Sinne zu tun. Das Dritte Alter ist an Voraussetzungen gebunden, die die Gesellschaft und den Einzelnen betreffen. »Dementsprechend sollte das Auftreten des Dritten Alters in der Geschichte eher als Entwicklung, denn als Ereignis angesehen werden, als Zusammenfügen von Wandlungen im intellektuellen und kulturellen, im ökonomischen und demografischen Leben zu einem bislang unbekannten, allgemeinem Muster.«[265]

Beginnen wir mit den demographischen Merkmalen für das Dritte Alter. Laslett benutzt dafür zwei Parameter: Erstens, dass Menschen ein ausreichend langes Leben führen, um ein Drittes Alter leben zu können und zweitens,

---

265 Laslett (1995), Seite 129.

dass genügend Menschen leben, um gemeinsames Erleben zu gewährleisten. Laslett setzt das Alter von 25 Jahren als den Beginn des Zweiten Alters an und vermutet, dass von dort aus ein Alter von 70 Jahren zu überschreiten sein könnte. Damit können etwa zehn Jahre (von 60 bis 70) für das Dritte Alter angenommen werden. »Das zweite Maß setzt einen Anteil von mindestens zehn Prozent der nationalen Bevölkerung im Alter von über 65 Jahren voraus, damit die Gesellschaft des Dritten Alters mit Blick auf die Gesamtgesellschaft von ausreichender Größe ist.«[266] Um nun die Wahrscheinlichkeit zu berechnen, wie viele Menschen ins Dritte Alter eintreten können, teilt er die Zahl derjenigen, die das 25. Jahr überlebten, durch die Zahl derjenigen, die älter als 70 werden. Als Berechnungsgrundlage wählte er die englischen Sterbetafeln für die Jahre 1981 bis 1983. Von ursprünglich 100.000 geborenen Frauen lebten nach 25 Jahren noch 98.395 und von diesen im Alter von 70 Jahren noch 77.700. Daraus ergibt sich ein Faktor von 0,779. Eine Frau von 25 Jahren hatte in diesem Zeitraum also eine Chance von 779 zu 1.000 70 Jahre alt zu werden.[267]

Diesen Berechnungsmodus nennt Laslett den »Drittes-Alter-Indikator« (3AI). Ein Faktor über 0,5 dokumentierte somit, dass eine Mehrheit von Menschen, die das 25. Jahr erreichen, auch älter als 70 werden und ein entsprechender Anteil der Menschen tatsächlich im Dritten Alter leben kann. Wenn wir seine zweite Prämisse, dass der Anteil der über 65-Jährigen mindestens 10 Prozent ausmachen muss, berücksichtigen, verstehen wir Lasletts Mathematik. Nach seinen Berechnungen haben Großbritannien und Deutschland Mitte des vorigen Jahrhunderts diese Voraussetzung für den Eintritt ins Dritte Alter geschafft. Durch verbesserte Lebensbedingungen hat sich diese Entwicklung in den 1980er-Jahren nachhaltig gefestigt. Zusammenfassend können wir sagen, dass unter demographischen Gesichtspunkten das Dritte Alter in der Mitte des letzten Jahrhunderts in den ökonomisch fortgeschrittenen Nationen möglich wurde. Bei der Tendenz, immer früher in Rente zu gehen, können wir davon ausgehen, dass die Verweildauer im Dritten Alter die läng-

266 Ebenda, Seite 139.
267 Ebenda.

Das Dritte Alter

ste des ganzen Lebens sein wird. Weil Frauen länger leben, bilden sie die Mehrheit am Ende dieses Lebensabschnittes.

Es stellt sich die Frage, wie diese Lebensphase finanziert werden kann. Laslett räumt ganz unterschiedliche materielle Voraussetzungen bei den Menschen ein, die erhebliche Zugangsbarrieren bedeuten. Größeres Gewicht legt er deswegen auf die gesellschaftliche Voraussetzung: »Der gesamte nationale Reichtum muss ausreichend sein, um die nötigen Einkommen zu finanzieren, durch welche Mittel (öffentliche oder private Renten, Ersparnisse usw.) auch immer, und es müssen Institutionen für diesen Zweck vorhanden und tätig sein.«[268] Um das Dritte Alter in ökonomisch fortgeschrittenen Ländern befriedigend realisieren zu können, ist ein Bruttosozialprodukt von wenigstens 7.000 US-Dollar pro Kopf der Bevölkerung notwendig. Im Jahre 1989 gab es 17 Länder, die diese Voraussetzungen erfüllten. In der Reihenfolge des Bruttosozialproduktes waren dies: Schweiz, Vereinigte Staaten von Amerika, Norwegen, Schweden, Kanada, Japan, Dänemark, Westdeutschland, Finnland, Australien, Niederlande, Frankreich, Österreich, England, Italien, Belgien und Neuseeland. Es stellt sich sofort die Frage, wo China, die UdSSR, Saudi Arabien oder Ungarn zu finden sind. Wir dürfen nicht vergessen, dass diese Untersuchung aus dem Jahre 1989 stammt. Damals erfüllte die frühere UdSSR das geforderte Bruttosozialprodukt pro Kopf nicht oder Saudi Arabien hatte keinen ausreichenden Anteil älterer Menschen.

Mir geht es auch nicht um die hundertprozentige Zuverlässigkeit dieses Modells, das ohnehin aktualisiert werden müsste. Es ist das Prinzip, die tabuisierten und verunglimpften 30 gewonnenen Jahre zu verstehen und in ein System einzubinden, das ohne Zweifel höchste gesellschaftliche Relevanz besitzt.

Neben den demographischen und ökonomischen Faktoren wird das Dritte Alter durch Bildung, Kultur und Generativität geprägt. Statt alle diese Aspekte im Einzelnen aufzuzeigen, empfehle ich die Lektüre dieser pragmatischen Vision von Laslett.

268 Ebenda, Seite 147.

Der Eintritt ins Dritte Alter muss das Ergebnis persönlicher Wahl und eigener Entscheidung sein. Dies müsste auch für den Ruhestand gelten, um einen schrittweisen Prozess der neuen Lebensgestaltung zu ermöglichen. Selbstverwirklichung im Dritten Alter kann nicht ohne Zugang zu funktionierenden Bildungssystemen realisiert werden. Lernende brauchen Seminarräume, Hörsäle, Bibliotheken, Sportstätten, Ateliers, Kunst- und Performanceplätze. Sie wollen studieren, Sprachen erlernen, reisen, erfinden, Erfahrungen weitergeben, Tabus brechen, selektieren, Rückschritte akzeptieren, neue Kompetenzen erlernen oder ein Handwerk ausüben. Es geht um die Verwirklichung solcher Hoffnungen und Wünsche eines Lebens, um die Krönung einzelner Lebenspläne. Das Dritte Alter versteht sich als vernetztes neues Leben nach eigenen Vorstellungen. Für viele Menschen wird sich die Chance eines Dritten Alters erst mit dem Ruhestand einstellen. Denn abhängige Beschäftigungsverhältnisse lassen keine andere Wahl. Freiberufler, Künstler, Professoren oder Wissenschaftler steht der Weg zu diesem Lebensbereich immer offen.

Laslett weist darauf hin, dass es nicht um die Verlängerung der Beschäftigungs- oder Anstellungsverhältnisse oder der Berufstätigkeit geht, im Gegenteil – die Menschen des Dritten Alters wollen zwar aktiv sein, aber nach eigenen Vorstellungen. Über Partizipation, Generativität oder Privatsphäre wollen sie selbst entscheiden. Es ist auch keine Konkurrenz zum Zweiten Alter zu befürchten, das als produktivste Lebensphase akzeptiert wird. Aber wie auch immer die Belohnungen des Erwachsenenlebens in Beruf, Familie und Gesellschaft aussehen, es gibt Einschränkungen, Abhängigkeiten und Erfolgszwänge, die bindende Orientierung verlangen. In diesem Sinne sollte das Dritte Alter als Selbsterfüllungsmöglichkeit von allen Generationen gesehen werden.

Endlich das zu tun, wovon wir immer geträumt haben und diesem Motto als Lebensziel zu folgen, setzt Planung voraus. In der Jugend und im Zweiten Alter sollte deswegen das Dritte Alter vorbereitet werden. Das Dritte Alter ist keine idealistische Insel privilegierter Bohemiens, sondern das Ergebnis eines intergenerativen und interkulturellen Diskurses, um das Geschenk

Das Dritte Alter 12.1

der gewonnenen Jahre zum gesellschaftlichen und persönlichen Nutzen leben zu können. Deswegen legt Laslett großen Wert auf die Feststellung, dass die Menschen im Dritten Alter Treuhänder der Zukunft sind. Aufgrund ihres langen Lebens sind sie Verantwortungsträger und haben darauf zu achten, ihre Freiheit auch den zukünftigen Generationen zu ermöglichen. »Ich habe vom Dritten Alter als einer neuen und eigenständigen Gesellschaft gesprochen, mit einer eigenen Identität, eigenen Einstellungen und eigenen Zielen (...). Für die Zwecke des Dritten Alters ist die Befreiung aus den Verwirklichungen des Zweiten Alters wesentlich; sie ermöglicht seinen Mitgliedern fünfzehn, zwanzig, dreißig oder mehr Jahre fortzuleben, ohne das zu tun, was gewöhnlich produktive Arbeit genannt wird. Richtig verstanden sind diejenigen im Dritten Alter nicht müßig, sondern sie arbeiten für sich an Dingen, die sie seit frühester Jugend tun wollten und immer schon vorhatten.«[269]

Es geht um einen Traum, der mehr Durchsetzungskraft besitzt als der nach Unsterblichkeit. Zu Beginn des 21. Jahrhunderts sind zum ersten Mal in der Menschheitsgeschichte demographische, ökonomische, kulturelle, technische, medizinische und globale Voraussetzungen gewährleistet, um diese paradiesische Vision für eine steigende Zahl von Menschen auf der ganzen Welt Wirklichkeit werden zu lassen. Dieses Dritte Alter besitzt alle Zutaten eines tatsächlichen »Eigenalters«. Das Eigenalter ist die Inkarnation der individuellen Selbstverwirklichung. Im Bewusstsein wechselseitiger Abhängigkeit vollzieht der Mensch in voller Verantwortung einen Zweiten Reifungsprozess, um die Erfahrungen und Kompetenzen der ersten beiden Alter zu veredeln. In dieser mit Blick auf die anderen Generationen erlebten Selbsttätigkeit werden Einschränkungen mit Vorlieben kompensiert und wird Schicksal zur eigenen Aneignung. Seit Jahrhunderten gibt es Persönlichkeiten, die die meiste Zeit ihres Lebens im Eigenalter verbracht haben. Meistens waren es Künstler oder Gelehrte, Baumeister oder Schamanen, Komponisten oder Ärzte, Landwirte oder Gärtner, Weltumsegler oder Falkner, die taten, was sie liebten und die das Privileg des Eigenalters oder des Dritten Alters hatten. Und

---

269 Ebenda, Seite 235.

beim Wunderkind begann dies schon in den Kinderschuhen. Das Eigenalter hat demnach keine Zwangsläufigkeit und ist nicht an Zeiten gebunden. Nach Jahrhunderten, in denen es nur einer Minderheit zugänglich war, ist es heute eine selbstständige Lebensphase.

12.2 Die Kultur des Eigenalters

Die kreativsten und mutigsten Köpfe waren die Vorreiter für jenes Eigenalter, das es nun flächendeckend zu verbreiten und zu etablieren gilt. Und es entspricht der positiven Dynamik der in dieser Aufgabe funktionalisierten Paradoxie, dass Selbsterfüllung und Ethik einen gemeinsamen Horizont besitzen. Die dümmste Wurzel, die in der Dämonisierung des Alters steckt, ist die Ignoranz der eigenen Vergänglichkeit. So wie man aus dem fahrenden Zug spuckt und sich selbst bespuckt, so mumifizierte man das Alter, das über die eigene Schulter über sich selbst hinausschaut. »Die Alten abzulehnen, ist Selbsthass und eine Zurückweisung dessen, wozu man selbst unweigerlich werden muss.«[270] Ich hoffe, dass dieses Buch dazu beiträgt, die unerträgliche Ablehnung des Alters endgültig aufzugeben. »In einer Hinsicht allerdings unterscheidet sich Altersdiskriminierung von den meisten anderen Vorurteilen. Sie kann jeden von uns treffen. Die Voreingenommenen und ihre Opfer werden nicht in verschiedenen Lagern geboren, sondern sie trennt die Zeit. Die einst Voreingenommenen werden selbst zu Opfern.«[271] Gibt es überhaupt einen größeren Undank dem Leben gegenüber als das Alter in all seiner Unterschiedlichkeit, vor allem aber in seiner neu geschenkten Zeit, zu ignorieren? Gerade die aufmerksame Betrachtung des Alters der anderen gibt uns immer eine Ahnung vom eigenen kommenden Alter. Diese Einsicht nicht als Kompass für eigene Zukunft zu verwenden, ist sträflich.

Noch sind Eigenalter und Wirklichkeit Gegensätze, die harmonisiert werden müssen. An der Art und Weise, wie wir in den nächsten Jahren mit dem

---

270 Ebenda, Seite 47.

271 Tom Kirkwood: *Zeit unseres Lebens. Warum Altern biologisch unnötig ist* (Berlin: Aufbau-Verlag, 2000), Seite 30.

Die Kultur des Eigenalters 12.2

Alter und Altern umgehen werden, wird sich die Zukunftsfähigkeit unserer Zivilisation beweisen. Es gibt kein anderes Phänomen, in dem das Verhalten der Jüngeren Älteren gegenüber ihnen später selbst wiederfährt. Wie ich das Alter behandele, wird es mich selbst behandeln. In diesem Sinne ist Alter für uns nicht nur ein demographischer Einschnitt, sondern vielmehr der existenzielle Gegenstand, an dem wir unsere Moral und Verantwortung wiedergewinnen können.

Es gibt keine Wissenschaft, die sich ausschließlich mit dem möglichen Alter beschäftigt, keine Altersphilosophie, kein gesellschaftsfähiges Zukunftsmodell, noch nicht einmal eine gemeinsame Sprache für die unterschiedlichen Altersphasen und Zustände. Dabei werden im Jahr 2050 zwei Milliarden Menschen leben, die über 60 sein werden. Mit großem Interesse und mit der Aussicht auf Gewinn handeln wir die Aktien der Gentechnologie. In grauen Fluren politischer Selbstgewissheit begegnen sich die Ethikkommissionen, die den Graben zwischen Theorie und Tatenlosigkeit irgendwie überwinden müssen. Am Anfang und am Ende unseres Lebens tut sich Entscheidendes. Neue Geburtsformen werden entwickelt und Altersfragen werden von Gerontologen und Seniorenbeiräten vorlagenfertig aufbereitet. Um auf die Frage zurückzukommen: Ich glaube, die Demographie ist unsere letzte Chance uns zu besinnen und uns vom Alter die ultimative Frage stellen zu lassen, ob wir wirklich alles wollen, was wir können, oder ob wir mit den fantastischen Errungenschaften der Menschheit für diejenigen sorgen wollen, die tatsächlich leben. Das Alter spielt dabei gar keine Rolle. Die Alten sind nicht die »Anderen«, sondern wir!

Beschämt und zustimmend zitiere ich aus dem 1922 erschienenen Alterswerk von Stanley Hall: »Die Hauptthese dieser Arbeit ist, dass wir in dieser Welt eine Funktion zu erfüllen haben, eine Funktion, die auszuüben wir noch nicht gelernt haben und die von allergrößter Bedeutung ist, größer zur heutigen Zeit als je zuvor – und diese neue und entscheidende Aufgabe kann nur erfasst und durchgeführt werden von den ersten, die erkennen und definieren können, was ein erblühtes und normales Alter bedeuten kann, was es sein kann und sein sollte und was es von nun an machen muss,

12   Alter – Krönung des Lebens

wenn unsere Art ihr Ziel erreichen soll.«[272] Diese Aussagen, die brisanter und angemessener nicht sein könnten, sind achtzig Jahre alt. Was muss geschehen, damit wir aus dem Jugendwahn aufwachen und bereit sind, diesen Teil des Lebens anzunehmen, um ihn mit seiner Erfahrung, seinem Charakter, seiner Kompetenz, seiner Zurücknahme und seiner Distanz zur Notwendigkeit allen Generationen zur Verfügung zu stellen? Wir müssen aufstehen und alle Register ziehen. Konzertierte Aktionen von Wissenschaft, Gesellschaft und Kultur gemeinsam mit allen Generationen sind notwendig, um im Dialog mit den Eigenalten die Zukunft zu gestalten. Eigenalter und Wirklichkeit sind noch immer durch einen Zaun getrennt. Wir müssen alles daran setzen, eine faire Partnerschaft herzustellen. Insofern kann es keinen Kampf der Generationen geben, sondern nur die gegenseitige Verpflichtung, aus jeder Lebensphase das zeitgemäß Beste zu machen.

Die Verlängerung unseres Lebens schafft nicht nur für das Thema Alter Struktur- und Begriffsprobleme. Die Entwicklungspsychologie setzt sich beispielsweise mit einer neuen Lebensphase in der Zeit zwischen 18 und 25 Jahren auseinander. Eine noch nicht abgeschlossene Berufsausbildung, eine unsichere Perspektive für Familiengründung und ein um durchschnittlich fünf Jahre nach hinten verschobenes Heiratsalter machen diesen Lebensabschnitt zu einem wichtigen Thema. Der für diese Lebensphase geprägte Begriff lautet »auftauchendes Erwachsenenalter« (emerging adulthood).[273] Offensichtlich wird mit dieser Lebensspanne eine Zeit des Experimentierens und Positionierens verbunden. Dies scheint bei der Komplexität unserer Welt durchaus sinnvoll zu sein.

Bereits in diesem Alter sollte die Planung und Vorwegnahme des späteren Eigenalters beginnen. Was für eine Befreiung des Geistes und der Seele wird es sein zu wissen, dass es nach dem Berufsleben noch eine weitere eigenständige Lebenshälfte geben wird. Muss nicht das die Frucht und die Ernte

---

272 Stanley Hall, zitiert nach Michel Philibert: »Stufen des Lebens in philosophischer Sicht«, in: Leopold Rosenmayr (Hrsg.), *Die menschlichen Lebensalter. Kontinuität und Krisen* (München: Piper, 1978), Seite 10.

273 Siehe Ursula Nuber: »Die schwierige Kunst, ein Erwachsener zu sein«, in: *Psychologie Heute* 4/2001, Seite 26.

Die Kultur des Eigenalters 12.2

der evolutionären Lebensverlängerung sein, dass wir den Rhythmus unserer gesamten Existenz wiederfinden können? Es ist unvernünftig, das Leben mit den Jahreszeiten vergleichen zu wollen. Die Jahreszeiten wechseln in fast jedem Leben unzählige Male und darin liegt gerade unsere menschliche Kraft, immer wieder begeistert zu sein, immer wieder anzufangen, immer wieder zu wagen. Das gilt selbstverständlich für jedes Alter. Selbst der Todkranke kann sich noch ans Meer fahren lassen und den Blick auf den Horizont richten anstatt im Krankenbett an die Decke. Wir müssen begreifen, dass das Alter nicht mit dem 65. Geburtstag beginnt. Das Neue Alter, das Eigenalter beschreibt die Art und Weise, wie wir uns um uns selber kümmern, wie wir unser Leben leben und unsere Zukunft planen wollen. Eigenalter ist ein Qualitäts- und Willensbegriff und bedeutet die bewusste Übernahme von Verantwortung für sich und andere. Eigenalter impliziert das Nachdenken über die verschiedenen Möglichkeiten des eigenen Todes und regelt so gut es geht die dann notwendigen Konsequenzen. Also, wie lange wollen wir noch so tun, als sei Alter ein Gefängnis, dem wir uns entziehen können, wenn wir es verdrängen? In der Aufgabe dieses Vorurteils von der grauen Gefängniszelle als Todesvorhof liegt die Befreiung vom Mythos des alten Alters.

Das Eigenalter stellt sich dem eigentlichen Alter. Es sieht es voraus, es plant, es spielt, es kümmert sich, es sorgt vor. Das Eigenalter weiß, dass das eigentliche Alter elementarer Bestandteil des Lebens ist, in dem ohne den Tod nicht Glückseligkeit, sondern Stillstand Einzug hielte. Das Eigenalter ist ein Abschied vom Tabu. Denn jede Tabuisierung kehrt irgendwann und irgendwo als psychischer Defekt oder als Vorurteil zurück. Das Eigenalter ist auch ein Abschied vom Vorurteil. Nichts, was anderen geschieht, könnte nicht auch uns geschehen. Wer also das Alter würdigt, hat die Dialektik des Lebens verstanden. Denn alle Phasen des Lebens, Jugend und Erwachsenheit, Eigenalter und eigentliches Alter, sind jeweils Seiten einer Medaille. Jede Seite besitzt ihre eigene Schönheit, ihre eigene Substanz, ihren eigenen Schmerz und ihre eigene Berufung. Und jede Seite besitzt selbst eine zweite Seite. Diese zweite Seite ist keine dunkle und bloß gegensätzliche, sondern jene andere Perspektive, die den Reichtum und die Fülle der menschlichen Möglichkeiten ausmacht, ohne uns die Entscheidung und die Verantwortung abzunehmen. Inwieweit es gelingt, beide Seiten in Einklang zu bringen und im Bewusstsein ihre dialektische, widersprüchliche Verbundenheit zu entwickeln, kann als die Kunst des Lebens oder die Kunst des Eigenalters verstanden werden. Weil beide Seiten unterschiedliche Potenziale besitzen, liegt ihre Bestimmung in der eigenen Entwicklung. Vergleiche sind deswegen wenig hilfreich, denn beide Seiten ergänzen sich ohne zu konkurrieren. Elemente aus der jeweils anderen Lebenshälfte können wir nicht in die andere übernehmen. Denn ohne ihre Eigenständigkeit und Natürlichkeit verlieren sie jeden Nährboden. Wir können allerdings Versprechen für beide Lebenshälften käuflich erwerben. Schönheitschirurgie, Menschen als Marken oder die Aussicht auf ein endloses Leben sind Versprechen der Konsumgesellschaft, die meinen, das Naturhafte durch Manipulation, Reproduktion und Geld überwinden zu können. In der Distanz und Unterschiedlichkeit der beiden Lebenshälften liegt ihre eigentliche Nähe, die jedoch nur durch Würdigung, Respekt, Achtsamkeit und Dialog erlebt werden kann.

Die Paradoxie von Eigenalter und Wirklichkeit muss auf die Spitze getrieben werden. Während das Eigenalter Selbsterfüllung ermöglicht, bedeutet das eigentliche Alter die Hinwendung zum Tode. Glücklicherweise erleben die meisten Menschen ein qualvolles Viertes Alters gar nicht. Aber wem dieses dann unausweichliche Los beschieden ist, tat vorher gut daran, sich bereits im Eigenalter, also in einer Zeit der Ankunft und Vollendung, mit jener möglichen Bedrohung auseinander gesetzt zu haben. Die Auseinandersetzung mit entsprechenden Vorkehrungen und Verhaltensregeln für sich selbst, die Familie und das Umfeld ebnen einen Weg, der allen Beteiligten den Abschied durch Enttabuisierung und Rücksichtnahme erleichtert. Die Nähe zwischen Erfüllung und Leid ist eine besondere Paradoxie. Aber das Denken in Gegensätzen verleiht uns die Kraft, das Mögliche und das Vermeidbare als Bedingung der eigenen Entwicklung zu verstehen. In diesem Sinne obliegt dem Eigenalter größte Verantwortung für ein mögliches Viertes Alter.

Es bleibt die Frage, wann das Eigenalter eigentlich beginnt? Wie wir gesehen haben, ist es an gesellschaftliche Voraussetzungen gebunden und nicht

Die Kultur des Eigenalters 12.2

alle Menschen kommen in den Genuss. Vor diesem Hintergrund muss sich jeder selbst die Frage beantworten, wann und ob das Eigenalter in Angriff genommen werden soll und kann. Es ist eine Frage der Prioritäten, des Milieus, der Wahlmöglichkeiten und der Sinnstiftung. Ohne den Wunsch nach Veränderung, die Einsicht in deren Notwendigkeit oder den Zwang zur Veränderung im Sinne einer altersgerechten Lebensweise können wir diese Chance nicht nutzen. Zur Beantwortung der Frage müssen wir uns diejenigen anschauen, die unentwegt vorangehen, weil sie so, wie sie es tun, glücklich sind. Diese Menschen sind Vorbilder für das Eigenalter, das eigentlich jederzeit beginnen könnte. Ohne sich in die Biografien Peter Ustinovs, Senta Bergers oder Christos zu vertiefen: Sie tun genau das, was sie wollen oder was ihnen vorbestimmt ist, ihnen geht es um eine fast legendäre Form der Selbstgestaltung.

Der Einstieg in das Eigenalter ist als gesellschaftliche Voraussetzung und als individuelle Aktivität eine Kulturleistung. Im eigentlichen und historischen Sinne haben wir es mit Pionieren zu tun. Frauen und Männer, die die Zeichen und Chancen der geschenkten Zeit erkennen und sie in mutiger und kreativer Weise nutzen. Zweifellos kämpfen sie gegen Gewohnheiten und Vorurteile gegenüber dem Alter an. Aber der überholte Begriff des Alters kann die Veränderungen in der zweiten Hälfte des Lebens nicht mehr abbilden. Er hat ausgedient und ist nicht mehr als das Symbol von Rückwärtsgewandtheit und Ignoranz. Das klassische Alter reduziert sich auf das eigentliche Alter und findet dort eine sinnvolle Entsprechung. Alle anderen vorgelagerten Lebensphasen der Zweiten Lebenshälfte gehören zum Eigenalter und werden erst im Laufe ihrer Aneignung durch Routinen und neues Selbstverständnis weitere Erklärungen bieten. Wir befinden uns in einer einmaligen Wendezeit. Ich möchte mit Nachdruck auf das neue Bewusstsein dieser spektakulären Situation hinweisen. Im Grunde handelt es sich um eine Vereinigung und Versöhnung von Lebensbereichen, die bisher naturgemäß nicht gemeinsam gestaltet werden konnten. Die Integration des Eigenalters in die gesellschaftliche Fortentwicklung wäre eine kulturelle Innovation, deren Ausmaße unter der Last des negativen Altersimage erst allmählich sichtbar werden. »Die Langlebigkeits-Revolution wird die Menschen im 21. Jahrhundert zwingen, sich der schweren Verantwortung zu stellen, die mit der Fähigkeit zu Eingriffen in das biologische Rezept des Lebens verbunden ist. Vielleicht besitzen die älteren Mitglieder unserer Gesellschaft dann als Einzige die notwendige Klugheit und Führungsstärke in einer Welt, die über ihr biologisches Schicksal selbst bestimmt.«[274] Wir brauchen geistige und ethische Orientierung, die vielleicht aus der Selbsterziehung des Eigenalters als Ratschlag für alle Generationen entwickelt werden kann.

Der Beginn des Eigenalters ist mehr ein geistiges und seelisches Stadium, mehr ein Prozess der Bewusstwerdung, mehr eine Neubestimmung des eigenen Standortes als lediglich das Ende des Arbeitslebens und Ruhestands. Vorerst wird sich das Eigenalter hauptsächlich am Ende der beruflichen Laufbahn oder bestimmter Lebensabschnitte entfalten. Weil wir aber in Zeiten unterschiedlicher Berufsausübung, vielschichtiger Lebensmuster und aufgelöster Arbeitsstrukturen leben, wird die persönliche Wahl zukünftig viel stärker in den Vordergrund treten. Die Lebensmitte und ihr lebenslaufstrukturierendes Gewicht ist der Zeitpunkt, um die Gestaltung des Eigenalters zu beginnen. Es führt zu weit, auch nur ein beliebiges Beispiel einer Eigenalter-Biografie nachzuzeichnen. Denn die millionenfachen Vorlagen sind nicht generalisierbar. Darin liegt die Begründung für die unaustauschbare Individualität und Eigenart der Menschen in der Zweiten Lebenshälfte. Während die erste Lebenshälfte von Aufnahme, Aneignung, Umsetzung und Auseinandersetzung geprägt ist, kann sich das Eigenalter neben dem Alltag auch um die Gestaltung des eigenen Selbst und der Reintegration in Gemeinschaft kümmern.

Die uns geschenkte Zeit kann als jener Freiraum angesehen werden, der die bisherige funktionale Leere des späten Lebens ausfüllen kann. Neben der Entwicklung anderer Wertvorstellungen ist es sicherlich hilfreich, wenn die Protagonisten des Eigenalters in einen Dialog der Generationen darüber eintreten, wie Stagnation, Einschränkung, Behinderung oder Langsamkeit überwunden werden können. In einer Zeit dramatischer Beschleunigung ist die

---

274 Olschansky und Carnes (2002), Seite 178.

Die Kultur des Eigenalters 12.2

gedankliche Rücksicht auf die überwiegend benachteiligte Mehrheit der Weltbevölkerung kein Rückschritt, sondern eine ethische Verpflichtung. Die Ausfüllung des Dritten Alters ist geradezu geeignet, solche Lebensweisen zu stützen, die den Erfolgskriterien der wirtschaftlichen Gewinner nicht mehr entsprechen. Die uns unter der Maske des Sachzwanges vorgegaukelten Fortschritte sind keine Erweiterung der Zehn Gebote, sondern Markt- und Machtentscheidungen, deren Profiteure trotz aller Verschleierung erkennbar sind.

Kann es nicht eine Aufgabe der Eigenalten werden, an einer neuen Ethik mitzuwirken, die die Gerechtigkeit zwischen den Generationen und Kulturen in den Vordergrund stellt? Was für eine Besetzung beim Aufstand der Eigenalten wäre denkbar! Professoren, Künstler, Vorstände, Aufsichtsräte, Verwaltungsbeamte, Handwerker, Rechtsanwälte, Politiker von Weltruf, Männer und Frauen, Kompetenz und Charakter aus allen Lebensbereichen. An eine weltweite Versammlung wage ich nicht zu denken. Nehmen wir alleine die Intellektuellen in Deutschland, so sehen wir schon bei einer willkürlichen Auflistung der *Frankfurter Allgemeinen Zeitung* der wichtigsten 100 deutschen Intellektuellen[275], dass wir wenigstens mit 93 Kandidaten rechnen dürften.

Lassen Sie mich zur vorläufigen Abrundung noch einige Aspekte anfügen, die an die herausragenden Arbeiten von Leopold Rosenmayr über die »Späte Freiheit« angelehnt sind.[276] Eigenalter im Sinne von Freiheit bedeutet ein Sich-Einlassen aus Gewohnheit ohne die Wiederholungsrituale zu leugnen. Gleichzeitig bedarf es des Mutes und der Risikobereitschaft, um ausgetretene Pfade zu verlassen. Das, was uns in der Vergangenheit als Sicherheitsversprechen vorgegaukelt wurde, gilt es aufzugeben. Das eigene Leben, Herkunft, Talent, Erfahrung, Charakter, Wünsche und Träume sind die Zutaten einer Zweiten Reifung, einer vielleicht sogar zweiten Geburt durch sich selbst.

---

275 Frankfurter Allgemeine Zeitung 4/2002: *Die 100 wichtigsten deutschen Intellektuellen*, Seite 21.

276 Siehe Leopold Rosenmayr: »Altern aus soziologischer Sicht«, in: Franz Böhmer (Hrsg.), *Was ist Altern? Eine Analyse aus interdisziplinärer Perspektive* [Historisch-anthropologische Studien, Bd. 11] (Frankfurt am Main [usw.]: Lang, 2000), Seite 63 ff.

»Du sollst neu geboren werden, zwar nicht aus deiner Mutter – aber aus dem Geist.«[277] Die zweite Geburt aus dem eigenen Geist ist eine schöne Metapher zur Beschreibung des Eigenalters. Alle Masken der Heuchelei, des Selbstbetruges, der Selbstwertlosigkeit, der Eitelkeit oder der Arroganz sind lästiger Ballast und fremdgesteuert. Diese salbungsvollen Worte fallen aber in ein Vakuum, in einen gesellschaftlichen Leeraum, den wir als Eigenalter selbst zu füllen imstande sein sollten, ehe er später zu einer etablierten kulturellen Wirklichkeit wird. Rollen und Funktionen müssen selbst erdacht und ausgehandelt werden. Sie müssen bewusst ausgewählt werden, denn es wird viele Angebote, Verführungen und Scheinbarkeiten geben. Das Eigenalter und die materiellen Möglichkeiten seiner Protagonisten können missbraucht und instrumentalisiert werden. Denn unsere Medien- und Konsumgesellschaft wird alles daran setzen, das Eigenalter unmündig zu halten.

Die Infektion der ersten Lebenshälfte mit Produkten und Heilsversprechen ist ja beinahe erfolgreich abgeschlossen. Umso mehr muss das Eigenalter diese Fremdbestimmung erkennen und auf Distanz dazu gehen. Das zukünftige Leben in der zweiten Hälfte erfordert eine sehr hohe Konzentrationsfähigkeit, um den schnellen Wandel und die Vorfahrt des Neuen und um die Gefahr der Vorführung zu erkennen. In dieser Auseinandersetzung sollte Selbstbeschränkung und Verzicht durchaus als Reichtum begriffen und praktiziert werden. Auch und vor allem diese selbst gewählten Einschränkungen sind neue Möglichkeiten der Weiterentwicklung und des kreativen Lernens. Vielleicht durchläuft das Eigenalter eine Experimentierphase, die später einmal die kategorische und imperative Kraft hat, unser verlorenes Weltethos wiederzugewinnen.

Nichts ist in diesem urmenschlichen Sinne universaler, globaler und teilhaftiger als das allen Kulturen vertraute Phänomen des Alters. Gleichwohl ist Vorsicht geboten, die neuen Potenziale des Eigenalters und die veränderten Lebensphasen der zweiten Hälfte nicht politisch und ökonomisch zu missbrauchen. Vor jeder Inanspruchnahme steht das Bewusstsein der Wiedergewinnung von Würde und Verantwortung und der nicht prophetische Hin-

---

277 Ebenda, Seite 78.

weis, dass wir von einer der letzten Chancen einer kreativen und gerechten Umkehr sprechen. In der Kultur des Eigenalters steckt die universale Sprache des Menschen und seine natürliche und selbst geschaffene Bestimmung.

12.3 Die Versöhnung

Wenn wir über uns selbst hinauswachsen wollen, müssen wir uns mit uns selbst versöhnen. Damit überqueren wir die erste Brücke des Widerspruchs, hier beginnt der Energieaustausch zwischen positiven und negativen Elementen. Wir müssen unsere Persönlichkeit freilegen, so wie sie ist und nicht wie sie sein soll, aber nicht sein kann. Der Wechselstrom des Widerspruchs erzeugt das Licht, um die Dunkelheit unserer Illusionen zu erhellen. Nach dieser Reise durch die Kultur- und Lebenslandschaften des Alters habe ich hoffentlich die Neugier und die Abenteuerlust geweckt an diesem viel versprechenden Projekt teilzunehmen. Aber der von mir erhoffte Aufstand der Alten wird keine Reise in die Sommerfrische, sondern ein Gewaltmarsch in die Karpaten der eigenen Seele und auf die Hügel der eigenen Erinnerung. Wir fahnden nicht nach dem Jungbrunnen, sondern nach der Liebe, die das Ausweglose als Weg erkennt.

Bevor ich am Ende der Reise die Taschen meiner Gedanken gänzlich ausleere, um noch einige persönliche Mutmaßungen loszuwerden, erlauben Sie mir einen Hinweis: Je tiefer der Graben zwischen Welt- und Seelenentwicklung ist, desto unüberbrückbarer wird die Distanz des Menschen zu sich selbst und den anderen. Wenn es uns nach Jahrhunderten der Geistesentwicklung nicht gelingt, die inneren Stimmen hörbar und wirksam zu machen, ist unsere Krönung der eigene Untergang. Darum appelliere ich an alle, uns einem Phänomen und einem Talent nachhaltig zu widmen – der emotionalen Intelligenz. Sie ist der Schlüssel zur wirklichen Vereinigung, sie ist die erste Präsidentin des neuen Altersbewusstseins. Für jede und jeden wird es bereichernd und gewinnbringend sein, sich damit auseinander zu setzen. Der Autor Daniel Goleman[278] hat uns die Augen geöffnet: »In dem

---

278 Daniel Goleman: *Emotionale Intelligenz* (München, Wien: Carl Hauser Verlag, 1996).

12 Alter – Krönung des Lebens

Maße, wie die Emotionen unsere Fähigkeit zu denken und zu planen, für ein fernes Ziel zu üben, Probleme zu lösen und dergleichen, beeinträchtigen oder fördern, bestimmen sie die Grenzen unserer Fähigkeit, unsere angeborenen geistigen Fähigkeiten zu nutzen, und damit entscheiden sie über unseren Lebenserfolg. Und in dem Maße, wie uns Gefühle des Enthusiasmus und der Freude an dem, was wir tun, motivieren – manchmal genügt auch ein optimales Maß an Angst –, treiben sie uns zu Höchstleistungen an. In diesem Sinne ist emotionale Intelligenz eine übergeordnete Fähigkeit, eine Fähigkeit, die sich – fördernd oder behindernd – zutiefst auf alle anderen Fähigkeiten auswirkt.«[279] Diese Begabung, sich auf die Stimme unserer Seele oder, wie man im Alltag sagt, »auf den Bauch« einzulassen, ist die Grundvoraussetzung, um den Phantomschmerz des Alterns zu überwinden. Das Alter ist kein Nobiskrug[280] und auch keine Verlängerung des Lebens mit anderen Mitteln, sondern die Adelung unserer Existenz. Das Privileg, sich endlich emotionaler Intelligenz zu bedienen, ist Frucht und Saat zugleich.

Vor dem Hintergrund von zu erwartenden 4,7 Millionen pflegebedürftiger Menschen zur Jahrhundertmitte mögen manchen Lesern meine Ausführungen traumumflutet erscheinen. Aber das ist genau der springende Punkt: Wir können die demographische Entwicklung nicht umkehren und müssen unser Verhältnis zum Alter in andere Richtungen lenken. Das Alter kommt

---

279 Ebenda, Seite 108.

280 Der Begriff Nobiskrug ist vermutlich schweizerischen Ursprungs. »Nobisschatten« bedeutete zunächst so viel wie Obstkorb (Nobis = n'Obis, Obis = Obst). Später übertrug man diese Bezeichnung auf die »Kiepe«, mit der nach alten Vorstellungen der Teufel die verdammten Seelen in die Hölle schaffte. Diese Kiepe setzte man bald gleich mit dem Aufenthaltsort der Verdammten selbst. So wandelte sich der Begriff »Nobisschatten« zu »Nobishus« bzw. »Nobishaus«, was schließlich einfach noch »Wohnung der Toten« bedeutete. Nach Niederdeutschland gelangt, wandelte sich der Begriff zu »Nobiskrog« oder »Nobiskrug« und nahm hier den Sinn »Wirtshaus« an. Nach alter Sage wanderten nach dem Hinschleichen die Seelen in den Nobiskrug, ein Wirtshaus zwischen Zeit und Ewigkeit, in dem sie noch eine Nacht verweilen durften, bevor sie endgültig ins Jenseits eingingen. Der Wirt war in dieser Vorstellung der Teufel, der sich ein Vergnügen daraus machte, mit den Seelen in dieser Nacht um ihre Seligkeit oder Verdammnis zu würfeln. Bezeichnenderweise stehen die »Nobiskrug« genannten Gasthäuser meisten vor den Toren eines Ortes. Quelle: www.buene.muenster.de/mauritz/projekte_in/lotsen2001/Geschichte/Geschichte.htm.

unausweichlich, aber was das Alter in Zukunft bedeutet, liegt allein in unserer Hand. Diese Handlungsoption gilt für jede Generation und für jede Kultur. Es gibt kein Boot, in dem sich mehr individuelle und universale Bedürfnisse vereinigen als in der Arche des Alters. Es handelt sich um das einzige Thema, das uns jenseits von Haben und Sein alle betrifft. Wenn dieser fundamentale und für alle gültige gemeinsame Nenner nicht als die Kraft einer neuen Ethik des 21. Jahrhunderts den Himmel der gegenseitigen Wertschätzung aufreißt, fällt mir keine Alternative mehr ein.

Das langsame, bewusste und tief empfundene Erlernen der eigenen Zurücknahme ist eine zentrale Botschaft dieses Buches. In uns selbst steckt der Hinweis und die Anlehnung an jenen Lebensrhythmus, dessen Struktur wir in unserer Zivilisation nicht zerstören dürfen. Die neue Altersarchitektur zeigt uns Möglichkeiten der Konzentration und des Einhalts, um zu bewahren und zu verwandeln. Es ist wahrscheinlich die größte Paradoxie von allen, dass am Anfang dieses noch neuen Jahrhunderts das bisher dämonisierte Alter aufsteht, um die jahrhundertealte Sonnenuntergangspraxis zu durchkreuzen und eine evolutionäre Neugestaltung in zwei eigenständige Lebenshälften zu bewirken. Sowohl das Eigenalter als auch die Akzeptanz nachlassender Kräfte durch die jüngeren Generationen sind elementare Bestandteile eines verwandelten Wertebewusstseins. Die demographische Situation ist die Antwort der Evolution auf unsere globale und gesellschaftliche Überlebensfrage, ob wir machen sollen, was möglich ist oder nur das, was wir verantworten können. Die Verhältnisse selbst bevorzugen Weisheit und Abgeklärtheit als Verfahrensrichter für unsere gemeinsame Zukunft.

Das Eigenalter kann tatsächlich der Olymp des Lebens werden. Nichtsdestoweniger verschlägt uns das eigentliche Alter ins Gegenteil. Aus dieser Konstellation ergibt sich auch eine Verpflichtung für die Eigenalten, die nachsichtigen und empathischen Bedingungen des Vierten Alters auf bessere gesellschaftliche und humanere Fundamente zu stellen. Während der Eintritt ins Eigenalter absichtsvoll und individuell (und nicht allen möglich) ist, bleibt der Zugang ins eigentliche Alter schicksalhaft.

12   Alter – Krönung des Lebens

Neben den vielen Gegensätzen gibt es aber auch einen gravierenden Unterschied zwischen innerem und äußerem Erleben des Alters. Wer plant mit 23 Jahren seine Zeit als 70- oder 80-Jähriger? Niemand! Die Vorwegnahme hört an der Grenze der Vorstellbarkeit auf und verliert sich im Nebel von Vorurteilen. Es gibt dafür keine Vorgaben oder gültige Erfahrungen. Während sich der Wandel des Alterns Hand in Hand mit veränderten Prioritäten und Wertmaßstäben in uns selbst nahtlos vollzieht, verliert der Mensch gemäß eigener und fremder Einschätzungen im äußeren Erscheinungsbild seine Jugendlichkeit dramatisch und unentwegt. Die auseinander springenden Kräfte aber fliehen noch weiter. In der Gesellschaft werden Ältere weniger in Anspruch genommen und ihr Einfluss nimmt ab. Gleichzeitig existieren im Einzelnen seine Generationszugehörigkeiten und eine seelische Verfassung, die wohl immer jugendlich bleibt. Das Altern von der Geburt bis zum Tod zieht episodenhaft an unserem inneren Auge vorbei und wir lieben und leiden daran gemäß unserer Identität und unseres Charakters. »Blickt man auf die Nervenzellen, so ist das menschliche Leben ein ständiger Prozess von Gewinn und Verlust, besonders im 4. Lebensjahr findet sich ein Einschnitt starker Verminderung der Nervenzellen im Gehirn. Dieser Verlust ist dabei ein Gewinn, da mit der Verminderung der Zellen eine bessere Strukturierung der Denkabläufe und Emotionen gewährleistet ist. Vielleicht finden wir in dieser Identität von Gewinn und Verlust ein wesentliches Charakteristikum des menschlichen Lebens, das im Hineinfinden in diese Identität seine Lebendigkeit zu finden vermag.«[281]

Wenn es uns gelingt, Gewinn und Verlust nicht einseitig zu betrachten und Gleichgewicht dazwischen herzustellen, kann die Einübung und Aneignung einer neuen Identität unsere Zukunft überstrahlen. Das Alter ist das Stadium der Experimente, die notwendig sind, um Gewinn und Verlust zu integrieren. Denn in keinem Lebensabschnitt sind diese Dimensionen gegensätzlicher. Dabei hat die Jugend nichts zu verlieren, sondern nur zu gewinnen. Die existenzielle und epochale Aufwertung des Alters kommt der Jugend in

---

281 Detlef Linke: *Einsteins Doppelgänger: Das Gehirn und sein Ich* (München: Beck Verlag, 2000), Seite 11.

doppelter Hinsicht zugute: Die Vorbereitung eines eigenen erfolgreichen und glücklichen Alters ist offensichtlich und die positive Rückkopplung einer solch gewandelten Lebensperspektive vermittelt Entwarnung auch für Rückschläge und das Geschenk einer zweiten Geburt durch sich selbst.

Eine der tragenden Funktionen des Alters ist die Rückkehr des Menschen zu sich selbst und die Heimkehr der Älteren in die Arme der Gemeinschaft. Mir geht es um das Erlernen und Überwinden des zentralen Existenzwiderspruchs zwischen Leben und Tod. Jener Widerspruch, der Grund und Ursache für Vorurteile und Vereinfachungen ist, für das Nichtakzeptieren und Annehmen des Fremden, des Nichtverstehbaren, des Anderen. Insofern ist das Paradox ein Nadelöhr der Erkenntnis oder der Königsweg der Einsicht. Erst in der Akzeptanz von Paradoxie und Widerspruch erlangen wir Gleichklang, Gleichberechtigung, inneren und äußeren Frieden. Die wahren Sätze des Denkens sind Gegensätze und ihre Überwindung gelingt nur durch Emotionalität, wenn wir sie zu Ende denken: durch Liebe.

Trotzdem ist das Altern ein individueller Prozess, denn jeder altert anders. Wir haben gesehen, dass Altersbilder Konstrukte und Deutungsmuster sind, die veränderbar sind. Uns hindert also nichts an einem historischen Bewusstseinswandel. Die resümierende Subjektivität der Lebenszeit, die bewahrende Qualität der Zeitschöpfung, der offene Prozess der Charakterbildung – mit all diesen Sinnstiftern können wir die gewonnenen Jahre zur größten Chance unserer Verwandlung machen. Das Eigenalter ist die Inkarnation der Selbstverwirklichung und der Verantwortung für andere. Wie Eltern Schutzbefohlene der Kinder sind, wachen am Ende die Eigenalten über die Sterbenden und entlasten Gemeinschaft und Gesellschaft. So entwickelt sich auf der Höhe der Selbsterfüllung das Schutz- und Verantwortungsgefühl für die Schwächsten. Jungen und Erwachsenen wird das Eigenalter einen Horizont eröffnen, der weit mehr Perspektiven zwischen Leidenschaft und Demut bereithält, als dies bisher vorstellbar war. Der Gewinn eines Zweiten Lebens im Eigenalter macht aus den Generationen Partner, deren selbstverständliche Kooperation die Grundlage einer überzeugenden Versöhnung bildet.

Francis Fukuyama[282], der uns 1992 mit dem Buch »Das Ende der Geschichte« provozierte, hegt die Befürchtung, »das Ende des Menschen«[283] könnte bevorstehen. In der technologischen Veränderung des natürlichen, menschlichen Wesenskerns durch Neuropharmakologie, Genmanipulation oder biotechnologische Eingriffe sieht er Indizien eines Eintritts in eine unmenschliche Zukunft. Bei diesen Überlegungen streift er auch das Thema des Alters und entdeckt in einer überdimensionalen Lebensverlängerung dramatische Möglichkeiten. Im Grunde sieht er uns vor die ultimative Wahl gestellt: entweder bessere Lebensqualität oder längeres Leben. Der Machbarkeitswahn des Menschen kann seiner Meinung nach sogar zu jener Verblendung führen, die uns den Tod als ein vermeidbares Übel vorgaukelt. Aber wir müssen lernen, dass es sich eben nicht um eine unüberbrückbare Paradoxie handelt, sondern in ihrer Überwindung die Quelle für die Krönung des Lebens zu finden ist.

12.4 Der Anonyme Realismus

Wie kann es gelingen, nicht zum Opfer der eigenen Fähigkeiten zu werden? Wir haben gesehen, wie schnell ein Thema oder ein Begriff unter die Räder der eigenen Orientierungslosigkeit geraten kann, wenn kein schützender kultureller Raum vorhanden ist und alle nur auf das Kommando von Produktivität und Wettbewerb hören. Dies erinnert an Gefangene, die ihre Zukunft verloren haben und eingekerkert sind in einer endlosen Gegenwart, in der alles möglich erscheint, aber nichts geschieht. Das Gefängnis, das ich meine, besteht aus der gewaltigen Kluft zwischen unserer technologischen Überentwicklung und unserer sozialen Unterentwicklung. Während erstere von der unaufhaltsamen, vitalen Dynamik des Kapitalismus getrieben wird, lutscht zweitere am humanitären Daumen der Kultur und ist erschöpft von der Sisyphusarbeit. Es ist keine Zukunft in Sicht, die wünschenswert wäre,

---

282 Francis Fukuyama ist Professor für internationale politische Ökonomie an der John Hopkins Universität in Boltimore und Berater des amerikanischen Präsidenten.

283 Siehe Francis Fukuyama: *Das Ende des Menschen* (Stuttgart, München: Deusche Verlags-Anstalt, 2002).

und alle Türen sind Eingänge, die in den Bauch des Mammon führen. Die Zeit gerät aus den Fugen und staut sich in der Gegenwart.

»Alle Ausdrucksformen aus allen Zeiten und von allen Orten werden in demselben Hypertext vermischt, beständig neu angeordnet und zu beliebiger Zeit an beliebigem Ort kommuniziert, je nach den Interessen der Sender und den Stimmungen der Empfänger. Diese Virtualität ist unsere Realität, weil wir im Bezugsrahmen dieser zeitlosen, ortlosen Symbolsysteme die Kategorien konstruieren und die Bilder aufrufen, die Verhalten bestimmen, Politik anregen, Träume nähren und Alpträume auslösen.«[284] Auf dem Erinnerungsspeicher häufen wir Vergangenheiten an, die der Logistik von Warenhausketten und Vergnügungsparks folgen. Die Keller unserer Rückbesinnungen laufen voll, schon längst sind die Weisheitstruhen der Vergangenheit durchnässt und auf Gedeih und Verderb wirtschaftlicher Willkür oder menschenfeindlicher Leidenschaft ausgeliefert. Vollkommen überlastet von der Vielfalt alles Erdenklichen raubt die Gegenwart der Zukunft die Vorstellbarkeit. Wir befinden uns in einem Niemandsland, in einem Zwischenraum, in dem die alten Lösungen keine mehr sind und die neuen noch nicht entdeckt wurden. Es ist ein labyrinthischer Gegenwartsstau erreicht, aus dem es kein Entrinnen zu geben scheint.

Die Unübersichtlichkeit und Undurchdringbarkeit heutiger Gesellschaften hat zu einer Mentalität geführt, die statt Visionen nur Wünsche kennt. In dieser extremen Situation begrenzter Perspektiven werden die letzten Zukunftsentwürfe andauernden Risikoberechnungen und Selbstkorrekturen geopfert, die die Realität tastend vor sich herschiebt. In informierter Verwirrung entscheiden die Protagonisten des Zeitgeschehens situativ und orten ihre Strategie zwischen angekündigtem Handeln und beliebigem Kurswechsel. Die Zukunft bleibt lediglich Kulisse und Leinwand von Szenarien, die als Relaisstationen den eigenen Absichten dienen. Drei Viertel der Menschheit hat dabei eine Statistenrolle, deren Beitrag eher demographisch als schöpferisch zu Buche

---

284 Manuel Castells: *Jahrtausendwende*, Teil 3 der Trilogie *Das Informationszeitalter* (Opladen: Leske und Budrich, 2003), Seite 401.

schlägt. Im Verlust des historischen Bewusstseins und in der Auflösung der Zeit in der Gegenwart erreichen wir Grenze und Ende der Normalität. Nichts ist mehr, wie es war, die durchschnittliche Lebensgewissheit löst sich in Ängsten und Hamsterexistenzen auf.

Das Ende der Normalität ist selbstverständlich ein umstrittener Begriff. Denn es ist keineswegs sicher, ob das Normale wünschenswert ist und ob nicht alle Generationen immer wieder an diese scheinbare Grenze gestoßen sind. Trotzdem wage ich es, diese Metapher weiter zu verwenden, denn es spricht einiges dafür, dass wir tatsächlich im Begriff sind unseren gewohnten Lebensrhythmus in einem Ausmaß zu verlieren, der mehr als epochalen Charakter hat. Ich rede nicht von unterschiedlichen Ansichten, Kulturen, Religionen oder Ideologien, von differierenden Entwicklungen oder Herrschaftsdiskursen, sondern von komplexen Erscheinungen, die in der Menschheitsgeschichte in dieser Verwobenheit und Globalität erstmalig auftreten.

Die neue Welt und ihre ungesicherte Ordnung nahm ihren Anfang zwischen dem Ende der 60er-Jahre und der Mitte der 70er-Jahre des letzten Jahrhunderts. Ihr zentraler Nenner ist die allumfassende Verbindlichkeit von ökonomischen Spielregeln, denen sich die gesamte Zivilisation unterordnen muss. Die globale Ökonomie und die technikbasierte Kultur des Anonymen Realismus regeln die Zugangsvoraussetzungen, die entweder ein- oder ausschließen. Auf der Basis neuer Informationstechnologien wurde ein transkulturelles Fundament wechselseitiger Abhängigkeiten geschaffen, auf dem sich Spieler, Mitspieler und vor allem Statisten tummeln. Die neuen Klassenverhältnisse haben eine Tendenz zunehmender sozialer Ungleichheit und Polarisierung. Die Individualisierung der Arbeit hat vor dem Hintergrund des allmählich verschwindenden Wohlfahrtsstaates katastrophale Auswirkungen. Die Stars des Marktes sind Produzenten, Manager, Experten und Techniker, deren Bildung und Produktivität zu verwertbaren Innovationen für Unternehmen, Regionen und Volkswirtschaften führen. In den OECD-Ländern vermutet man, dass diese Gruppe ein Drittel der beschäftigten Bevölkerung ausmacht. Der Rest ist – unpersönlich formuliert – aus systemlogischen Erwägungen unbedeutend und funktionslos.

Der Anonyme Realismus 12.4

Diese Diskrepanz der Beteiligung potenziert sich bei der privaten Aneignung von Profiten und Eigentum, was ja immer noch das Wesen des Kapitalismus ausmacht, wenn auch in anonymer und abstrakter Form. Die ehemaligen Protagonisten – Unternehmer, Eigentümer, Aktienbesitzer und neuerdings auch Spitzenmanager – arbeiten und investieren in globale Finanzmärkte, in der Hoffnung ihren Profit noch zu steigern. Diese weltumspannenden Finanzmärkte wurden zum eigentlichen kollektiven Kapitalisten der neuen Welt. »Ihre Bewegungen entscheiden über den Wert von Aktien, Schuldverschreibungen und Devisen, bescheren Sparern, Investoren, Firmen und Ländern Verderben und Goldrausch. Aber diese Bewegungen folgen keiner Marktlogik. Der Markt wird durch eine Kombination computergestützter strategischer Manöver, Massenpsychologie aus multikulturellen Quellen und unerwarteten Turbulenzen verzerrt, manipuliert und transformiert, die durch immer größere Komplexität in der Interaktion zwischen den weltweiten Kapitalströmen verursacht werden.«[285] Dieser Verlust direkter Zusammenhänge und nachvollziehbarer Entwicklungen hat auch die Strukturen der Macht grundlegend verändert.

Die Krise des Nationalstaates liegt im Rückgang seiner wohlfahrtsstaatlichen Versprechen und im Verlust politikgestaltender Souveränität. Auch hier befinden wir uns in einem Zwischenstadium der Transformation von nationalen zu supranationalen Organisationen, die in ihrer Planung viel weiter sind, als in der Akzeptanz von Bürgern und Völkern. In den Freiräumen des Weltmarktes haben sich internationale Bewegungen mit nationalen und regionalen Ablegern gebildet, die mit machtkritischen Organisationsstrukturen einflussreiche Repräsentanten eines grenzübergreifenden Wertebewusstseins geworden sind. An Amnesty International oder Greenpeace können wir erkennen, dass personifizierte Macht in diesem Umfeld längst Informations- und Symbolkraft gewichen sind. Langfristig wird die Verteilung der Macht anhand von politischen Rollen immer austauschbarer, denn die neue Machtstruktur ist eine sich ständig wandelnde »Netzwerk-Geometrie«[286], in der

285 Ebenda, Seite 394.
286 Ebenda, Seite 398.

Akteure und Institutionen Machtbeziehungen aufgrund von strategischen Notwendigkeiten, verpflichtenden Sachzwängen oder anderen gewinnorientierten Überlegungen eingehen. Macht wird immer stärker zu einer Netzwerkkompetenz, die sich vordringlich in der Mobilisierung der Medien und in lobbyistischen Aktivitäten niederschlägt.

Der Verlust von Machtpositionen zeigt bei ehemaligen Präsidenten oder Vorstandsvorsitzenden gnadenlos, wie schnell die Aura des Außerordentlichen verfliegt. Gleichwohl bleibt den ehemals Privilegierten ein besserer Zugang zu materiellen und gesellschaftlichen Ressourcen. Im Zeitalter der Wirklichkeitserzeugung durch die Medien gibt es unterschiedliche Machtdimensionen, die sich durch Unabhängigkeit, Entscheidungsgewalt oder Aufmerksamkeitshoheit unterscheiden. Die weltweit 52.000 vermögendsten Menschen verfügten laut Fuchs Report jeweils über liquide Mittel von 35 Mio. Dollar und mehr.[287] Bei diesem Personenkreis, der gerne im Hintergrund bleibt, ist es müßig von Macht zu sprechen. Denn die materielle Verfügungsgewalt enthebt sie lebenspraktischer Alltäglichkeit. Und jene Hollywood-, Musik- oder Sport-Megastars besitzen enorme Mobilisierungsmacht, die ihre Verwertungskonzerne in flächendeckende Gewinnmaximierung umsetzen. Die sichtbaren und unsichtbaren Gesichter der Macht sind vielfältig, aber entscheidend ist der Wandel von individueller Allmacht zur Macht der Netzwerkeigenschaft.

Dies sind nur einige Elemente der Gegenwart, die die vertrauten Koordinaten unserer Lebenspraxis aus den Angeln heben. Wenn das Normale dasjenige war, worüber in den letzten Jahrzehnten eine überwiegende Mehrheit der Bevölkerungen Konsens herstellen konnte, dann haben wir nun tatsächlich das Ende dieser Normalität erreicht. Wie Masern in der Kindheit sprießen Paradoxien an allen Schnittstellen der Wahrnehmung – untrügerisches Zeichen eines notwendigen Aufbruchs zu einer höheren Erkenntnisebene. Albert Einstein hat uns geraten, die durch ein bestimmtes Denken erzeugten Probleme nicht mit der gleichen Denkweise ihrer Entstehung lösen zu wollen. Die Paradoxie ist, wie wir ganz zu Anfang festgestellt haben, sowohl die

---

287 FUCHS REPORT, 2002, Seite 5.

Indikation einer Verwirrung als auch der Appell, sie mit neuem Ergebnis zu überwinden.

Weiter diesem Pfad folgend stoßen wir auf die Kultur des Anonymen Realismus. Hierbei handelt es sich entweder um eine Theorie, wenn damit der Versuch des Begreifbarmachens der Wirklichkeit gemeint sein sollte, oder um eine Utopie, wenn dies bedeuten könnte, in der Wirklichkeit Sinn für das Mögliche zu schärfen. Der Anonyme Realismus ist insofern eine ästhetische Figur, indem er die Wahrnehmung für die paradoxe Beschaffenheit unserer Gegenwart schärfen will. Obwohl er selbst eine paradoxe Metapher darstellt, soll dieser Begriff den Blick auf das vorhandene Unbekannte richten, um uns ein Instrument an die Hand zu geben, das zwischen den Zeilen lesen und zwischen den Zeiten handeln lässt. Der Anonyme Realismus ist meine Kennzeichnung eines offenen Zeitraumes, der zur Jahrtausendwende einsetzte und so lange fortdauert, bis wieder bewusst Entwürfe für eine mögliche Zukunft entwickelt werden. Die extreme Häufung von Paradoxien und Widersprüchen sind Beweise für ein ver-rücktes Realitätsbewusstsein.

Erinnern wir uns an die Zeit vor dem Jahrtausendwechsel, als die aus dem Ruder gelaufenen Szenarien von der Apokalypse bis zur Ankunft des Paradieses reichten. Und inmitten dieses Orkans des Rätselratens standen alle technologischen Errungenschaft zur Disposition, weil niemand wusste, ob sich die Zeitumstellung in den Computern gegen ihre Urheber wenden würde. Die Verfügungsgewalt und Übersicht zentraler Leitstellen hatte sich anonymisiert. Die Erde ist ein führerloses Raumschiff im All der eigenen Erfindungen mit einer Menge Fotografen, Spaßmachern und Spielzeug an Bord. Am Ende war das wichtigste Ergebnis das, was ausgeblieben ist. Das war der Beginn eines mehr als paradoxen Zeitalters, in dem mühevolle, grandiose und jahrtausendealte Menschheitsleistungen mit verwirrter Kompetenz auf Rot gesetzt wurden. Alles oder nichts – eine abenteuerliche Losung, die unverzeihbar vergisst, dass wir zwischen beiden Optionen nicht wählen können, sondern sie sich bedingende Elemente des Ganzen sind. Dieses Glücksspiel ohne Netz und doppelten Boden nenne ich Anonymen Realismus. Denn man weiß, was man tut ohne die Folgen zu kennen, und man tut, was man weiß, obwohl man die Folgen nicht kennt. Auf dieser Plattform milchglasigen Weitblicks verkümmert die Zukunft zur reinen Miniatur, zum Vorgartenzwerg verwirrter Fantasie. Dieses gefährliche Unwissen wäre nur dumm, wenn es nicht mächtige Gewinner und Profiteure geben würde, die jenen unheilvollen Pakt jammernd und klagend befürworten.

Die persönliche Meinung, das persönliche Weltempfinden, der private Mikrokosmos aus Familie, Freunden und Träumen ruht im Frühtau von Harmonie und einseitiger Liebe. Sobald aber dieser Käfig des Guten verlassen wird, mutieren viele Menschen unserer Leistungsgesellschaft zu rotäugigen Trojanern, die bedingungs- und mitleidslos im Bauch des gewinnsüchtigen Marktes agieren. Die Welt selbst, die man ja eigentlich liebt, wird zur Bühne, zur Arena, zum Kampfplatz konsumistischer Ritterspiele, mit dem Unterschied, dass es ganz und gar nicht spielerisch zugeht. Unter diesen verwandelten Vorzeichen werden Krieg und Kriminalität, Menschen und Leiden, Börsen und Bedürfnisse, Planeten und Privatsphäre zur Vorratskammer für Produktivität, Dienstleistung, Herrschaft und Einkommen. Das eigene Schicksal wird zum Spielball kommerziellen Kalküls. Vor diesem Hintergrund privater Abschottung und Anonymisierung wird die rückwärts gewandte Gegenwart zum Fundus wirtschaftlicher Aktivitäten. Ob ein Krieg inszeniert wird, bei dem es eigentlich um Öl und Ehre geht, ob korrupten Diktatoren aus Berechnung weiße Westen angelegt werden, ob Abfindungen für Manager die von ihnen gerissenen finanziellen Löcher noch vergrößern oder ob Medien den Skandal selbst inszenieren, über den sie anschließend berichten – im Grunde ist alles erlaubt, was Gewinn verspricht. Die Grauzonen überziehen das Erlaubte und die Ausnahmen werden zur Regel. In einem Klima des totalen Ausverkaufs möchte ich an den griechischen Mythos des Erysichton erinnern: Nachdem er sein und das Hab und Gut anderer verschlungen hat, beginnt er, auf einem Bein stehend sich selbst zu verschlingen.

Die Jugendphase dehnt sich nach allen Seiten aus. Jugend beginnt immer früher und dauert immer länger. Schon früh haben Kinder Zugang zu neuen Medien und Technologien, die ihre Erfahrungslosigkeit prägend überlagern. Gleichzeitig haben sie mit Erziehern und Lehrern zu tun, deren Ange-

Der Anonyme Realismus 12.4

bote für die Erklärung und Bewältigung des Lebens unverbindlich und konturlos sind. In der Diaspora von Konsum, Unterhaltung und Sexualität obdachlos, erziehen sie sich untereinander unter Zuhilfenahme aller Mittel des Zeitgeistes. »Jugend ist also nicht mehr bloß ein Übergangsstadium vom Kind zum Erwachsenen, sondern wird zum Ideal einer Lebensführung, die es genießt, vom Alltag entlastet zu sein, sich immer noch anders entscheiden zu können, sich mit der Ausbildung des eigenen Inneren zu beschäftigen. Dem Änderungsbedarf der Absatzwirtschaft kommt solches Nichtfestgelegtsein entgegen.«[288] Diese Beschreibung könnte genauso gut für die neuen Märkte beim Seniorenmarketing gelten. Aber noch viel mehr und authentischer gilt das Gefühl einer kontinuierlichen Jugendlichkeit für die in Nachkriegszeiten Geborenen, deren Selbstgefühl, Habitus und Aussehen jugendlich anmutet. Dies ist nicht nur Ausdruck eines krankhaften Festhaltens an Vergangenem, sondern vor allem eine Aufrechterhaltung der Gegenwart, um für die noch kommenden Gelegenheiten gerüstet zu sein. Nicht umsonst wird in klugen Zeitschriftenbeiträgen das Wort von der Neotenie, dem Bewahren und Aufrechterhalten von Jugend, verbreitet.[289]

In diesen mittlerweile unendlich langen Jahren der Jugendlichkeit müssen sich die Spätberufenen die Frage stellen lassen, wann der Reifungsprozess abgeschlossen ist, um nach der permanenten Bereitschaft zur Nutzung neuer Chancen endlich auch Verantwortung zu übernehmen. Die junge Jugend muss sich selbst erziehen, weil sie keine Vorbilder hat, und die späte Jugend weigert sich hartnäckig Vorbild zu werden, weil sie dann die Karten auf den Tisch legen müsste. Bernhard Schlink nennt seine 68er-Zeitgenossen eine »erschöpfte Generation«[290], weil er nicht glaubt, dass sie den Anforderungen gewachsen ist. Ihre Überforderung und Erschöpfung ergibt sich daraus, trotz Kritik- und Reflexionsfähigkeit nicht wirklich in der Lage zu sein, Krisen

---

288 Jürgen Kaube: »Wir Wunderkinder«, in: *Frankfurter Allgemeine Zeitung* 224/2002.

289 Siehe Robert Pogue Harrison: »Wie alt sind wir«, in: Karl Heinz Bohrer und Kurt Scheel (Hrsg.): *Zukunft Denken*, Sonderheft Merkur 9/10 2001 (Stuttgart: Klett-Cotta), Seite 785.

290 Bernhard Schlink: »Die erschöpfte Generation«, in: *Der Spiegel* 1/2003, Seite 134.

bewältigen und gesellschaftliche Veränderungen bewerkstelligen zu können. In gewisser Weise fehlt die Bereitschaft Verantwortung zu übernehmen und in der Konsequenz weichen sie in jugendliche Beliebigkeit aus. Mit einer solchen Einstellung wollen fast alle Generationen am Projekt der ewigen Jugend teilnehmen, die Jungen aus unverschuldeter Verlegenheit und die Älteren aus kalkulierter Verlogenheit. Damit wird die Jugendlichkeit als zentraler Wert in das Zentrum der Kultur gerückt und zum wichtigsten Marktplatz aller Begehrlichkeiten. Unter dem schützenden Dach der Unveränderlichkeit wollen alle die bestehenden und durchaus komfortablen Verhältnisse möglichst lange einfrieren. Erst die seit Jahren verschlafene Demographie rüttelt nun unsanft aus den sozialen Träumen individualistischen Dämmerns und man sieht sich durch Heere von Alten bedroht, zu denen die meisten, wenn sie ehrlich sind, selber gehören. Die Alterswende bestätigt den Anonymen Realismus in seiner ganzen Wirksamkeit, denn es wird offensichtlich, wie lange Reparaturarbeiten in der Idylle eines veralteten Sozialsystems angestrengt wurden, ohne sich der in diesem Fall mathematischen Vorhersehbarkeit der Zukunft aktiv handelnd zu widmen.

Die Schwierigkeit des Umgangs mit meinem Thema liegt in einer dramatischen Reduzierung des politischen Vorstellungsvermögens. Zukunft wurde zu einer Floskel, die wie Sonntagsreden über die alltäglichen Gewinninteressen hinwegtäuscht. Und das Alter wird von allen gesellschaftlichen Gruppen weiterhin als eine Dimension außerhalb der persönlichen Betroffenheit behandelt. Dieser anonym-realistische Autismus muss unbedingt überwunden werden, um auf jenes Plateau zu gelangen, von dem aus eine neue und klare Sicht auf das Alter ihren Ausgang nehmen kann. Von der multiplen Wachstumskrankheit infiziert, haben wir nicht nur die Orientierung in der Welt, sondern auch im eigenen Lebenslauf verloren. Anstatt ihn als das Haus unserer biografischen Möglichkeiten zu verehren, degradieren wir ihn zu einem Fitnessraum der unentwegten Bereitschaft, um in den Neuigkeiten des Marktes ständig nach unserer Rettung zu fahnden. Aber eigentlich geht es um Versöhnung und Aussöhnung mit uns selbst.

Der Anonyme Realismus 12.4

Ob wir den Geist der Zeit noch nicht oder nicht mehr begreifen, spielt keine Rolle, denn die Zeit tritt auf der Stelle und ist selbst auf der Suche nach Sinn. In diesem Vakuum von Autorität und Inspiration kann der Mensch zu sich selbst zurückkehren und muss sich mit sich selbst aussöhnen. Es ist nicht naiv, ein ahnungsloses Kind zu sein, es ist nicht altmodisch, als Erwachsener nach familialen Werten zu streben, es ist nicht peinlich, aus dem Alter ein neues Leben zu machen. In den letzten dreißig Jahren hat nicht nur ein großer Teil der Welt sein Gesicht verändert. Der 55-jährige Großvater war vor hundert Jahren ein alter Mann. Heute sieht man nicht, ob dieser nicht soeben Vater geworden ist. Die 70-jährige Physikerin übt begeistert ihren Beruf aus, erholt sich beim Bergsteigen und kümmert sich um ihre 95-jährige Mutter. Es gibt Beispiele ohne Ende, die die neue Relativität des Alters staunenswert belegen. Doch weiterhin leben ausgebrannte, demente, todgeweihte Menschen unter uns, die würdevolle Akzeptanz verdienen. Etwa 28 Millionen Menschen über fünfzig bevölkern jenen Lebensabschnitt allein in Deutschland, den wir in der Vergangenheit mit Alter bezeichneten. Wir haben es mit einer Lebenshälfte zu tun, die im Durchschnitt dreißig Jahre, in vielen Fällen auch fünfzig Jahre währt. So lange lebte vor hundert Jahren der Mensch durchschnittlich. Schon bald wird es Gesellschaften geben, die sich aus mehr Menschen über fünfzig als unter fünfzig konstituieren. Hinter solchen Zahlen verbergen sich Individuen und Biografien, die in der Tendenz viel unterschiedlicher und selbstbewusster sind als in den früheren Generationen. Es bedarf sicher keiner Revolution, um die Ausgeschlossenen sozial und kulturell zu integrieren, denn allein ihre Existenz vollzieht diesen Prozess selbstständig. Aber es bedarf eines ungeheuren Bewusstseinswandels, um ein vollkommen ausgeweitetes Alter als Tatsache im 21. Jahrhundert zu begrüßen.

Ich habe den Begriff der »Neuen Alten« kritisiert, muss aber zugeben, dass dieses Etikett nicht nur aus Verlegenheit verwendet wird, sondern die gesellschaftliche Hilflosigkeit im Umgang mit dieser Thematik ungewollt auf den Punkt bringt. Wir wissen, dass der Prozess der Überalterung am Ende des 20. Jahrhunderts begann und wir kennen die unvermeidlichen Folgen. Neu ist gar nichts, außer der Fähigkeit, die Tabuisierung des Alters so effizient betrieben zu haben, dass wir immer noch nicht in der Lage sind, das Offensichtliche zur Kenntnis zu nehmen. Neue Jahrgänge werden in die bisherige Alterssphäre eintreten, deren Sozialisation so unvergleichbar anders verlief, dass sich Lebens- und Altersbewusstsein fundamental geändert haben und ändern werden. Dies führt nicht zwangsläufig zu einem Konflikt, sondern kann zu Nachsicht und Verständnisbereitschaft führen, denn auch die Älteren haben den radikalen Wandel erlebt und verinnerlicht. Die Stigmatisierung des Alters ist keine Diffamierungskampagne der Jungen, sondern paradoxerweise eine intuitive Abspaltung aller Altersklassen, vor allem derjenigen, die sich damit selbst zu nahe treten. Jede Generation muss ihr verstörtes Verhältnis zum Alter überprüfen. Erst in dieser Auseinandersetzung entsteht ein gewandeltes und der Zeit angemessenes Altersbewusstsein, das den Alten erlaubt, die Flucht vor sich selbst aufzugeben, und den Jüngeren die Kraft geben sollte, die Fixierung auf ihre Jugendlichkeit zu überwinden. Denn wer sich den Horizont durch Eitelkeit und mangelndes Selbstbewusstsein verstellt, wird die Aufgabe des nachhaltigen Umbaus unserer Welt nicht bewerkstelligen. Unsere gegenwärtige Kultur und Wertorientierung, unsere Sprache, unsere Normen, unsere Symbole und unsere ökonomische Logik sind nicht mehr zeitgemäß und verlieren sich im Stau der Gegenwart. Das Handwerkszeug unserer Lebensbewältigung verliert an Kraft und die Koordinatensysteme unserer bisherigen Ordnung stehen außerhalb der Wirklichkeit wie Galgen nach der Abschaffung der Todesstrafe.

Wenn wir die gegenwärtige Kultur des Anonymen Realismus annehmen könnten, wären einige Brücken in die Zukunft gebaut. Auf dem Weg ganz vorne liegt die kreative Überwindung von Paradoxien, bei deren Transformation wir die Konturen eines neuen Lebensbewusstseins erkennen können. Auf diese Weise sollten die zentralen Kategorien unserer Kultur überdacht werden – sozusagen eine Jahrtausendinspektion. Der Weisheit, die hier gemeint ist, kommt die fundamentale Aufgabe zu, die Vergangenheit in ihrer Struktur und Bedeutung zu ordnen, zu interpretieren und verständlich zu machen, um auf dieser Grundlage eine ethische und bewusst gestaltete Zukunft zu projizieren. Dieser Prozess ist nicht das Projekt einer Generation, sondern eine langwierige Aktivität aller Beteiligten je nach individuellem Ver-

Der Anonyme Realismus 12.4

mögen. Das Ende dieser Normalität ist auch das Ende eines Lebenstourismus, der uns als Gast einer Familie, einer Gemeinde, eines Landes oder einer Welt ausweist. Wir brauchen ein neues Wertesystem, in dem wir als Bürger die Freiheit genießen, persönlichen Willen und Gestaltungskompetenz einzubringen um Einfluss auf unsere Zukunft zu nehmen. Das Verleugnen von Verantwortung hat die Konsequenz massiven Autoritätsverlustes. Gleichzeitig findet ein Stellvertretertheater statt, auf dessen Bühne Batterien von scheinbarer Prominenz auftreten. All das brauchen wir nicht mehr. Suchen wir hinter den Gesichtern der Narren und Gaukler nach ihren wirklichen Seelen, die uns angstvoll ihre Hand aus der Maskerade entgegenstrecken.

Bei genauerer Betrachtung – hinter den von uns allen vor das Alter gezogenen Vorhang der Passivität – entdecken wir die eigentlichen Vorbilder, die schon jetzt aus eigener Erfahrung in der Lage wären, uns wie einst der Fährmann Siddharta ans andere Ufer zu rudern. Jene, die ich die Eigenalten nenne, waren und sind in der Verpflichtung, Neues auszuprobieren und Verantwortung zu übernehmen. Sie wissen, dass Erkenntnis- und Diagnosefähigkeit nur eine Seite einer wertlosen Medaille sind, wenn nicht Lösungswille, Selbstbewusstsein und Toleranz hinzukommen. Sie sind diejenigen, die im Moment das Niemandsland der Zäsur nomadenhaft durchstreifen und erste Karten anlegen. Ihre Mühen und ihre Entdeckungen sind das Pars pro Toto unserer neuen Lebensorganisation. Jede folgende Generation wird unser Drittes Lebensalter in ihrem Sinn verwandeln und erneuern und somit die Basis unseres gesamten Lebens auf die Zukunft einstellen. Wir müssen nicht länger nach dem Sinn des Alters fragen, sondern ihm gemeinsam mit allen Generationen einen neuen Wert geben. Dieser Prozess wird uns alle verwandeln und aus den Katakomben von Angst, Gier und Geschäftigkeit herausführen.

> Ein hohes Alter zu erreichen und dabei seinen Verstand, seinen Humor, seinen Witz und seinen Charme zu behalten, ist vielleicht das Schönste, was das Leben einem schenken kann.[291]
>
> *Yehudi Menuhin*

13. Nachwort

Es wird nicht einfach sein, Alter als eine Kategorie der Krönung anzunehmen und gleichzeitig als längste Lebensphase zu begreifen, die die höchste Freiheit und den Tod unter einem Dach vereint. Die Schwierigkeit des Verstehens liegt aber nicht in der Unangemessenheit dieser Einsicht, sondern in der im Menschen tief verwurzelten Unfähigkeit, der Vernunft vor der Hoffnung den Vortritt zu lassen. Wir haben verinnerlicht, dass die Dinge nie so schlimm werden, wie wir sie uns ausgemalt haben. Wenn doch etwas Schreckliches geschieht, sammeln wir ungeahnte Kräfte und steigen langsam aus der Verzweifelung heraus. Die Zeit heilt alle Wunden – wir wissen, dass dieser Satz stimmt. Aber wenn unsere Zukunft kürzer wird, sehen wir uns vom offenen Horizont bedroht und sind schutzlos. Die Angst vor dem Alter ist mehr eine Angst vor der Angst. Ohne unsere Vernunft und unsere emotionale Intelligenz zu bemühen, wird nur wenigen der Sprung in ein neues Altersbewusstsein gelingen.

Denn es handelt sich tatsächlich um die Überwindung einer Paradoxie, die uns abverlangt wird. Auf der einen Seite steht die längste Lebensphase der Menschheitsgeschichte und auf der anderen ein jahrhundertealtes Vorurteil, das zuweilen zutrifft, aber nicht mehr stimmt. Ohne die Veränderung unserer Wahrnehmung und unseres Standpunktes kommen wir nicht weiter. Die Routinen der bisherigen Altersbetrachtung sind nicht mehr gültig. Wir müssen uns erheben, um eine erhöhte Perspektive zu erlangen, die uns Über-

---

291 Yehudi Menuhin: *Unvollendete Reise* (München: Piper Verlag, 2001), Seite 367.

blick verschafft, denn wir sind zu sehr in den an Dingen orientierten Verhältnissen gefangen. »Es muss ein Berg sein. Im Leben eines jeden Menschen muss es einen Berg geben. Etwas auf dem er höher steht. Etwas, das ihn dem Himmel näher sein lässt. Etwas, das ihn erhebt über die Niederungen der Welt – und sei es nur für einen kurzen Moment. Die alten Völker hatten nicht unrecht mit ihrer Meinung, man könne auf dieser Welt nur wirklich leben, wenn es einen Berg gebe, der symbolisch ein Zentrum des Daseins bilde und zwischen Himmel und Erde verbinde. Erst von einem solchen Mittelpunkt der Welt her vermöchten wir die wenigen Jahrzehnte unseres Lebens sinnvoll ordnen. Und schon allein deshalb bedürften wir eines solchen Ortes der Verbindung und der Verbundenheit mit Gott. So haben die Japaner den Fujijama, die Inder den Himalaya, die Griechen den Olymp, die Phönizier den Libanon und die Juden den Sinai. Und sie alle meinten, wer es unternimmt, sein Glück zu suchen, der muss sich an den Aufstieg machen.«[292] Deswegen habe ich dieses Buch »Olymp des Lebens« genannt. Es geht mir nicht so sehr um jenen Berg der Götter, sondern um ein universelles Zentrum, von dem aus wir unsere innere und äußere Ordnung, unseren Lebenssinn und unsere Wertschöpfung übersehen können. Das Alter soll keineswegs als ein Olympia des Lebens überhöht werden. Vielmehr eignet sich die Vorstellung eines Höhe- und Mittelpunktes dazu, den Generationen einen geweihten Ort der Begegnung und dem Individuum eine Lichtung der Lebensreflexion anzubieten.

Für die älteren Jahrgänge gilt es, die gewonnenen Jahre bewusst als epochales Ereignis in Anspruch zu nehmen und für die Jungen und Erwachsenen ergeben sich ungeahnte Chancen, wenn sie die vor ihnen liegende Zeit nicht bereits vor ihrem Erreichen unter resignative Quarantäne stellen. Alter als ein gemeinsames Meisterwerk unserer Kultur hilft uns bei der Wiedergewinnung verlorener Werte. Im Grunde bedeutet dies eine Befreiung, um die Generationen aus dem von Politik und Kommerz inszenierten Stellungskrieg herauszuführen und die neuen Verfassungen des Lebens gemeinsam in Auftrag zu geben. Wenn wir die Phase, die wir vor und außer dem Tod am

---

292 Michael Longard, in: www.offenes-forum-glaube.de/Longard/Glueck2.html.

meisten fürchten, zur höchsten Zielsetzung von Würdigung und Aufwertung machen, überwinden wir die Ängste, die uns den Schlaf und die Besonnenheit rauben. Dies ist nicht meine Erfindung, sondern das Ergebnis von Evolution und Demographie. Wenn wir uns vor dem Alter verneigen, krönen wir auch alle anderen Abschnitte des Lebens. Denn in diesen Zeiten zueinander zu stehen, stärkt den Charakter einer Gesellschaft.

Um diesem Buch auch Taten folgen zu lassen und um der Gefahr von Beliebigkeit und Flüchtigkeit zu entgehen, haben meine Frau Jenny Jürgens und ich eine Stiftung für den Dialog der Generationen[293] gegründet. Gemeinsam mit unserem Ehrenpräsidenten Sir Peter Ustinov und vielen engagierten Persönlichkeiten wollen wir in der Öffentlichkeit für ein neues Altersbild werben und Pioniere und Projekte fördern, die den Nachweis einer Aufwertung des Alters erbringen. Auch dies soll weniger eine ehrenamtliche und humanitätsduselnde Beschäftigungstherapie sein als mehr eine wirkliche Bewegung zur Veränderung der gesellschaftlichen Logik. Wir müssen Farbe bekennen, was wir sein wollen und wohin der Weg uns führen soll. In einer kultivierten Zivilgesellschaft können die Fragen nach Zielen und Leitlinien nicht mehr delegiert werden. Denn diejenigen, die uns repräsentieren sollen, vertreten schon lange nur noch ihre eigenen Interessen. Nun müssen wir solche Menschen finden, die enorme Integrationskraft besitzen, um mit allen Generationen gemeinsam den schmerzhaften und lohnenswerten Umbau unserer Gesellschaften zu bewerkstelligen. Weil es darauf ankommen wird, in welchem Geist die Dinge in Zukunft geschehen, lautet das Motto unserer Stiftung: »Betrachte und widme Dich einem jüngeren oder älteren Menschen jeweils so, wie Du Dich in Deiner eigenen Zukunft im besten Falle behandelt und geachtet wissen willst.«

---

293 Siehe Stiftung Dialog der Generationen, Garather Schloßallee 19, 40595 Düsseldorf, Tel.: (02 11) 97 08-1 32, Fax: (02 11) 97 08-1 31, E-Mail: info@dialog-der-generationen.de, Internet: www.dialog-der-generationen.de.

Danksagung

Von Herzen Dank sagen möchte ich vor allem Pater Josef und Schwester Ilona vom Franziskus-Jordan-Haus im wunderbaren Kloster Steinfeld, die mir so oft Unterschlupf und Heimat gewährt haben, um in Ruhe und Abgeschiedenheit die wichtigsten Teile dieses Buches zu schreiben. Ein weiterer Dank geht an Frau Ursula Lehr, Harald Wieser und Ralf Klinkenberg, die mir mit ihrem Rat und ihrem Fachwissen zur Seite standen. Martin Pape, dem Vorsitzenden unserer Stiftung danke ich für seinen umfassenden Einsatz sowie seine freundschaftlichen Ratschläge und Roland Schubert, dem Vorsitzenden der Geschäftsführung der LGT-Bank in Deutschland für sein Vertrauen und seinen Weitblick. Ebenso gilt meine Verbundenheit der guten Seele unserer Stiftung Marion Eidt, die inhaltlich und formal mit großem Eifer zu diesem Buch beigetragen hat. Meinem Freund Stephan Kaluza will ich danken, weil er mich immer wieder auf dieses Projekt zurückgestoßen hat. Selbstverständlich gilt mein Dank Sir Peter Ustinov für sein Vorwort und seine Mitarbeit in unserer Stiftung und Udo Jürgens, der mich mit seinem Enthusiasmus für das Thema immer wieder motiviert hat. Nicht zu vergessen Michael Peters, der Titel und Titelbild in wunderbaren Gesprächen inspirierte.

Literatur

Alfred Herrhausen Gesellschaft für internationalen Dialog (Hrsg.) (2000): *Generationen im Konflikt.* München, Zürich: Piper.

Afheldt, Heik (2001): Die Bombe tickt ... doch die Politiker wollen nicht hören. Die überalterte Gesellschaft sprengt die Sozialsysteme. In: *Die Zeit* 1/2001.

Amann, Anton (1998): Altwerden: Übergang oder Brüche. In: Wolfgang Clemens und Gertrud M. Backes (Hrsg.): *Altern und Gesellschaft. Gesellschaftliche Modernisierung durch Altersstrukturwandel.* Opladen: Leske und Budrich.

Améry, Jean ([1968] 2001): *Über das Altern. Revolte und Resignation.* Stuttgart: Klett-Cotta.

Annan, Kofi (2000): Erklärung zum Internationalen Tag der älteren Menschen. New York, 1. Oktober 2000. In: www.uno.de/presse/2000/unic293.htm

Annan, Kofi (2002): Reden anläßlich der Weltversammlung zu Frage des Alterns. Madrid, 8. bis 12. April 2002. In: www.un.org/ageing

Ariès, Philippe ([1969] 1994): *Geschichte der Kindheit.* München: Deutscher Taschenbuch Verlag.

Backes, Gertrud M. (Hrsg.) (2000): *Soziologie und Alter(n). Neue Konzepte für Forschung und Theorieentwicklung.* [Reihe Alter(n) und Gesellschaft, Bd. 2]. Opladen: Leske und Budrich.

Backes, Gertrud M. (2002): Geschlecht und Alter(n) als zukünftiges Thema der Alter(n)ssoziologie. In: Gertrud M. Backes und Wolfgang Clemens (Hrsg.): *Zukunft der Soziologie des Alter(n)s.* Opladen: Leske und Budrich.

Backes, Gertrud M. und Wolfgang Clemens (Hrsg.) (2002): *Zukunft der Soziologie des Alter(n)s.* Opladen: Leske und Budrich.

Backes, Gertrud M., Wolfgang Clemens und Klaus Schroeter (Hrsg.) (2001): *Zur Konstruktion sozialer Ordnungen des Alter(n)s.* [Reihe Alter(n) und Gesellschaft, Bd. 5]. Opladen: Leske und Budrich.

Bahnsen, Ulrich (2001): Wer will ewig leben?. In: *Zeitpunkte* 3/2001.

Baier, Lothar (2000): *Keine Zeit! 18 Versuche über die Beschleunigung*, München: Antje Kunstmann.

Baltes, Margret M. et al. (1989): *Erfolgreiches Altern. Bedingungen und Variationen*, Bern: Verlag Hans Huber.

Literatur

Baltes, Margret M. und Leo Montada (Hrsg.) (1996): *Produktives Leben im Alter*. Frankfurt, New York: Campus Verlag.

Baltes, Paul B. und Jürgen Mittelstraß (Hrsg.) (1992): *Zukunft des Alterns und gesellschaftliche Entwicklung*, Berlin, New York: Walter de Gruyter.

Baltes, Paul et al. (1994): *Alter und Altern. Ein interdisziplinärer Studientext zur Gerontologie*. Berlin, New York: Walter de Gruyter.

Baltes, Paul, Ulman Lindenberger und Ursula Staudinger (1998): Die zwei Gesichter der Intelligenz. In: *Spektrum der Wissenschaft* 2/1998.

Baltes, Paul (2002): Altern hat Zukunft. Unsere Gesellschaft kommt in die Jahre, frönt aber dem Jugendkult. Und verpasst eine Chance. In: *Die Zeit* 14/2002.

Beauvoir, Simone de ([1970] 2000): *Das Alter*. Reinbek bei Hamburg: Rowohlt Taschenbuch Verlag.

Beck-Gernsheim, Elisabeth (1991): Frauen – die heimliche Ressource der Sozialpolitik? – Plädoyer für andere Formen der Solidarität. In: *WSI Mitteilungen* 44/1991.

Benecke, Mark (1999): Der Tod bleibt immer Sieger [Serie: Die Gegenwart der Zukunft (7)]. In: *Süddeutsche Zeitung am Wochenende* 42/1999.

Berger, Roland (1999): Jagd nach Jugend. Roland Berger in einem Interview. In: *Spiegel special* 2/1999.

Bergmann, Christine (1999): Rede anlässlich des internationalen Medienkongresses: Überhört und übersehen? Ältere in Hörfunk und Fernsehen am 28. Oktober 1999 in Köln.

Biegel, Gerd (Hrsg.) (1993): *Geschichte des Alters in ihren Zeugnissen von der Antike bis zur Gegenwart*. Braunschweig: Veröffentlichungen des Braunschweigischen Landesmuseums.

Birg, Herwig (2001): *Die demographische Zeitenwende*. München: Verlag C. H. Beck.

Bobbio, Noberto ([1996] 1999): *Vom Alter. De senectute*. München: Piper Verlag.

Böhmer, Franz (Hrsg.) (2000): *Was ist Altern? Eine Analyse aus interdisziplinärer Perspektive*. [Historisch-anthropologische Studien, Bd. 11]. Frankfurt am Main [usw.]: Lang.

Literatur

Böhnisch, Lothar (1999): Altern als biographischer Prozess. In: Karl Lenz et al. (Hrsg.). *Die alternde Gesellschaft. Problemfelder gesellschaftlichen Umgangs mit dem Alter.* Weinheim, München: Juventa Verlag.

Bolz, Norbert (2000): Das Echo der Frau. Interview mit Norbert Bolz. In: *Brandeins* 1/2000.

Borscheid, Peter (1987): *Die Geschichte des Alters. 16.–18. Jahrhundert.* Münster: F. Coppenrath.

Borscheid, Peter (1994): Der alte Mensch in der Vergangenheit. In: Paul Baltes et al: *Alter und Altern. Ein interdisziplinärer Studientext zur Gerontologie.* Berlin, New York: Walter de Gruyter.

Brecht, Bertolt ([1939] 1990): *Die unwürdige Greisin und andere Geschichten.* Frankfurt am Main: Suhrkamp Taschenbuch Verlag.

Brock, Bazon (1998): *Die Macht des Alters.* Strategien der Meisterschaft. Köln: DuMont.

Brockmann, Hilke (1998): *Die Lebensorganisation älterer Menschen: Eine Trendanalyse.* Wiesbaden: Deutscher Universitätsverlag.

Bundesinstitut für Bevölkerungsforschung (1993): *Die Alten der Zukunft: Bevölkerungsstatistische Datenanalyse.* Forschungsbericht im Auftrag des Bundesministeriums für Familie und Senioren. Wiesbaden.

Bundesministerium für Familie und Senioren BMFuS (Hrsg.) (1994): *Technik, Alter, Lebensqualität* [Schriftenreihe des Bundesministeriums für Familie und Senioren, Bd. 23]. Stuttgart, Berlin, Köln: Kohlhammer.

Bundesministerium für Familie, Senioren, Frauen und Jugend, BMFSFJ (Hrsg.) (1994): *Ressourcen älterer und alter Menschen.* Expertise von Reinhard Schmitz-Scherzer et al. [Schriftenreihe des Bundesministeriums für Familie, Senioren, Frauen und Jugend. Bd. 45] Stuttgart: Kohlhammer.

Bundesministerium für Familie, Senioren, Frauen und Jugend, BMFSFJ (Hrsg.) (1997): *Datenreport Alter: Individuelle und sozioökonomische Rahmenbedingungen heutigen und zukünftigen Alterns.* [Schriftenreihe des Bundesministeriums für Familie, Senioren, Frauen und Jugend, Bd. 137]. Stuttgart: Kohlhammer.

Bundesministerium für Familie, Senioren, Frauen und Jugend, BMFSFJ (Hrsg.): *Wie Wohnen, wenn man älter wird?* Informationsbroschüre zum Modellprogramm »Selbstbestimmt Wohnen im Alter«.

Literatur

Bundesministerium für Familie, Senioren, Frauen und Jugend, BMFSFJ (Hrsg.) (2000): *Freiwilliges Engagement in Deutschland. Ergebnisse der Repräsentativerhebung 1999 zu Ehrenamt, Freiwilligenarbeit und bürgerschaftlichem Engagement.* Bd. 2 [Schriftenreihe des Bundesministeriums für Familie, Senioren, Frauen und Jugend, Bd. 194.2]. Stuttgart, Berlin, Köln: Kohlhammer.

Bundesministerium für Familie, Senioren, Frauen und Jugend, BMFSFJ (Hrsg.) (2001): *Dritter Bericht zur Lage der älteren Generation in der Bundesrepublik Deutschland: Alter und Gesellschaft.* Berlin: Bundestags-Drucksache 14/5130.

Bundesministerium für Familie, Senioren, Frauen und Jugend, BMFSFJ (Hrsg.) (2002): *Vierter Bericht zur Lage der älteren Generation in der Bundesrepublik Deutschland: Risiken, Lebensqualität und Versorgung Hochaltriger – unter besonderer Berücksichtigung demenzieller Erkrankungen.* Berlin.

Busch, Wilhelm (1996): *Was beliebt ist auch erlaubt. Sämtliche Werke* Bd. 2. 8. Auflage. München: Bertelsmann Verlag.

Burkart, Günter und Jürgen Wolf (Hrsg.) (2002): *Lebenszeiten.* Opladen: Leske und Budrich.

Busek, Erhard (1997): Solidarität der Generationen in schwieriger Zeit. In: Lothar Krappmann und Annette Lepenies (Hrsg.). *Alt und Jung. Spannung und Solidarität zwischen den Generationen.* Frankfurt, New York: Campus Verlag.

Butler, Robert N. und Myrna I. Lewis (1996): *Alte Liebe rostet nicht. Über den Umgang mit Sexualität im Alter.* Bern et al.: Huber.

Castells, Manuel (2001): *Der Aufstieg der Netzwerkgesellschaft.* Teil 1 der Trilogie *Das Informationszeitalter.* Opladen: Leske und Budrich.

Castells, Manuel (2003): *Jahrtausendwende.* Teil 3 der Trilogie *Das Informationszeitalter.* Opladen: Leske und Budrich.

Cicero, Marcus Tullius (1924): *Cato der Ältere. Über das Greisenalter.* München: Verlag der Bremer Presse.

Clemens, Wolfgang und Gertrud M. Backes (1998): *Altern und Gesellschaft: Gesellschaftliche Modernisierung durch Altersstrukturwandel.* Opladen: Leske und Budrich.

Clemens, Wolfgang (2000): Alternssoziologie – eine zeitgemäße Bindestrich-Soziologie? In: Gertrud M. Backes: *Soziologie und Alter(n). Neue Konzepte für Forschung und Theorieentwicklung* [Reihe Alter(n) und Gesellschaft, Bd. 2]. Opladen: Leske und Budrich.

Literatur

Coleman, Roger (1997): *Design für die Zukunft.* Köln: Dumont.

Dahrendorf, Ralf (2002): *Über Grenzen. Lebenserinnerungen.* München: Beck.

Daimler, Renate ([1991] 2002): *Verschwiegene Lust. Frauen über 60 erzählen von Liebe und Sexualität.* Wien, München: Piper Verlag.

Dallinger, Ursula und Klaus R. Schroeter (Hrsg.) (2002): *Theoretische Beiträge zur Alterssoziologie.* Opladen: Leske und Budrich.

Dennett, Daniel C. (2001): *Spielarten des Geistes. Wie erkennen wir die Welt?* München: Wilhelm Goldmann Verlag.

Der Prediger Salomo (1985): In: *Die Bibel* (nach der Übersetzung von Martin Luther). Stuttgart: Deutsche Bibelgesellschaft.

Deutsche Shell (Hrsg.) (2000): *Jugend 2000.* 13. Shell Jugendstudie, Bd. 1. Opladen: Leske und Budrich.

Deutsches Zentrum für Altersforschung (DZFA) (1997): *Bedürfnisstrukturen älterer Menschen: Eine konzeptionelle und empirische Annäherung.* Forschungsbericht Nr. 1. vom Mai 1997.

Dienel, Hans-Liudger et al. (Hrsg.) (1999): *Späte Freiheiten. Geschichten vom Altern. Neue Lebensformen im Alter.* München: Prestel Verlag.

Dittmann-Kohli, Freya (1989): Erfolgreiches Altern aus subjektiver Sicht. In: Margret M. Baltes et al : *Erfolgreiches Altern. Bedingungen und Variationen.* Bern: Verlag Hans Huber.

Druyen, Thomas (1990): *Die Wahrnehmung der Pluralität – Abschied vom Zeitgeist.* Achern: Edition Zukunft 99.

Druyen, Thomas (2000): *Dialog der Generationen.* Institut für Dialog der Generationen, Széchenyi István Hochschule (Hrsg.). Györ.

Dychtwald, Ken (1999): *Age Power. How the 21st century will be ruled by the new old.* New York: Jeremy P. Tarcher/Putnam.

Ebberfeld, Ingelore (1992): *Es wäre schon schön, nicht so allein zu sein. Sexualität von Frauen im Alter.* Frankfurt am Main, New York: Campus Verlag.

Ehlers, Fiona (2001): Schönheit ist machbar. In: *KulturSpiegel* 11/2001.

Ehrenstein, Claudia (2002): 2050 sind zwei Milliarden Menschen über 60 Jahre alt. In: *Die Welt.* 9. April 2002.

Literatur

Ehrich, Hannelore (2002): Jetzt bin ich Rentnerin. Na und? In: http://home.t-online.de/home/h.ehrich/

Enquete-Kommission (1994): *Erster Zwischenbericht der Enquete-Kommission Demographischer Wandel – Herausforderungen unserer älter werdenden Gesellschaft an den einzelnen und die Politik.* [Bundestags-Drucksache 12/7876].

Enquete-Kommission (1998): *Zweiter Zwischenbericht der Enquete-Kommission Demographischer Wandel – Herausforderungen unserer älter werdenden Gesellschaft an den einzelnen und die Politik.* [Bundestags-Drucksache 13/11460].

Erikson, Erik ([1950] 1987): *Kindheit und Gesellschaft.* Stuttgart: Klett-Cotta.

Faltermaier, Toni et al. (2002): *Entwicklungspsychologie des Erwachsenenalters.* Stuttgart: Kohlhammer.

Fanci, Anthony et al. (Hrsg.) (1998): *Harrisons Innere Medizin.* London: Mc Graw.

Focke, Wenda (1995): *Unterwegs zu neuen Räumen. Die Veränderung des Selbstbildes im Alter.* Düsseldorf, Bonn: Parerga.

Focus-Lexikon für Mediaplanung, Markt- und Mediaforschung (o. J.): Ältere Menschen und neue Medien. In: http://medialine.focus.de

Forschungsgesellschaft für Gerontologie e.V. und Institut Arbeit und Technik (1999): *Memorandum Wirtschaftskraft Alter.* Dortmund, Gelsenkirchen.

Frankfurter Allgemeine Zeitung (2002): *Die 100 wichtigsten deutschen Intellektuellen.* 4/2002.

Frankfurter Allgemeine Zeitung (2002): *Die Senioren erobern das Internet – 4,5 Millionen Ältere in Deutschland sind online.* 50/2002.

Freud, Sigmund (1991 [1905]): *Drei Abhandlungen zur Sexualtheorie.* Frankfurt am Main: Fischer Taschenbuch.

Friedan, Betty (1997): *Mythos Alter.* Reinbek bei Hamburg: Rowohlt.

Fukuyama, Francis (1992): *Das Ende der Geschichte.* München: Kindler.

Fukuyama, Francis (2002): *Das Ende des Menschen.* Stuttgart, München: Deutsche Verlags-Anstalt.

Gardner, Howard (1999): *Kreative Intelligenz. Was wir mit Mozart, Freud, Woolf und Gandhi gemeinsam haben.* Frankfurt am Main: Campus Verlag.

Literatur

Gebhardt, Winfried (2002): Vielfältiges Bemühen. Zum Stand kultursoziologischer Forschung im deutschsprachigen Raum. In: www.soziologie.uni-freiburg.de/kuso-dgs/debatte/gebhardt.htm

Gehrmann, Wolfgang (2001): Die Alten kehren zurück. In: *Die Zeit* 16/2001.

Göckenjan, Gerd (2000): *Das Alter würdigen: Altersbilder und Bedeutungswandel des Alters*. Frankfurt am Main: Suhrkamp.

Goldman, Connie und Richard Mahler ([1995] 2001): *Es ist nie zu spät für einen neuen Anfang. Über die Kunst, aktiv, kreativ und vital zu bleiben*. München: Wilhelm Heyne Verlag.

Goleman, Daniel (1996): *Emotionale Intelligenz*. München, Wien: Carl Hanser Verlag.

Gorz, André (1997): Die verwendete Zeit wird nicht mehr die Zeit der Verwendung sein. In: www.oeko-net.de/kommune/kommune12-97/AGORZ.html

Greenwald, John (1997): Age is No Barrier. In: *Time Magazine*. 22. September 1997.

Grieswelle, Detlef (2002): *Gerechtigkeit zwischen den Generationen*. Paderborn, München, Wien, Zürich: Ferdinand Schöningh.

Grimm, Jacob ([1860] 1984): *Selbstbiographie. Ausgewählte Schriften, Reden und Abhandlungen*. München: Deutscher Taschenbuch Verlag.

Haas, Norbert (Hrsg.) (1978): *Das Seminar von Jaques Lacan*, Buch XI. Olten: Walter Verlag.

Hagenbüchle, Roland und Paul Geyer (Hrsg.) (2002): *Das Paradox. Eine Herausforderung des abendländischen Denkens*. Würzburg: Königshausen und Neumann.

Harrison, Robert Pogue (2001): Wie alt sind wir. In: Karl Heinz Bohrer und Kurt Scheel (Hrsg.) *Zukunft Denken*. Sonderheft Merkur 9/10 2001. Stuttgart: Klett-Cotta.

Hauf, Jürgen (2001): *Senioren als Mentoren für junge Berufseinsteiger. Eine neue Projektsparte im freiwilligen Handlungsfeld Alt hilft Jung*. Bundesarbeitsgemeinschaft der Senioren-Organisationen e. V. (Hrsg.). Bonn.

Henschel, Uta (1999): Man lebt nur zweimal. In: *GEO* 12/1999.

Herrmann, Helga (1994): Kompetenz der Senioren in der Wirtschaft. In: Ursula Lehr und Konrad Repgen (Hrsg.): *Älterwerden: Chance für Mensch und Gesellschaft*. München: Olzog Verlag.

Literatur

Hillman, James ([1999] 2000): *Vom Sinn des langen Lebens. Wir werden, was wir sind.* München: Kösel.

Höffe, Otfried (2001): Rechtspflichten vor Tugendpflichten. Das Prinzip Menschenwürde im Zeitalter der Biomedizin. In: *Frankfurter Allgemeine Zeitung* 77/2001.

Höhn, Holger (2001): Der Mensch kann maximal 115 Jahre alt werden. Holger Höhn im Interview mit Anja Krumpholz-Reichel. In: *Psychologie Heute* 2/2001.

Höpflinger, Francois (1998): Übergänge in den Ruhestand. Zürich: Nationales Forschungsprogramm 32 Alter. In: www.mypage.bluewin.ch/hoepf/hoepf/NFP32-Ruhestand.pdf

Höpflinger, Francois (1999): Höheres Lebensalter im Wandel. In: *unimagazin. Die Zeitschrift der Universität Zürich* 1/99. (www.unizh.ch/magazin/archiv/1-99/lebensalter.html)

Höpflinger, Francois (o. J.): Generationenfrage und Generationenbeziehungen. In: http://mypage.bluewin.ch/hoepf/fhtop/fhgenerat1.html

Höpflinger, Francois (2001): Frauen im Alter – die heimliche Mehrheit. Geschlechtsspezifische Unterschiede der Lebenserwartung – ein globales Phänomen moderner Gesellschaften. In: www.mypage.bluewin.ch/hoepf/fhtop/fhalter1.html

Höpflinger, Francois und Astrid Stuckelberger (1999): *Demographische Alterung und individuelles Altern. Ergebnisse aus dem nationalen Forschungsprogramm Alter*, Zürich: Seismo.

Hoffmann, Michaela und Julia Leendertse (2000): Kristalline Intelligenz zählt. In: *Wirtschaftswoche* 35/2000.

Honneth, Axel (Hrsg.) (2002): *Befreiung aus der Mündigkeit – Paradoxien des gegenwärtigen Kapitalismus.* Frankfurt am Main: Campus Verlag.

Horx, Matthias (2000): Echt cool. Über das Ende des Jugendlichkeitswahns. *In: Wirtschaftswoche* 35/2000.

Icks, Andrea und Sabine Schindler-Marlow (2001): Ernährung im Alter. In: *Rheinisches Ärzteblatt* 3/2001.

Illies, Florian (2000): *Generation Golf. Eine Inspektion.* Berlin: Argon.

Imhof, Arthur E. (1988a): *Reife des Lebens. Gedanken eines Historikers zum längeren Dasein.* München: Beck.

Literatur

Imhof, Arthur E. (1988b): *Die Lebenszeit. Vom aufgeschobenen Tod und von der Kunst des Lebens.* München: Beck.

Joas, Hans (Hrsg.) (2001): *Lehrbuch der Soziologie.* Frankfurt, New York: Campus Verlag.

Kaube, Jürgen (2002): Wir Wunderkinder. In: *Frankfurter Allgemeine Zeitung* 224/2002.

Kaufmann, Joanne (2000): Getting Mom online. In: *Time Digital*, Nr. 5.7/2000, November 2000.

Kant, Immanuel (1912): Akademieausgabe der Werke Kants, Bd. 8 (Berlin: o. V.).

Kirkwood, Tom (2000): *Zeit unseres Lebens. Warum Altern biologisch unnötig ist.* Berlin: Aufbau-Verlag.

Kirkwood, Tom (2001a): Lasst uns die Macht des Genoms nutzen. Schöne neue Alten-Welt (1). In: *Frankfurter Allgemeine Zeitung* 93/2001.

Kirkwood, Tom (2001b): Lasst uns die Macht des Genoms nutzen. Schöne neue Alten-Welt (2). In: *Frankfurter Allgemeine Zeitung* 103/2001.

Klein, Etienne (1993): *Gespräche mit der Sphinx.* Stuttgart: Klett-Cotta.

Kleinhenz, Gerhard D. (1997): Der Austausch zwischen den Generationen. In: Lothar Krappmann und Annette Lepenies (Hrsg.): *Alt und Jung. Spannung und Solidarität zwischen den Generationen.* Frankfurt, New York: Campus Verlag.

Kleinspehn, Thomas (1991): *Der flüchtige Blick. Sehen und Identität in der Kultur der Neuzeit.* Reinbek bei Hamburg: Rowohlt Taschenbuch Verlag.

Kohli, Martin (2000): Altersgrenzen als gesellschaftliches Regulativ individueller Lebenslaufgestaltung: Ein Anachronismus? In: *Zeitschrift für Gerontologie und Geriatrie* 33: Supplement 1.

Kohli, Martin und Harald Künemund (Hrsg.) (2000): *Die zweite Lebenshälfte. Gesellschaftliche Lage und Partizipation im Spiegel des Alterssurvey.* Opladen: Leske und Budrich.

Kohli, Martin und Marc Szydlik (Hrsg.) (2000): *Generationen in Familie und Gesellschaft.* Opladen: Leske und Budrich.

Kolland, Franz (1996): *Kulturstile älterer Menschen: Jenseits von Pflicht und Alltag,* Wien: Böhlau Verlag.

Kotre, John (2001a): *Lebenslauf und Lebenskunst. Über den Umgang mit der eigenen Biographie*. München, Wien: Carl Hanser.

Kotre, John (2001b): Der Wunsch, Spuren zu hinterlassen. In: *Psychologie Heute* 2/2001.

Krappmann, Lothar und Annette Lepenies (Hrsg.) (1997): *Alt und Jung. Spannung und Solidarität zwischen den Generationen*. Frankfurt, New York: Campus Verlag.

Krieb, Christine und Andreas Reidl (2001): *Seniorenmarketing. So erreichen Sie die Zielgruppe der Zukunft*, Landsberg/Lech: Verlag Moderne Industrie.

Krumpholz-Reichel, Anja (2001): Auf ein langes Leben! In: *Psychologie Heute* 2/2001.

Kruse, Andreas (2000): Zeit, Biographie und Lebenslauf. In: *Zeitschrift für Gerontologie und Geriatrie* 33. Supplement 1.

Kruse, Andreas (2001): Differenzierung des Alters. In: Stefan Pohlmann (Hrsg.): *Das Altern der Gesellschaft als globale Herausforderung – Deutsche Impulse* [Schriftenreihe des Bundesministeriums für Familie, Senioren, Frauen und Jugend, Bd. 201]. Stuttgart, Berlin, Köln: Kohlhammer.

Kuhn, Thomas S. ([1962] 1976): *Die Struktur wissenschaftlicher Revolutionen*. Frankfurt am Main: Suhrkamp Taschenbuch Verlag.

Laslett, Peter (1995): *Das Dritte Alter. Historische Soziologie des Alterns*. Weinheim, München: Juventa.

Lacan, Jaques (1978): Das Spiegelstadium als Bildner der Ichfunktion – wie sie uns in der psychoanalytischen Erfahrung erscheint. In: *ders.: Schriften*. Bd. 1. Olten: Walter Verlag.

Laszlo, Ervin (1998): *Das dritte Jahrtausend. Zukunftsvisionen*, Frankfurt am Main: Suhrkamp Taschenbuch Verlag.

Laszlo, Ervin (2002): *You can change the world. Gemeinsam eine bessere Welt schaffen. Ein praktischer Leitfaden*. Stuttgart: Horizonte Verlag.

Lehr, Ursula (1993): Referat anlässlich des EVP Kolloquiums Solidarität zwischen den Generationen. Europäisches Parlament. Brüssel.

Lehr, Ursula und Konrad Repgen (Hrsg.) (1994): *Älterwerden: Chance für Mensch und Gesellschaft*. München: Olzog Verlag.

Literatur

Lehr, Ursula ([1972] 2000): *Psychologie des Alterns*. 9. Auflage [UTB für Wissenschaft: Uni Taschenbücher; Bd. 55], Wiebelsheim: Quelle und Meyer.

Lehr, Ursula (2001): Herausforderungen einer alternden Welt an Wirtschaft und Industrie. Vortrag anlässlich der SenNova 2001 in Nürnberg. In: www.bagso.de/725/wirtschaftsproflehr.doc

Lehr, Ursula (2002): *Gemeinsam alt werden in Deutschland. Zur Lebenssituation von Einheimischen und Migranten*. Festrede Friedrich Ebert Stiftung: Berliner Akademiegespräche, 11. März 2002.

Lenz, Karl et al. (Hrsg.) (1999): *Die alternde Gesellschaft. Problemfelder gesellschaftlichen Umgangs mit dem Alter*. Weinheim, München: Juventa Verlag.

Lichtenberg, Georg Christoph (1976): *Aphorismen*. Frankfurt am Main, Leipzig: Insel Verlag.

Linke, Detlef (2000): *Einsteins Doppelgänger: Das Gehirn und sein Ich*. München: Beck Verlag.

Luczak, Hania (2000): Die unheimliche Macht des Clans. In: *GEO* 3/2000.

Lüscher, Kurt (1997): Postmoderne Herausforderungen an die Generationenbeziehungen. In: Lothar Krappmann und Annette Lepenies (Hrsg.): *Alt und Jung. Spannung und Solidarität zwischen den Generationen*. Frankfurt am Main, New York: Campus Verlag.

Lüth, Paul (1965): *Geschichte der Geriatrie*. Stuttgart: Ferdinand Enke Verlag.

Luhmann, Niklas (1997): *Die Gesellschaft der Gesellschaft*. Bd. 1. Frankfurt am Main: Suhrkamp.

Mackroth, Petra (1999): Neues Alter – Neue Aufgaben für die Kommunen. In: *Demo. Monatszeitschrift für Kommunalpolitik* 12/99. (www.demo-online.de/1299/t1299_03.htm)

Mai, Ralf (2001): *Die Alten der Zukunft. Eine bevölkerungsstatistische Datenanalyse*. [Schriftenreihe des Bundesministeriums für Familie, Senioren, Frauen und Jugend, in Druck], Berlin.

Malcomess, Hilde (2002): Immer füreinander da. In: *Rheinischer Merkur* 33/2002.

Mannheim, Karl ([1931] 1964): *Wissenssoziologie*. Berlin & Neuwied: Luchterhand.

Literatur

Markl, Hubert (2001): Der immer weitere Horizont. In: *Focus* 11/2001.

Marquard, Odo (2000): *Philosophie des Stattdessen.* Stuttgart: Philipp Reclam jun.

Marquard, Odo (2001): Am Ende, nicht am Ziel. Mit dem Alter wächst die Lust zur Theorie. In: Thomas Steinfeld (Hrsg.): *Einmal und nicht mehr. Schriftsteller über das Alter.* Stuttgart, München: Deutsche Verlags-Anstalt.

Martin, Peter (2000): Altern, Aktivität und Langlebigkeit. In: *Zeitschrift für Geriatrie und Gerontologie* 33, Supplement 1.

Marzi, Hiltrud (Hrsg.) (2002): *Alter in Afrika. Tradition und Wandel.* Institut für Ethnologie und Afrika-Studien der Johannes Gutenberg-Universität Mainz.

Matern, Andreas (2001): *Morgen sind wir unsterblich – Die Wunder der Medizin des 21. Jahrhunderts.* Hamburg: Mikado.

Mayer, Karl Ulrich und Paul B. Baltes (1999): Vorwort. In: *Die Berliner Altersstudie.* Berlin: Akademie Verlag.

Menuhin, Yehudi (2001): *Unvollendete Reise.* München: Piper Verlag.

Meyer-Borg (2002): Die Generation der Gewinner. In: *Hörzu* 42/2002.

Meyer-Timpe, Ulrike (2000): Miss Marples Schwester. In: *Die Zeit* 49/2000.

Meyer-Timpe, Ulrike (2001): Fit bis zur Rente. Erst schob man die Älteren ab, jetzt werden sie gefeiert. In: *Die Zeit* 11/2001.

Michaelis, Wolfgang (2001): Lernfähigkeit: Ältere sind kreativer. Interview mit Wolfgang Michaelis. In: *Wirtschaftswoche* vom 9. Februar 2001. (http://wiwo.de/WirtschaftsWoche/Wiwo_CDA/0,1702,12311_45228,00.html)

Miegel, Meinhard (2001): So entsteht mehr Arbeit. In: *Die Zeit* 11/2001.

Miegel, Meinhard (2002): *Die deformierte Gesellschaft. Wie die Deutschen ihre Wirklichkeit verdrängen.* Berlin: Propyläen.

Montaigne, Michel de (1998): *Essais.* Frankfurt am Main: Eichborn Verlag.

Motel-Klingebiel, Andreas et al. (2002): Unterstützung und Lebensqualität im Alter. In: Andreas Motel-Klingenbiel et al: *Lebensqualität im Alter. Generationenbeziehungen und öffentliche Servicesysteme im sozialen Wandel.* Opladen: Leske und Budrich.

Literatur

Motel-Klingebiel, Andreas et al. (2002): Die Bedeutung der Familie für die Lebensqalität alter Menschen im Gesellschafts- und Kulturvergleich. In: *Zeitschrift für Gerontologie und Geriatrie*, Band 35, Heft 4.

Münz, Rainer (2001): Verzweifelt gesucht: mehr Menschen. In: *Die Zeit* 18/2001.

Nagel, Thomas (1990): *Was bedeutet das alles? Eine ganz kurze Einführung in die Philosophie.* Stuttgart: Philipp Reclam.

Naumann, Michael (2002): Das Scheingefecht. Nur keinen Streit. Deutschland unter der Konsensglocke. In: *Die Zeit* 33/2002.

Niejahr, Elisabeth (2000): Wir Alten von Morgen. In: *Die Zeit* 39/2000.

Niejahr, Elisabeth (2003): Die vergreiste Republik. In: *Die Zeit* 2/2003.

Nuber, Ursula (2001a): Man ist nie zu jung für das Alter. In: *Psychologie Heute* 2/2001.

Nuber, Ursula (2001b): Die schwierige Kunst, ein Erwachsener zu sein. In: *Psychologie Heute* 4/2001.

Olschansky, S. Jay. und Bruce A. Carnes (2002): *Ewig Jung? Altersforschung und das Versprechen vom langen Leben.* München: Econ.

Opaschowski, Horst W. (1998a): *Leben zwischen Muß und Muße. Die ältere Generation: Gestern. Heute. Morgen.* Frankfurt am Main: Dit – Deutscher Investement-Trust.

Opaschowski, Horst W. (1998b): *Freizeitaktivitäten 1998.* Repräsentativbefragung in der Bundesrepublik Deutschland im Auftrag des Freizeit-Forschungsinstituts der British American Tobacco. Hamburg.

Opaschowski, Horst W. (2001): *Deutschland 2010. Wie wir morgen arbeiten und leben – Voraussagen der Wissenschaft zur Zukunft unserer Gesellschaft.* Hamburg: Germa Press Verlag.

Oswald, Wolf D. (2000): Sind Alter und Altern meßbar? In: *Zeitschrift für Gerontologie und Geriatrie* 33, Supplement 1.

Perls, Thomas (1998): Vitale Hochbetagte. In: *Spektrum der Wissenschaft* 2/1998.

Peterson, Peter G. (1999): Die Alterswelle – ein Riesenrisiko. In: *Rheinischer Merkur* 5/1999.

Literatur

Pohlmann, Stefan (2001): *Das Altern der Gesellschaft als globale Herausforderung – Deutsche Impulse*. [Schriftenreihe des Bundesministeriums für Familie, Senioren, Frauen und Jugend, Bd. 201]. Stuttgart, Berlin, Köln: Kohlhammer.

Poundstone, William (1992): *Im Labyrinth des Denkens. Wenn Logik nicht weiter kommt: Paradoxien, Zwickmühlen, Sackgassen, Rätsel und die Hinfälligkeit des Wissens*. Hamburg: Rowohlt.

Prahl, Hans-Werner und Klaus R. Schroeter (1996): *Soziologie des Alterns*. Paderborn, München, Wien: Schöningh.

Raabe, Harald: Vom Feierabendheim zu Haus- und Wohngemeinschaft. ›Wiedervereinigung‹ der Altenhilfestrukturen von Ost und West. In: *ProAlter*. Fachmagazin des Kuratoriums Deutsche Altenhilfe. Heft 4/2002.

Rabe, Thomas und Thomas Strowitzki (Hrsg.) (2001): *Lifestyle & Anti-Aging Medizin*. Baden-Baden: Rendezvous Verlag.

Reitz, Manfred (1998): Alt werden – jung bleiben. In: *Spektrum der Wissenschaft* 2/1998.

Rilke, Rainer Maria (2002): *Hundert Gedichte*. 3. Aufl. Berlin: Aufbau-Verlag.

Ritter, Ulrich Peter und Jens Hohmeier (1999): *Alterspolitik: Eine sozioökonomische Perspektive*. München, Wien: R. Oldenbourg Verlag.

Rohlfes, Joachim und W. Schulze (Hrsg.) (2001): *Geschichte in Wissenschaft und Unterricht. Zeitschrift des Verbandes der Geschichtslehrer Deutschlands*. Jahrgang 52 Heft 7/8 2001. Seelze: Erhard Friedrich Verlag.

Rosen, Rüdiger von (2002): *Altersvorsorge. Aktien und Kapitalmarkt richtig nutzen. Entscheidungshilfen zur Riester-Rente*. Köln: Fachverlag Deutscher Wirtschaftsdienst.

Rosenmayr, Leopold (Hrsg.) (1978): *Die menschlichen Lebensalter. Kontinuität und Krisen*. München: Piper.

Rosenmayr, Leopold (Hrsg.) (1983): *Die späte Freiheit: Alter – ein Stück bewußt gelebten Lebens*. Berlin: Severin und Siedler.

Rosenmayr, Leopold (1990): *Die Kräfte des Alters*. Wien: Wiener Zeitschriftenverlag.

Roth, Philip (2002): *Der menschliche Makel*. München, Wien: Carl Hanser Verlag.

Literatur

Roth, Philip (2003): *Das sterbende Tier*. München, Wien: Carl Hanser Verlag.

Rott, Christoph und Insa Fooken (2000): ›*Agency*‹ *und* ›*Communion*‹ *als geschlechtsspezifische Prädiktoren der Langlebigkeit*. [Kurzfassung]. Vorgetragen auf dem 42. Kongresses der Deutschen Gesellschaft für Psychologie. 24. bis 28. September 2000 in Jena.

Rumler, Fritz (1999): Nichts für Feiglinge. In: *Der Spiegel* 38/1999.

Rusting, Ricki L. (1998): Warum altern wir? In: *Spektrum der Wissenschaft* 2/1998.

Saake, Irmhild (1998): *Theorien über das Alter: Perspektiven eine konstruktivistischen Alternsforschung*. Opladen, Wiesbaden: Westdeutscher Verlag.

Sadler, William A. (2000): *Fliegend in die Fünfziger. Die zweite Lebenshälfte als Chance*. Düsseldorf, Zürich: Patmos.

Sainsbury, R. M. (2001): *Paradoxien*. Stuttgart: Philipp Reclam.

Sartre, Jean-Paul (1993): *Das Sein und das Nichts. Versuch einer phänomenologischen Ontologie*. Reinbek bei Hamburg: Rowohlt Taschenbuch Verlag.

Saup, Winfried (1993): *Alter und Umwelt: Eine Einführung in die Ökologische Gerontologie*. Stuttgart: Kohlhammer.

Schelsky, Helmut ([1959] 1965): *Auf der Suche nach Wirklichkeit. Gesammelte Aufsätze*. Düsseldorf, Köln: Eugen Diedrichs Verlag.

Schenk, Arnfrid (2001): Von wegen altes Eisen. In: *Die Zeit* 16/2001.

Schießl, Michaela (1999): Reserve aus dem Rosengarten: US-Unternehmen entdecken die Frührentner. In: *Spiegel special* 2/1999.

Schlink, Bernhard (2003): Die erschöpfte Generation. In: *Der Spiegel* 1/2003.

Schmidbauer, Wolfgang (2001a): *Altern ohne Angst. Ein psychologischer Begleiter*. Reinbek bei Hamburg: Rowohlt Verlag.

Schmidbauer, Wolfgang (2001b): Von wegen sturer Kauz. In: *Die Zeit* 15/2001.

Schmidt, Helmut (2000): Alle müssen länger arbeiten. In: *Die Zeit* 2/2001.

Schneekloth, Ulrich (1998): *Hilfe- und Pflegebedürftige in Heimen* [Schriftenreihe des Bundesministeriums für Familie, Senioren, Frauen und Jugend, Bd. 147.2] Stuttgart: Kohlhammer.

Literatur

Schopenhauer, Arthur (1987): *Aphorismen zur Lebensweisheit*. Zürich: Diogenes Verlag.

Schulte Strathaus, Regine (2002): Weltweit mehr Lust als Frust. In: *Psychologie Heute* 8/2002.

Schulz, Hans Jürgen (Hrsg.) (1985): *Die neuen Alten: Erfahrungen aus dem Unruhestand*. Stuttgart: Kreuz-Verlag.

Selkoe, Dennis J. (1998): Alterndes Gehirn – alternder Geist. In: *Spektrum der Wissenschaft* 2/1998.

Sennett, Richard ([1998] 2000): *Der flexible Mensch*. Berlin: Goldmann Verlag.

Seung-soo, Han (2002): Rede anlässlich der Weltversammlung zur Frage des Alterns am 8. April 2002. In: http://un.org/ageing/coverage/pr/socm5.htm

Siemann, Christiane und Manfred Braun (2002): Arbeitsmarkt: In der demographischen Falle. In: *Süddeutsche Zeitung* vom 23./24.Februar 2002.

Sloterdijk, Peter (1990): *Vor der Jahrtausendwende: Berichte zur Lage der Zukunft*. Frankfurt am Main: Suhrkamp.

Snowdon, David (2001): *Lieber alt und gesund. Dem Altern seinen Schrecken nehmen*. München: Karl Blessing Verlag.

Soeffner, Hans-Georg (2001): Der moderne Mensch verhält sich wie ein Chamäleon auf Sinnsuche – er wechselt die Religion je nach Stimmung und Umgebung. In: *Chrismon* 4/2001 (eine monatliche Beilage in *Die Zeit*, *Süddeutsche Zeitung* usw.).

Sprenger, Reinhard K. (1996): *Das Prinzip Selbstverantwortung. Wege zur Motivation*. Frankfurt am Main, New York: Campus Verlag.

Statistisches Bundesamt (Hrsg.) (2000): *Bevölkerungsentwicklung Deutschlands bis zum Jahr 2050. Ergebnisse der 9. Koordinierten Bevölkerungsvorausberechnung*. Wiesbaden: Statistisches Bundesamt.

Starr, Bernard und Marcella Weiner ([1981] 1996): *Liebe im Alter. Zärtlichkeit und Sexualität in reiferen Jahren*. Bern, München, Wien: Scherz Verlag.

Staudinger, Ursula (2000): Viele Gründe sprechen dagegen, und trotzdem geht es vielen Menschen gut: Das Paradox des subjektiven Wohlbefindens. In: *Psychologische Rundschau* 51(4). Göttingen: Hogrefe-Verlag.

Steinfeld, Thomas (2001): *Einmal und nicht mehr. Schriftsteller über das Alter*. Stuttgart, München: Deutsche Verlags-Anstalt.

Literatur

Strunz, Ulrich (1999): *Forever Young. Erfolgsprogramm. Laufen Sie sich jung! Essen Sie sich jung! Denken Sie sich jung!*. München: Gräfe und Unzer Verlag.

Tenbrock, Christian und Wolfgang Uchatius (2002): Raus aus dem Altersgefängnis!. In: *Die Zeit* 27/2002.

Tews, Hans Peter (1991): *Altersbilder. Über Wandel und Beeinflussung von Vorstellungen vom und Einstellungen zum Alter.* Köln: Moeker Merkur Druck GmbH.

Thoms, Eva-Maria (2001): Graue Zellen kneten. Lernen ältere Mitarbeiter noch dazu? Die Erfahrung in den Betrieben zeigt: Weiterbildung lohnt sich. In: *Die Zeit* 11/2001.

Tichy, Roland und Andrea (2001): *Die Pyramide steht Kopf.* München: Piper.

Tietz, Janko (2000): Hier bin ich noch jung. In: *Die Zeit* 43/2000.

Traufetter, Gerald und Helene Zuber (2002): Planet der Alten. In: *Der Spiegel* 16/2002.

Tschirge, Uta und Anett Grüber-Hræan (1999): *Ästhetik des Alters. Der alte Körper zwischen Jugendlichkeitsideal und Alterswirklichkeit.* Stuttgart, Berlin, Köln: Kohlhammer.

United Nations (2000): *World Population Prospects. The 1998 Revision. Volume III: Analytical Report.* New York.

Villachica, Jeannette (2000): Fremde neue Welt. Zu viele Dinge verstehe ich nicht mehr. In: *Spiegel Online* vom 9. Mai 2000. (www.spiegel.de/netzwelt/netzkultur/0,1518,75832,00.htm)

Vincenz, Sabine (1997): Familie kann auch aus Freunden bestehen. In: *Brigitte* 24/1997.

Vogt, Marianne (2000): Leserbrief als Reaktion auf den Artikel Die leise Rebellion (Stern 24/2000). In: *Stern* 26/2000.

Wadlinger, Christoph (2001): Mit 66 Jahren. Fokus Zielgruppe junge Alte. In: *W&V Compact. Fakten und Analysen aus Wirtschaft, Werbung und Medien.* 1/2 vom 9. Februar 2001.

Wahl, Hans-Werner und Clemens Tesch-Römer (Hrsg.) (2000): *Angewandte Gerontologie in Schlüsselbegriffen.* Stuttgart: Kohlhammer.

Wahlmann, Jan-Peter (1996): In: http://60plus.com/pages/ausgabe-96-12/internet.html

Literatur

Walker, A. (1999): Ageing in Europe – challenges and consequences. In: *Zeitschrift für Gerontologie und Geriatrie* 32.

WDR Presseclub (2000): *Weniger Rente für alle: Riesters Rentenreform ist gescheitert.* 17. Dezember 2000.

Wellershoff, Marianne (2000): Glücklicher zu zweit. In: *Der Spiegel* 43/2000.

Wilber, Ken (1991): *Wege zum Selbst. Östliche und westliche Ansätze zu persönlichem Wachstum.* München: Goldmann-Verlag.

Wilde, Oscar (1992): *Das Bildnis des Dorian Gray.* Frankfurt am Main, Berlin: Ullstein.

Winkel, Rolf (2000): *Solidarität der Generationen. Erfahrungen aus zwei Bundeswettbewerben.* Bundesarbeitsgemeinschaft der Senioren-Organisationen e. V. (Hrsg.). Bonn: BAGSO.

Wirtschaftswoche (2000): *Kaufkraft: In den besten Jahren.* 23.8.2000.

Wüllenweber, Walter (2002): Die Last mit den Alten. In: *Stern* 48/2002.

Yalom, Irvin D. (2003): Der Mann der Nietzsche zum Weinen brachte. Ein Gespräch mit dem Psychotherapeuten und Romanautor Irvin D. Yalom. In: *Psychologie Heute* 2/2003.